21世纪高职高专精品教材·经贸类通用系列

个人理财理论与实务

主　编　张红兵　李　炜
副主编　任岫林　丁　蕾

中国人民大学出版社
·北京·

前 言

随着我国经济的持续快速发展，我国国民的收入结构日趋多样化，收入水平稳定上升，截至2011年底，我国居民的储蓄存款余额已经达到35.2万亿元人民币。随着财富水平的增加，一些具有一定财富积累的个人和家庭迫切需要把个人暂时闲置和节余的货币收入转化为投资，以实现资产的保值和增值，并为自己的未来生活做出科学的财务安排。这使得我国居民近几年来对理财产品的需求日益扩大。为满足居民个人的理财需求，以商业银行为主体的金融机构设计出各种类型的个人金融理财产品，以适应不同投资者在投资收益预期目标和风险承受能力等方面的不同需求。

本教材将为大家介绍目前常见的几种理财方式和工具，帮助读者进行理财的人生规划。与其他理财类教材比较，本教材具有以下几个特点：

1. 突破以往同名教材编写侧重于金融企业理财或理财师代客理财的视角，本教材从个人自我理财的视角出发，普及相关的基础知识和操作技能。学习者通过学习本教材，即可掌握基本的理财知识和技能，可根据自己的财务状况进行理财规划。本教材既可以作为普通院校个人理财方面的教材，也可以作为普通读者的普及读物。

2. 理论和实践相结合，更注重实践性和操作性。与以往同名教材大多侧重于理论知识不同，本教材更侧重于实践性和操作性。每一章都介绍了相关的实务操作过程，使不同的读者在其中都能找到适合自己的理财方式，并能付诸于实施。

3. 教材编写体现平民化、本土化和通俗化。平民化是指本教材主要介绍常用的理财方式和工具。对于其他同名教材中介绍的一些需要具备专业知识的投资项目如收藏品投资等，本教材只作简单介绍。本土化是指本教材以日常生活中普通人的实际理财需求为例来介绍理财方式和方法。通俗化是指教材内容通过案例资料来呈现，同时尽量利用直观的图表或截图的方式来展现相关的理财知识，使之便于理解和掌握。

4. 较强的操作性使得本教材具备理财工具书的特点。本教材从理论到实践，介绍了个人理财的基础知识以及具体操作的方法和手段。直观通俗的介绍使每个人都能够运用理财工具来保障自己的财富安全。

本教材由张红兵、李炜提出撰写大纲，具体写作分工如下：第一章：丁蕾，第二章：任岫林、张红兵，第三、第四章：张红兵，第五章：南振梅、张红兵，第六、第七、第八章：李炜，第九章：曹朝晖。本教材的编写参考了部分英文著作，其翻译和整理工作由张丽明完成。

由于我们水平有限，加之编写时间仓促，书中缺点、错误在所难免，敬请广大师生和读者批评指正。

编者

目　录

第一章

个人理财基础知识

张先生今年 35 岁，供职于某公司，任财务经理，每月薪金 5 000 元，另有年终奖金；目前有金融资产共 50 万元，其中，银行存款 20 万元，股票投资 30 万元。今年，他计划组建一个幸福的家庭。此外，他亦希望拥有惬意的退休生活。考虑到日渐增加的支出和目前经济环境带来的巨大压力，张先生决定寻求专业理财师的帮助，为自己量身定制一个理财计划，以保障日后的生活需要。

在个人理财师看来，从结婚、住房按揭到迎接新生命以及安排子女教育经费等，张先生这些不同的目标需要一份完善周详的计划才可以完成。及早理财，可以使储蓄有足够的时间增长，无须担心孩子的教育经费不足；同时，张先生的其他个人规划（如退休规划）不会因为要应付教育费用而受到影响。

从这个案例可以看出，个人和家庭在其不同的阶段有不同的理财需求，这些需求包括个人财务需求的所有方面，并且与个人和家庭的生命周期紧密联系在一起，具有系统性和连续性。

本章将就个人理财的主要内容进行详细论述。通过本章的学习，应掌握个人理财的定义、内容及作用；了解个人理财在国内外的发展现状，形成对个人理财学科的初步认识；掌握个人理财的基本理论，重点掌握货币时间价值的计算、资产的配置及风险控制。

本章重点知识

1. 个人理财的定义、内容和作用。
2. 货币时间价值的影响因素及计算。
3. 资产配置的基本步骤和组合模型。
4. 个人理财所面临的风险类型及相应的风险控制工具。

第一节 个人理财概述

曾几何时，“人不理财，财不理你”这句话红遍神州大地，而个人理财的概念也顺应人们对美好生活的追求而走进了千家万户。其实，人类社会自从有了剩余产品，就开始有了个人理财的需求。但早期的个人理财仅局限于如何节约开支、勤俭持家方面，个人理财在深度和广度方面都是十分有限的。随着人类进入现代社会，人们的生活水平有了极大的提高，在基本的温饱得到满足之后，人们又有了更多的追求，希望能够更好地规划自己的财务状况，以达到未来更高的生活目标。随着金融业及投资理财工具的发展，人们对个人理财的需求在广度和深度上不断扩展，不仅需要多品种、全方位的理财产品，在时间跨度上也开始扩展到人的整个生命周期；不仅希望得到由专业机构和专业的理财师提供的专业理财服务，也希望通过对个人理财相关知识的学习，能自主地对自己的财务需求进行合理的规划。个人理财是顺应人们的这种深层次财务规划需要而产生的专业活动。

一、个人理财的定义

个人理财，又称理财规划、理财策划、个人财务规划等。根据美国理财师资格鉴定委员会的定义，个人理财是“制定合理利用财务资源，实现客户个人人生目标的程序”。国际理财协会认为：“理财策划是理财师通过收集整理顾客的收入、资产、负债等数据，倾听顾客的希望、要求、目标等，在专家的协助下，为顾客制定储蓄计划、保险投资对策、节税对策、财产事业继承对策、经营策略等生活设计方案，并为顾客进行具体的实施提供合理的建议。”

本教材编写组认为，从客户理财需求的角度分析，个人理财可分为个人生活理财与专业投资理财两个部分。个人生活理财是个人的一种自发的行为，是指个人通过对个人理财知识的学习，自发地对生活中个人及家庭所需面对的各种财务事宜进行妥善安排，从而使生活品质得到不断的提高。自发的生活理财活动贯穿于人们的衣食住行、生老病死等全过程。省吃俭用，量入为出，以及提升生活质量，有计划地平衡收入与支出等活动，都是个人自发的理财行为。

专业投资理财是指专业理财人员根据个人或家庭所确定的阶段性的生活与投资目标，按照个人或家庭的生活、财务状况，围绕其收入消费水平、预期目标、风险承受能力、心理偏好等情况，形成一套以资产效益最大化为原则的，人生不同阶段的（如青年期、中年期、退休期）个人或家庭财务安排；并在财务安排过程中提供有针对性的、综合化的、差异性的理财产品和理财服务的过程。

二、个人理财的内容

个人理财就是通过制定财务计划，对个人或家庭的财务资源进行适当管理以实现生活目标的一个过程，包括个人理财需求与规划，现金、储蓄和消费规划，个人银行理财，个人保险规划，个人证券投资（股票、基金、债券）和其他理财活动（房产、外汇、黄金、金融衍生品等）。这也是本书的主要内容。本教材的编写内容侧重于个人生活理财。

（一）个人理财需求与规划

人的一生都会历经就学、就业、成家直至退休，每个人都会对事业、家庭、居住和退休进行规划，围绕这些规划必然涉及财务问题。个人理财规划就是根据个人不同生命周期的特点（通常以 15 岁为出发点），针对学业、职业的选择，以及家庭、居住、退休所需要的财务状况，综合使用银行产品、证券、保险产品等金融工具，来对人生的重大事件进行理财活动和财务安排。人生事件中的重大规划主要包括储蓄和消费规划、教育规划、保险规划、投资规划、退休规划和遗产规划等。

这部分内容参阅本书第二章。

（二）现金、储蓄和消费规划

现金和储蓄规划是为满足个人、家庭正常的生活、消费需求和资产保值而对现金和储蓄进行的管理和规划活动。储蓄规划是所有理财活动的源头，通过分析家庭现金流结构，寻找提高家庭储蓄的可能方式，设计出合理的家庭储蓄策划方案，从而提高家庭的储蓄额。而对现金的规划，目的是既要使个人、家庭所拥有的资产保持一定的流动性，满足支付日常家庭费用和意外事件开销的需要，又要使流动性较强的资产保持一定的收益。

消费规划是对个人、家庭的消费资源进行合理的、科学的、系统的管理，使个人、家庭在整个生活过程中保持消费资源的财务收支平衡，最终达到终生的财务安全、自主、自由的目标的过程。可见，任何涉及个人消费性资源的活动都属于消费规划的范畴。但是消费的合理性没有绝对的标准，只有相对的标准。消费的合理性与客户的收入、资产水平、家庭情况、实际需要等因素相关。

这部分内容参阅本书第三章。

（三）个人银行理财

银行理财是指个人或家庭利用商业银行提供的包括个人财务设计、投资理财、代理收付、代理保管、转账汇兑结算、资金融通、信息咨询等在内的全方位、综合性金融产品或服务来管理自己的财富，进而提高财富效能的活动。

银行理财的主要内容包括储蓄、银行理财产品和银行代理理财产品。个人投资者和商业银行是理财活动的主体。个人投资者在银行理财过程中面临的风险主要有信用风险、汇率风险、通货膨胀风险、政策风险和道德风险等。国内商业银行当前的理财产品主要包括货币型理财产品、债券型理财产品、贷款类银行信托理财产品、新股申购类理财产品和结构性理财产品等；代理理财产品主要有基金、股票、保险、信托、国债、黄金等。

这部分内容参阅本书第四章。

（四）个人保险规划

保险是指投保人根据合同约定，向保险人支付保险费，保险人对于合同约定的可能发生的事故因其发生而造成的财产损失承担赔偿保险金责任，或者当被保险人死亡，伤残和达到合同约定的年龄、期限时，承担给付保险金责任的商业保险行为。从法律角度看，保险是一种合同行为。投保人向保险人缴纳保费，保险人在被保险人发生合同规定的损失时给予补偿。

所谓个人保险规划，就是针对人生中各个阶段所面临的风险，定量分析财务保障需求额度，并利用保险方式做出适当的财务安排，以避免风险发生时给生活带来的冲击，从而拥有高品质生活的一种财务筹划活动。

这部分内容参阅本书第五章。

（五）股票投资理财

股票是股份证书的简称，是股份有限公司为筹集资金而发行给股东作为持股凭证并借以取得股息和红利的一种有价证券。每股股票都代表股东对企业拥有一个基本单位的所有权。股票是股份公司资本的构成部分，可以转让、买卖或作价抵押，是资金市场的主要长期信用工具。

股票理财规划是指投资者依据自身的投资收益预期目标及风险承受能力，在对股票市场走势和股票理财产品未来的风险、收益进行分析判断的基础上，而对股票投资过程的主要环节进行筹划的行为。股票理财规划的制定，是投资者股票投资的初始阶段，是将投资理念转化为投资收益的中间环节，是投资者股票投资决策的具体表现。股票投资是一项收益高、风险大的投资活动，只有采取正确的投资策略，运用奇妙的投资技巧和适当的方法，才能规避风险（特别是抵御通胀风险），获取收益。

这部分内容参阅本书第七章。

（六）基金投资理财

证券投资基金是一种利益共存、风险共担的集合证券投资方式，即通过发行基金份额，集中投资者的资金，由基金托管人托管，由基金管理人管理和运用资金，从事股票、债券等金融工具投资，并将投资收益按基金投资者的投资比例进行分配的一种间接投资方式。证券投资基金具有集合投资、专业管理、组合投资、分散风险、在运作中实行制衡机制、利益共享、风险共担等特点。

证券投资基金理财规划是指在购买基金以前对自身的实际情况和拟购买基金的充分认识过程，其目的在于确保所购买的基金符合自己的投资目标和风险承受能力。规划步骤为：确定本身风险承担能力→设定理财目标和策略→考虑基金规模及市场关系，综合考核基金的表现→挑出优于同类型的基金，打造自己的投资组合→定期检视基金及投资组合，并做好资产配置。证券投资基金是一种长期投资产品，投资者必须相应制定一项长期有效的战略来进行基金投资理财。具体而言，基金投资成功与否，取决于投资者的理财规划、投资策略及技巧，以及是否遵循科学的投资程序。

这部分内容参阅本书第八章。

（七）债券投资理财

债券是国家或地区政府、金融机构、企业等机构直接向社会借债筹措资金时，向投资者发行，并且承诺按特定利率支付利息并按约定条件偿还本金的债权债务凭证。债券的票面要素包括债券面值、票面利率、付息期、偿还期。按照不同的标准分类，可以将债券分为不同的类型。

影响债券价格的主要因素包括待偿期、票面利率、投资者的获利预期、企业的资信程度、供求关系、物价波动、政治因素、投机因素。投资者在进行债券投资时，要综合考虑不同债券的收益性、安全性和流动性，选择与自身特点相匹配的品种（风险、期限结构）。

这部分内容参阅本书第六章。

（八）其他理财活动

个人理财的其他理财活动包括房地产投资、外汇投资、黄金投资和收藏品投资等。由于这些投资活动需具备专业投资知识，一般的投资者较少涉足，因此，本教材对这些内容只做简单介绍，不详细论述。

这部分内容参阅本书第九章。

三、个人理财的作用

通过对个人的财务需求进行科学系统的规划，不仅可以提高其当前的生活水平，还可以帮助理财者实现其未来的生活目标。因此，从经济学的角度来讲，个人理财需求的产生是市场发展和选择的结果。随着我国社会和经济的发展，个人理财将对每个人产生重要的作用。具体来看，个人理财对理财者而言，具有以下几个方面的重要作用。

（一）提高生活水平

每个人都希望能够过上有车有房、衣食无忧的丰裕生活，但并不是每个人的收入都能使自己过上这种生活。因此，如何使自己的所得在保证财务安全的条件下获得尽量高的回报，就成为人们非常关注的一个问题。然而，投资需要丰富的实务经验和专业技能，普通人在这方面往往力不从心。例如，一些比较保守的人为了回避风险，把所有的积蓄放在银行。这样做虽然可以保证绝对的财务安全，却以牺牲回报率为代价，不利于个人生活水平的提高。而另一些在投资方面比较激进的人，可能一味地考虑高回报而忽视了潜在的风险。高风险、高回报的投资成功了固然可喜，而一旦失败则可能给个人的财务安全造成极大的威胁。个人理财规划则可以通过自身的学习、规划、风险控制等手段保证财务安全，或者通过财务策划人员的专业服务来弥补个人在投资经验与技能方面的缺陷，从而确保理财者在财务安全的前提下获得较高的回报，提高个人的生活水平。

对于个人生活水平的提高，我们还可以从生命周期的角度来看待。我们知道，人在其一生的各个阶段中，人力资源和收入水平的变动不是呈一条水平的直线，而是有上升也有下降，有波峰也有波谷。一个人在他经济独立到结婚的这段时间里，人力资源处于一个急速上升的阶段，而收入则可能是一生中最低的。但这个阶段的花销并不少，结婚、买房的压力让年轻人不得不节约开支。在度过了这个最困难的阶段之后，个人的事业开始有所成就，收入也逐渐上升。但随着子女长大，他们接受高等教育的费用成为家庭的主要负担。个人的收入并不会一直上涨，随着进入退休年龄，人力资源开始退化，收入也开始有所下降。而在正式退休之后，收入的重要组成部分——工薪收入便停止了，个人只有早做准备才可以维持期望的生活水平。

总的来说，人在其一生中，收入的获取是非常不平均的。一个人如果不提早做好整体的规划，就可能会出现有钱的时候大手大脚、潇洒自在，而收入下降的时候处境困窘的情况。个人理财规划可以站在一个整体规划的角度，帮助理财者订立人生不同阶段的目标与计划，使理财者在保证财务安全的前提下享受更高质量的生活。

（二）规避风险与保障生活

现代人面对的是一个瞬息万变的世界，风险无处不在，任何人在任何时候都有可能遭遇意外事件。如果事先早做安排，则可以将意外事件带来的损失降到最低限度，从而达到规避风险、保障生活的目的。个人所面对的风险主要有两类：一类是微观风险，即与个人自身相关的风险，如失业、疾病伤残、意外死亡等；另一类是宏观风险，即由宏观因素所决定的风险，这种风险对个人来说是无法控制的，如通货膨胀、金融风暴、政治动荡等。

以上这些风险都会给个人的财务安全带来一定程度的冲击。而通过个人理财规划，事先采取有针对性的防范措施，当风险来临时就不会惊慌失措了，从而可以帮助个人有效地化解或降低风险带来的损失。例如，当个人由于某些原因而失业时，如果其还比较年轻，又没有结婚，那么自然不必过于担心。但是如果其年纪较大而家庭负担又很重，那么失业将会给其个人及家庭的生活造成很大的影响。针对失业的风险，个人理财规划通过预先准备充足的失业保险以及保持资产的流动性等方式，将对风险的预测纳入财务规划中。这样，一旦理财者真的失业，就不必为一家人的生活发愁了。再比如，通货膨胀是经常被人们忽视的一个风险因素，因为在宏观经济状况较好的时候，通货膨胀率一般都比较低。但这并不代表通货膨胀是无关紧要的因素。事实上，当人们忽视通货膨胀的时候，它正在默默地侵蚀人们的财富，尤其在出现恶性通货膨胀时，这种侵蚀效果更加明显。我国在1993年、1994年时，通货膨胀率连续超过10%，高于当时的名义银行存款利率。如果当时个人财富主要以银行存款的形式存在，那么实际上这些财富在不断地缩水。而个人理财规划可以在面对高通货膨胀率时，通过调整资产组合，如减少银行存款、增加房地产投资的比例等，来规避通货膨胀的不良影响，避免财富受到侵蚀。

（三）为子女的成长和教育打好经济基础

天下所有的父母都希望自己的子女可以健康茁壮地成长，并且能够接受高等教育，以在未来激烈竞争的商业社会中占有一席之地。然而，养育子女的费用常常是非常高昂的，尤其是出国留学的教育支出，并不是每个家庭都可以轻松承担的。如果父母等到即将面对这些支出时再做打算，恐怕为时已晚。因此，做父母的应当提前规划子女未来的教育支出。

通过个人理财规划，可以将子女的养育、教育等计划纳入家庭的整体财务规划中，为子女未来的养育和教育支出提前做好规划，避免因为财务上的困难而影响了子女的成长和教育。

四、个人理财在国内外的发展现状

（一）个人理财在国外的发展

个人理财最早在美国兴起，并且首先在美国发展成熟，其发展大致经历了以下几个阶段。

1. 个人理财业务的萌芽时期

20世纪30年代到60年代通常被认为是个人理财业务的萌芽时期。从严格意义上讲，这个阶段对个人理财业务的概念尚未明确界定，那时的个人理财业务主要是为保险产品和基金产品的销售服务。例如，保险公司的销售人员根据不同客户的年龄、收入、职业等要素进行市场细分，为客户提供购买保险的建议，主要目的是借此促进保险产品的销售。因此，这一时期没有出现完全独立意义上的个人理财业务。它的主要特征是：个人金融服务的重心都放在了共同基金和保险产品的销售上，几乎没有金融企业为了销售产品而专门建立一个流程来创建与客户的关系，搜集数据和检验数据，因此，也无法确立财务规划，提供不同的方案给客户，实施这些方案并监控方案的执行情况。在那个时期，专门雇用理财人员或金融企业为客户做一个全面的理财规划的观念还未形成。

2. 个人理财业务的形成与发展时期

20 世纪 60 年代到 80 年代通常被认为是个人理财业务的形成与发展时期。1969 年 12 月，在芝加哥，13 位来自金融服务部门的实务工作者和一位作家聚在一起商讨创立一种产业，其后被命名为理财业。作为这个小组中的唯一一位非专业人士，Loren Dunton 领导大家创立了理财学院（College for Financial Planning），至今仍然存在；同时还创建了国际理财人员协会，也就是今日的理财师协会（Financial Planning Association，FPA）。在很短的时间内，消费者就意识到除了购买金融产品之外，还有许多可以使自己获得财务收益的方式。如果聘请专业的理财规划师帮助自己确立理财目标，然后开发一个全面的理财计划以达到该目标，那么个人将能够更好地获得财务收益。同时，理财人员也认识到财务规划的过程不仅可以帮助客户获得更高的财务收益，而且也能提高理财师自身的实务成果。但是，在这一阶段，个人理财业务的发展并非一帆风顺。起初，理财业务仍然以销售产品为主要目标，外加帮助客户合理规避繁重的赋税。事实上，在 20 世纪 70 年代到 80 年代初期，个人理财业务的主要内容就是合理避税，提供年金系列产品，参与有限合伙（即投资者投资合伙企业，但只承担有限责任）以及投资于硬资产（如黄金、白银等贵金属等）。直到 1986 年，伴随着美国税法的改革以及里根总统时期通货膨胀的显著降低，个人理财业务的视角逐渐全面和广泛，开始从整体角度考虑客户的理财需求。此时，发达国家的金融业开始普遍实行为客户提供全方位服务的经营策略，强调与客户建立“全面、长期”的关系。同时，银行内部也进行了充分的组织机构和职能调整。理财业务融合传统的存贷款业务、投资业务和咨询等业务，开始向平民化发展。

3. 个人理财业务的成熟时期

20 世纪 90 年代是个人理财业务日趋成熟的时期，许多人涌入个人理财行业，个人理财业务在这一时期的繁荣可以归因于良好的经济态势以及不断高涨的证券价格。伴随着金融市场的国际化、金融产品的不断丰富和发展，这一时期的个人理财业务不仅开始广泛使用衍生金融产品，而且将信托业务、保险业务以及基金业务等相互结合，从而满足不同客户的个性化需求。

同时，在这一时期，理财人员取得的财务策划收入大幅增长；作为独立的高等教育机构，理财学院显著扩张；另外，美国高校中以学术项目来设置理财专业的数量也在增长；理财日趋专业化，专门协会、认证组织纷纷成立，如注册金融策划师（CFP）、特许金融分析师（CFA）、特许财富管理师（CWM）、国际注册财务咨询师协会、退休理财协会、遗产规划协会等，这些资格认证和专业机构的出现以及高校对理财专业的重视标志着个人理财业务开始向一种专业趋势发展。

（二）个人理财在国内的发展

与发达国家相比，中国个人理财业务的发展历程非常短暂。20 世纪 80 年代末到 90 年代是中国个人理财业务的萌芽阶段，当时商业银行开始向客户提供专业化投资顾问和个人外汇理财服务，但大多数的居民还没有理财意识和概念。从 21 世纪初到 2005 年是中国个人理财业务的形成时期，在这一时期，理财产品、理财环境、理财观念和意识以及理财师专业队伍的建设均取得了显著的进步。中国理财产品规模以每年10%～20%的速度增长，2005年，达到了250亿美元。从2006年开始，伴随着金融市场和经济环境的进一步变化，个人理财业务进入了大幅扩展时期，客户对理财的需求日益增长，同时，银行、保险、证券、信托、基金等金融机构对理财业务的重视程度也显著提高，不断开发新的理财产品，提供优质的理财服务。但是，目前国内金融业普遍缺乏既熟悉银行业务，又精通证券交易、保险等金融业务的高素质的、专业的、训练有素的全能型财务规划师。为此，2003年，中华人民共和国劳动和社会保障部正式设立理财规划师职业，颁布《理财规划师国家职业标准》；2004年，国家职业技能鉴定专家委员会理财规划师专业委员会成立；2005年，国家理财规划师正式展开培训工作；2006年，国家理财规划师资格开始实行全国统考制度。截至2011年底，国家理财规划师队伍人数已经扩充至7万人。

第二节　个人理财的基本理论

货币的时间价值和风险计量与管理是理财学的两大基石，而生命周期理论与客户的风险属性分析则是个人理财规划理论的基础。因此，在进行个人理财规划之前必须要对以上知识有一个透彻的理解和熟练的运用。

一、货币时间价值

（一）货币时间价值的含义

所谓货币时间价值，是指在不考虑风险和通货膨胀的情况下，货币经过一定时间的投资和再投资所产生的增值，也称为资金的时间价值。从经济学理论的角度而言，现在的一单位货币与未来的一单位货币的购买力之所以不同，是因为要节省现在的一单位货币不消费而改在未来消费，则在未来消费时必须有大于一单位的货币可供消费，作为弥补延迟消费的贴水。货币之所以具有时间价值，至少有如下三个方面的原因：

（1）货币可用于投资，获得利息，从而在将来拥有更多的货币量。

（2）货币的购买力会因通货膨胀的影响而随时间改变。

（3）一般来说，未来的预期收入具有不确定性。投资可能产生投资风险，需要提供风险补偿。

（二）与货币时间价值相关的几个概念

1. 终值

终值是现在的货币折合成未来某一时点的本金和利息的合计数，反映一定数量的货币在将来某个时点的价值。终值通常用 FV 表示。

2. 现值

现值是指未来某一时点的一定数额的货币折合为相当于现在的本金。现值与终值的概念是对货币时间价值最好的衡量方式，它们反映了保持相等价值和购买力的货币在不同时点上数量的差异。现值通常用 PV 表示。

3. 时间

货币时间价值的参照系，通常用 t 表示，或用 n 表示期数。

4. 利率（或通货膨胀率）

利率，即影响货币时间价值程度的波动要素，某一度量期的实际利率是指该度量期内得到的利息金额与此度量期开始时投资的本金金额之比，实际利率其实可以看作单位本金在给定的时期上产生的利息金额。利率通常用字母 i 表示。

5. 必要报酬率

必要报酬率是指进行投资所必须赚得的最低报酬率，它反映的是整个社会的平均回报水平。

6. 实际报酬率

实际报酬率是项目投资后实际赚得的报酬率。只有在一项投资结束之后，结合已经取得的投资效益才能够评估得出实际的报酬率水平。

7. 期望报酬率

期望报酬率是一项投资方案估计所能够达到的报酬率，它反映的是投资者心中所期望的报酬率水平。

（三）货币时间价值的计算

1. 单利

单利是只就初始投入的本金计算利息的一种计算制度。按照这种方法，只就初始投入的本金计算各年的利息，所生利息不加入本金重复计算利息。单利不是货币时间价值的表现形式，不能以单利计算货币的时间价值。单利只适合于特定情况下的计算，比如商业票据的贴现利息的计算、单利计息条件下债券利息的计算等。

假设用不同的计算符号来表示一些财务指标：PV 代表现值（本金、初始金额），FV 代表终值，i 代表利率水平，I 代表利息额；n 代表时间周期数，则单利终值、单利现值和单利利息额的计算公式如下：

$$FV=PV(1+ni)$$

$$PV=\frac{FV}{1+ni}$$

$$I=ni$$

例 1—1：某公司于 2010 年 1 月 1 日发行了面值为 1 000 元，年利率为 4%，半年期，一次性还本付息的短期公司债券。如果投资者购买一张该债券，其到期的本利和是多少？

到期的本利和为：

$$FV=PV(1+ni)=1\,000\times\left(1+\frac{1}{2}\times 4\%\right)=1\,020\text{（元）}$$

2. 复利

复利是本金和利息都要计算利息的一种计算制度。在复利制度下，一个重要的特征是上一年的本利和要作为下一年的本金计算利息。

(1) 复利终值。

复利终值的计算公式如下：

$$FV=PV(1+i)^n$$

其中，$(1+i)^n$ 为复利终值系数，它表示 1 元钱的本金在特定利率和期数条件下到期的本利和。复利终值系数可以简记为（F/P，i，n）。为了便于计算，可以根据利率与期数，查询“复利终值系数表”来确定复利终值系数。

例 1—2：某人从银行贷款 100 万元，贷款期限为 3 年，贷款利率采用复利计算，年利率为 6%，则该贷款期满后需归还的本利和是多少？

贷款期满的本利和为：

$$\begin{aligned} FV &= PV(1+i)^n \\ &= 100\times(1+6\%)^3 \\ &= 119.10\ (\text{万元}) \end{aligned}$$

（2）复利现值。

复利现值的计算公式如下：

$$PV=\frac{FV}{(1+i)^n}$$

其中，$\frac{1}{(1+i)^n}$为复利现值系数，记作（P/F，i，n）。它是复利终值系数的倒数，可以通过查询“复利现值系数表”求得。

例 1—3：某公司拟发行面值为 100 万元，年利率为 6%，10 年期，单利计算，到期一次还本付息的债券。在投资者要求的必要报酬率为 8%的情况下，最高买价不能超过多少？

该债券的内在价值为：

$$\begin{aligned} PV &= FV\ (P/F,\ i,\ n) \\ &= 100\times(1+6\%\times 10)\times(P/F,\ 8\%,\ 10) \\ &= 160\times 0.4632 \\ &= 74.112\ (\text{万元}) \end{aligned}$$

因此，其最高买价不能超过 74.112 万元。

（四）年金

年金是指在一定时期内系列、等额收付的款项，通常记作 A。年金的特征是，在一定的时期内，每次收付款的时间间隔相同，收付的金额相等，现金流的方向相同。例如，退休后每个月固定从社保部门领取的养老金就是一种年金，每个月定期定额缴纳的房屋贷款月供、每个月定期定额购买基金的月投资额、向租房者每月固定收取的租金等均可视为一种年金。年金有多种形式，如保险费、直线法下计提的固定资产折旧、等额分期付款以及零存整取或整存零取储蓄等。

年金按其每次收付发生的时点不同，可分为普通年金、预付年金、递延年金和永续年金。

1. 普通年金

普通年金又称后付年金，是指于各期期末收付的年金。

（1）普通年金终值。

普通年金终值的计算公式如下：

$$FV = A\frac{(1+i)^n - 1}{i}$$
$$= A(F/A，i，n)$$

其中，$(F/A，I，n)$ 为 1 元年金终值，代表的是 n 期 1 元的普通年金在 i 的利率水平下的终值，又称为年金的终值系数，可以通过查询“年金终值系数表”得出结果。

例 1—4： 某家庭计划未来 10 年每年年底在银行为其子女存储教育基金 10 000 元，假设年复利率为 8%，则这笔年金的终值是多少？

这笔年金的终值为：

$$FV = A\frac{(1+i)^n - 1}{i}$$
$$= A(F/A，i，n)$$
$$= 10\,000 \times (F/A，8\%，10)$$
$$= 144\,865.6\text{（元）}$$

（2）偿债基金。

偿债基金是指为了使年金终值达到清偿到期债务或满足企业到期特定的财务需要而于每年年末等额存入银行或支付给相应机构的存款准备金。1 元年金终值的倒数为 1 元偿债基金。

例 1—5： 假设某人打算积累一笔 10 年后的养老基金 10 万元，为此设置积累年金，年必要报酬率为 8%，为此每年年末应存入的金额为多少？

每年年末应存入的金额为：

$$A = FV\frac{i}{(1+i)^n - 1}$$
$$A = FV/(F/A，i，n)$$
$$= 10 \times 8\%/[(1+8\%)^{10} - 1]$$
$$= 0.690\,29\text{（万元）}$$

（3）普通年金现值。

普通年金现值指为在每期期末取得相等金额的款项，现在需要投入的金额，即各期期末的现金流量相当于现在的价值。

普通年金现值的计算公式如下：

$$PV = A(P/A，i，n)$$

1 元年金现值记作 $(P/A，i，n)$，可以通过查询“年金现值系数表”得出结果。

例 1—6： 假设某人将在未来 10 年内每年年底获得 10 000 元的分红收入，年复利率为 6%，则这笔年金的现值为多少？

$$PV = A(P/A，i，n)$$
$$= 10\,000 \times 7.360\,1$$

$=73\,601$（元）

（4）年资本回收额。

年资本回收额是指收回现在的投资而应于未来每年年末等额回收的金额，即根据年金的现值计算的年金额。1 元年金现值的倒数称为 1 元资本回收额或资本回收系数，表示收回现在 1 元的投资而应于未来每年年末回收的数额。

例 1—7：假设有一项 100 万元的投资，在必要报酬率为 8%，投资期为 10 年时，每期期末回收多少才是基本合理的？

年资本回收额为：

$$A=PV/(P/A,\ i,\ n)$$
$$=100/6.710\,08$$
$$=14.903\text{（万元）}$$

因此，每期期末回收 14.903 万元才是基本合理的。

2. 预付年金

预付年金是于每期期初付款的年金，又称为即付年金。由于没有预付年金的终值和现值系数表，因此，预付年金的终值和现值的计算需要将其转化为普通年金。

（1）预付年金终值。

n 期预付年金终值是（$n+1$）期普通年金的终值减去 A。

预付年金终值的计算公式如下：

$$FV=A\ (F/A,\ i,\ n+1)\ -A$$
$$=A\ [(F/A,\ i,\ n+1)\ -1]$$

例 1—8：某保险公司每年年初向被保险人收取保费 6 000 元，期限为 4 年，年复利率为 7%。这笔年金的终值是多少？

这笔年金的终值为：

$$FV=A\ (F/A,\ i,\ n+1)\ -A$$
$$=6\,000\times[(F/A,\ 7\%,\ 5)\ -1]$$
$$=6\,000\times4.750\,7$$
$$=28\,504.2\text{（元）}$$

（2）预付年金现值。

n 期预付年金现值是（$n-1$）期普通年金的现值加上第一期期初的年金 A。

预付年金现值的计算公式如下：

$$PV=A\ (P/A,\ i,\ n-1)+A$$
$$=A\ [(P/A,\ i,\ n-1)+1]$$

例 1—9：某人在每月月初领取工资 3 000 元，连续 6 个月，年复利率为 12%。这笔年金的现值是多少？

年复利率为 12%，则月复利率为 $1\%\left(\frac{12\%}{12}\right)$。

这笔年金的现值为：

$$
\begin{aligned}
PV &= A\ (P/A,\ i,\ n-1)\ +A \\
&= 3\,000\times[(P/A,\ 1\%,\ 5)+1] \\
&= 3\,000\times 5.853\,4 \\
&= 17\,560.2\ (元)
\end{aligned}
$$

3. 递延年金

递延年金是指第一次支付发生在第二期或者第二期以后的普通年金。其终值的计算与普通年金终值的计算相同。

设递延期数为 m，付款期限为 n，递延年金的现值计算方法有两种。

计算方法一：按照 n 期普通年金和 m 期复利贴现。

递延年金现值的计算公式如下：

$$P=A(P/A,\ i,\ n)\ (P/F,\ i,\ m)$$

计算方法二：$(m+n)$ 期普通年金的现值，减去 m 期普通年金的现值。

递延年金现值的计算公式如下：

$$P=A(P/A,\ i,\ m+n)-A(P/A,\ i,\ m)$$

例 1—10：假设某人现购置一套住房，前 3 年不用付款，从第 4 年年末起分 4 年等额还本付息 10 万元，银行的年复利率为 10%。房屋的现值为多少？

房屋的现值为：

$$
\begin{aligned}
P &= A(P/A,\ i,\ m+n)-A(P/A,\ i,\ m) \\
&= 10\times[(P/A,\ 10\%,\ 7)-(P/A,\ 10\%,\ 3)] \\
&= 23.82\ (万元)
\end{aligned}
$$

4. 永续年金

无限等额支付的年金，称为永续年金，即期数趋向于无穷远的普通年金。

永续年金现值的计算公式如下：

$$P=A/i$$

例 1—11：某人欲购买 W 公司的优先股，该优先股面值为 1 000 元，票面利率为 6%，如果小王要求的必要报酬率为 8%，则该优先股的现值是多少？

该优先股的现值为：

$$
\begin{aligned}
P &= A/i \\
&= 1\,000\times 6\%/8\% \\
&= 60/8\% \\
&= 750\ (元)
\end{aligned}
$$

二、生命周期理论

生命周期理论是由美国经济学家莫迪利安尼与宾夕法尼亚大学的布伦博格、安多共同创建的。其中，莫迪利亚尼做出了尤为突出的贡献，并因此获得诺贝尔经济学奖。生命周期理论对消费者的消费行为提供了全新的解释，该理论指出，个人是在相当长的时间内计划他的消费和储蓄行为的，在整个生命周期内实现消费的最佳配置。也就是说，一个人将综合考虑其即期收入、未来收入，以及可预期的开支、工作时间、退休时间等诸因素来决定目前的消费和储蓄，以使其消费水平在一生内保持相对平稳的水平，而不至于出现消费水平的大幅波动。

在理财领域，个人的生命周期与家庭的生命周期紧密相连。任何个人及家庭都有其诞生、成长、发展、成熟、衰退直至消亡的过程，在生命周期的不同阶段，个人与家庭的发展都有其不同的特征、任务、需求与目标。

个人及家庭的生命周期是指从青年单身期、家庭形成期（建立家庭生养子女）、家庭成长期（子女长大就学）、家庭成熟期（子女独立和事业发展到巅峰）和家庭衰老期（退休到终老而使家庭消灭）的整个过程。这五个阶段的特征和财务状况如表 1—1 所示。

表 1—1　个人及家庭生命周期各阶段特征及财务状况

	青年单身期	家庭形成期	家庭成长期	家庭成熟期	家庭衰老期
阶段特征	从参加工作到结婚，单身	从结婚到子女出生，家庭成员随子女出生而增加	从子女出生到其完成学业，家庭成员数目固定	从子女完成学业到夫妻均退休，家庭成员数目随子女独立而减少	从夫妻均退休到夫妻一方过世，家庭成员只有夫妻两人（也称为空巢期）
收支状况	收入仅为单身者个人收入，收入比较低，消费支出大	收入增加，以夫妻两人收入为主，支出随家庭成员的增加而上升	收入以双薪家庭为主，支出随成员固定而趋于稳定，但子女上大学后学杂费用负担重	收入以双薪家庭为主，事业发展和收入达到巅峰。支出随成员数目减少而降低	以退休双薪收入为主，或有部分理财收入或变现资产收入。医疗费用提高，其他费用降低
储蓄状况	个人储蓄较少	随家庭成员增加而下降，家庭支出负担大	收入增加而支出稳定，在子女上大学前储蓄逐步增加	收入达到巅峰，支出可望降低，为准备退休金的黄金时期	大部分情况下，支出大于收入，为耗用退休金阶段
居住状况	和父母同住或租房	和父母同住或自行购房、租房	和父母同住或自行购房、租房	与老年父母同住或夫妻两人居住	夫妻居住或和子女同住
资产状况	资产较少，也可能为负资产，即负债（如消费信贷等）	可积累的资产有限，家庭成员年轻，可承受较高的投资风险	可积累的资产逐年增加，要开始控制投资风险	可积累的资产达到巅峰，要逐步降低投资风险，准备退休	逐年变现资产来应付退休后生活费开销，投资应以固定收益工具为主
负债状况	无负债或轻度负债（如贷款购车、信用卡贷款消费等）	通常要背负高额房贷	若已购房，为缴付房贷本息、降低负债余额的阶段	应该在退休前把所有的负债还清	应该无新增负债

通过表 1—1 可以看出，个人及家庭在其生命周期的不同阶段有不同的特征，相应地，其每个阶段对个人理财的需求也是不同的。因此，根据人生不同阶段的特点，个人及家庭在其生命周期不同阶段的理财策略也应当是不同的。

在青年单身期，收入较低而消费支出较高，资产较少而负债较多，净资产可能为负，此时的理财重点是提高自身获得未来收益的能力，如加大人力资本方面的投资。此阶段，风险偏好的人可承担一定的风险，其理财组合中除了储蓄，还可以有债券类、股票类、股票型基金等理财产品。

家庭形成期是家庭的主要消费期，经济收入增加而且生活稳定，家庭已经有一定的财力和基本生活用品。为提高生活质量往往需要较大的家庭建设支出，如购房、购车等，如果是贷款购买的，每月还需要准备月供款之类的较大开支。此时的理财重点是保持资产的流动性和扩大投资，其理财组合中流动性较好的存款和货币基金的比重可以高一些，投资股票等高风险资产的比重应逐步降低。

在家庭成长期，家庭有稳定收入，最大开支是医疗保健费、子女教育及智力开发费用，此时精力充沛，又积累了一定的工作阅历和投资经验，风险承受能力增强，可以考虑建立不同风险收益的投资组合。

在家庭成熟期，父母的工作能力、工作经验、经济状况都达到巅峰状态，子女已完全自立，债务也逐渐减轻。此时主要考虑为退休做准备，应扩大投资并追求稳健理财，建立国债、货币市场基金等低风险产品的投资组合。

家庭衰老期的收益性需求最大，这时的理财一般以保守防御为原则，目标是保证有充裕的资金安度晚年，因此投资组合中债券比重应该最高。

三、资产配置与风险控制理论

（一）资产配置原理

1. 资产配置的概念

资产配置是指依据所要达到的理财目标，按资产的风险最低与报酬最佳的原则，将资金有效地分配在不同类型的资产上，构建增强投资组合报酬与控制风险的资产投资组合。

资产配置之所以能对投资组合的风险与报酬产生一定的影响力，在于其可以利用各种资产类别，各自不同的报酬率及风险特性，以及彼此价格波动的相关性，来降低投资组合的整体投资风险。通过资产配置投资，除了可以降低投资组合的下跌风险，更可稳健地增强投资组合的报酬率。

维持最佳资产投资组合，必须经过完整缜密的资产配置流程，内容包含投资目标规划、资产类别的选择、资产配置策略与比例配置、定期检视与动态分析调整等。投资者欲构建一组最佳资产配置，只要依照上述资产配置流程建立规律性的投资循环，便可有效率地建立及维持资产配置最适化，进而达成中长期投资理财目标。

2. 资产配置的基本步骤

（1）了解个人的基本情况。

在对个人进行资产配置和产品组合前，不能一味地从产品出发，而不顾个人的实际情况。个人在选择产品前，应对自身的情况进行全面、清晰的了解，掌握相关的信息，尤其是年龄、学历、家庭结构、职业职位、收入状况、理财目标、理财任务、风险偏好、投资经验、资产结构、性格喜好等，了解这些个人基本情况是进行资产配置的基础与前提。

（2）生活设计与生活资产拨备。

任何一个人都不能把全部资产用于投资而不顾基本的生活需要，因此，个人在进行投资前，一定要预留一部分资金用于生活保障，建立生活储备金，为投资设立一道防火墙。

家庭投资前的现金储备包括以下几个方面：一是家庭基本生活支出储备金，通常为6～12个月的家庭生活费；二是用于不时之需和意外损失的家庭意外支出储备金，通常是家庭净资产的5%～10%；三是家庭短期债务储备金，主要包括用于偿还信用卡透支额、短期个人借款、3～6个月的个人消费贷款月供款等的款项；四是家庭短期必须支出，主要是短期内可能需要动用的买房买车款、结婚生子款、装修款、医疗住院款、旅游款等。这些用于保障家庭基本开支的费用一般可以选择银行活期、七天通知存款或半年以内定期存款方式，或者购买货币基金等流动性、安全性好的产品，绝不可用于进行股票或股票型基金的投资，否则，一旦出现投资亏损或被套，将极大地影响家庭的正常生活。

(3) 风险规划与保障资产拨备。

建立家庭基本生活保障储备后，还不能将余钱用于投资，而应建立各种保险保障，从而为自己的投资建立第二道防火墙。前述现金储备只能保障短期的生活，却无法应对中长期的巨大风险，如失业、疾病、意外、养老等。

建立家庭保障包括三个方面：一是家庭主要成员必须购买齐全的社会保险，包括医疗保险、失业保险、工伤保险、生育保险、养老保险等，无论客户是老板还是失业者，都必须购买社保为自己和家庭建立最基本的一道保障防线（无业者可以以个人名义直接到社保局缴纳社保费）；二是为家庭成员购买重大疾病保险、意外保险、养老保险等商业性保险，以弥补社保保障不足的缺点；三是根据家庭需要购买车险、房险等财产性保险。

(4) 建立长期投资储备。

在建立了短期现金储备和中长期保险保障后，个人及家庭剩余的资产就是可投资资产，可以根据个人及家庭的需求，用这部分闲置资金来购买理财产品。但是，人们一般意义上理解的闲置资金就是指多年的积蓄，事实上未来可以预期的年度或月度结余也是可以用于投资的闲置资金，通常可以通过定期定额投资基金的方式为自己和家庭建立长期投资组合，如养老投资基金、父母赡养投资基金、子女教育投资基金等，每个月只要投资1 000元购买指数基金，若此基金的年收益率达到10%，坚持投资20年后就变成了数百万元的巨额财富，实现小钱积累成大钱的投资目标。

(5) 建立多元化的产品组合。

完成上述资产配置后，个人及家庭手中拥有的可以动用的一笔金额较大的闲置资金就是可以进行投资理财的款项了。个人及家庭可以自己进行投资组合，也可以根据理财经理的推荐进行投资组合。但在进行投资组合时，要避免常见的结构重复、类型相似、风险放大等问题。因此，在选择理财产品和进行投资组合时，要根据自身的风险偏好、资产状况、个体特征和不同需求来科学、主动地进行产品组合设计，使产品组合中高、中、低风险的产品比例比较合理，然后根据设计好的产品组合结构面向不同类型、不同行业、不同市场寻找和选择最佳产品，并形成一个符合自身需要和特点的投资组合。这样一个多元化的科学的产品组合才能为其实现收益与风险的最佳匹配，实现财富增值与生活需求的理想结合。

3. 常见的资产配置组合模型

通常，我们将权证、期权、期货、对冲基金、垃圾债券等视为极高风险、极高收益资产；将股票、股票型基金、外汇投资组合等视为高风险、高收益资产；将金银、部分理财产品、集合信托、债券基金等视为中风险、中收益资产；将债券、债券基金、理财产品、投资分红险视为低风险、低收益资产；将存款、国债、货币基金等视为无风险、低收益资产。针对不同风险与收益的投资产品和个人的风险偏好，下面介绍几种最适合的资产配置组合模型：

（1）金字塔型。

在金字塔型资产结构中，存款、债券、货币基金、房产等低风险、低收益资产占50%左右，基金、理财产品、房产等中风险、中收益资产占30%左右，而高风险的股票、外汇、权证等资产比例最低。这种根据资产的风险度由低到高，占比越来越小的金字塔型资产结构，其安全性、稳定性无疑是最佳的。

（2）哑铃型。

在哑铃型资产结构中，低风险、低收益的储蓄债券资产与高风险、高收益的股票基金资产比例相当，占主导地位，而中风险、中收益的资产占比最低。这种结构两端大、中间弱，比较平衡，可以充分享受黄金投资周期的收益。

（3）纺锤型。

在纺锤型资产结构中，中风险、中收益的资产占主体地位，而高风险与低风险的资产占比较低。这种资产结构的安全性很高，很适合成熟市场。

（4）梭镖型。

这种资产结构几乎没有什么低风险的保障资产与中风险的理性投资资产，几乎将所有的资产全部放在了高风险、高收益的投资市场与工具上，属于赌徒型的资产配置。毫无疑问，这种资产结构的稳定性差，风险度高，但是投资力度强，冲击力大，如果遇到黄金投资机遇，更能集中资源在短时间内博取很高的收益。

（二）个人理财风险管理

风险管理是一个认识、确定、评估的决策过程，它通过对风险的识别、衡量和控制，以最少的成本将风险导致的各种不利后果减少到最低限度。理财主体在信息资源、经济资源上的匮乏，使个人理财面临着极大的不确定性，而我国居民承受风险的能力普遍不强。因此，在进行个人理财时，加强风险管理是非常重要的。

1. 个人理财风险的识别

风险的识别是对尚未发生的潜在的各种风险进行系统的归类和实施全面的识别，它是风险管理的重要基础与前提。个人理财的风险可分为宏观环境的风险和微观环境的风险。宏观环境的风险有政治风险、经济风险和法律风险，譬如国家的政治体制、经济环境、法律制度、金融政策等方面发生的变化。微观环境的风险是针对具体项目而言的，如证券投资风险、耐用品消费风险和教育投资风险或者家庭成员遭受伤害或死亡等产生的健康风险、失业风险等。在这些风险中，金融风险的影响是最大的，个人理财所面临的金融风险有通货膨胀风险、违约风险、利率风险、购买力风险、变现力风险和汇率风险等。这里仅介绍其中几种。

（1）违约风险。

违约风险是指证券发行人无法按期支付利息或偿还本金的风险。证券的违约风险程度由信用评级机构评定。一般来说，政府发行的证券违约风险很小，可作为无风险证券，而企业发行的证券风险大，但收益也往往更高。

(2) 利率风险。

利率风险是指由于市场利率的波动而引起资产价格下跌，使投资者蒙受损失的风险。利率风险对没有违约风险的国库证券也是不可避免的。一般来说，短期证券由于期限较短，相比长期证券来说，利率风险要小得多，因而在预测短期内市场利率不会有大的波动时也可不考虑此类风险。

(3) 购买力风险。

购买力风险是指由于通货膨胀而使资产到期或出售所获取的货币实际购买力下降的风险。在通货膨胀时期，购买力风险是投资者需要考虑的因素。一般的变动收益证券比固定收益证券抵抗购买力风险能力强，实物资产比货币资产抵抗能力强。

(4) 变现力风险。

变现力风险是指投资者不能在短期内以合理的价格出售资产的风险。个人持有短期证券的目的在于在保证流动性的前提下，提高盈利性。如果不能及时变现，必将使个人/家庭在面临突发性资金需求时非常被动，甚至陷入财务困境中。

常见投资工具与几种常见风险之间的关系如表 1—2 所示。

表 1—2　　　　常见投资工具与几种常见风险之间的关系

投资工具 投资风险	储蓄	普通股	债券	基金	保险	房地产	黄金	外汇	收藏品
本金损失风险	很小	较大	较小	中等	较小	较大	较小	较大	中等
购买力风险	大	很小	较大	较小	大	大	大	较小	较小
变现力风险	很小	很小	较小	很小	很小	很大	较小	较小	较大
利率风险	很大	较大	很大	较大	中等	中等	很小	很小	很小

2. 个人理财主体的风险态度

在个人理财中，风险态度（理论上称风险厌恶系数）和风险承受能力（理论上称风险容度）是确定合理的理财目标和资产配置方案的重要因素。任何投资者宁愿要肯定的某一报酬率，而不愿意要不肯定的同一报酬率，这种现象称为风险反感。面对风险，人们通常会要求提高收益率来补偿，我们称之为风险补偿金。要求的风险补偿金多少取决于他们对待风险的态度，越反感风险的人要求的风险补偿金就会越高。根据理财主体对待风险的不同态度可以将他们划分为风险偏好型、风险厌恶型和风险中立型。不同的风险态度是由不同的风险承受能力决定的，风险承受能力与个人财富、教育程度、年龄、性别、婚姻状况和职业等因素密切相关。

3. 个人理财风险的衡量

风险衡量就是对风险存在及发生的可能性以及风险损失的范围与程度进行估计和衡量。衡量方法有定性分析方法和定量分析方法。定性分析方法是指通过对个人的家庭背景、社会关系、个人财富、教育程度、年龄、性别、婚姻状况和职业等这些影响个人风险承受能力因素的了解，从而确定其风险态度和风险承受能力水平。譬如，了解个人更看重本金安全性还是盈利性，看重本金安全性的人很可能是风险厌恶者，而看重盈利性的人很可能就是风险追随者。定量分析方法主要是数学统计方法，即用一组较小的样本观察值，对一组较大的未知观察值进行理论预测。在风险管理研究中产生了四种风险的度量模式，这些模式在个人理财中仍然适用，它们是方差模型、LPM 模型、VaR 模型和风险调整价值度量模式。专业理财师在评估个人风险态度过程中多采用定性的方法。

4. 个人理财风险的控制

在对风险进行全面的分析之后，风险管理者可以通过实施各种风险控制工具，力图在风险发生之前消除各种隐患，减少损失产生的原因及实质性因素，将损失的后果减少到最低限度。个人理财风险控制的主要工具有风险回避、风险保留、风险分散、风险转移。

（1）风险回避。

风险回避指个人在决策中对高风险的领域、项目和方案进行回避，进行低风险选择，比如不购买信用条件不好的企业债券；做好防火、防盗工作，妥善保管信用卡、存款密码；在借给他人款项时要充分考虑到对方的偿还能力和借款用途，签订民间借款合同；不轻易为他人提供担保或抵押等。风险回避能够在风险事件发生之前完全消除某一特定风险可能造成的种种损失，但有时候消极的回避风险意味着放弃利益，而且有些风险是无法回避的，回避一种风险的同时有可能产生其他新的风险。

（2）风险保留。

由于风险是客观存在的，任何风险都不可能被完全化解，所以每个家庭需建立家庭应急基金来应对风险。对偿债风险而言，借入资金的总量和结构一定要与未来现金流入总量和结构相适应，以避免还债期过于集中和还债高峰出现过早。同时，借入款项要做到短期融资，短期使用，中、长期融资，中、长期使用，特别是在住房按揭这种长期负债的安排上。另外，对投资金额、成交价格、成本费用设定界限，不得突破，将风险严格控制在一定范围内。

（3）风险分散。

风险投资的风险分散，是指个人通过科学的投资组合，如选择合适的项目组合、不同成长阶段的投资组合、投资主体的组合，使整体风险得到分散而降低，从而有效控制风险。在证券投资中，选择足够数量的证券进行组合，使非系统风险逐步化解。我国股票种类还不太多，同时投资于 10 种股票，就能达到分散风险的目的了。另外，可以对股票、储蓄、国债和保险进行投资组合，再按 1/3 法对风险大中小的证券进行分配或加入投资基金。在风险分散中，应当注意两点：第一，高风险项目和低风险项目适当搭配，以便在高风险项目失败时，通过低风险项目弥补部分损失。第二，项目组合的数量要适当：项目数量太少时，风险分散作用不明显；而项目数量过多时，会加大项目组织的难度，导致资源分散，影响项目组合的整体效果。

（4）风险转移。

风险转移是指风险承担主体有意识地将损失或与损失有关的财务后果转嫁给他人的方式。这种风险转移也分为三种形式：转移引起风险或损失的投资、联合投资、参与保险。例如，通过订立经济合同，将风险及可能损失转移给别人，债权投资中设定保证人；在交易市场上进行套头交易，买进现货时卖出期货，或卖出现货时买进期货等。尤其是对所从事职业具有较大风险的个人，如经营货运或客运的个人，他们通过购买保险或定期按比例提取一定的资金建立理财风险基金来达到转嫁风险的目的。

本章小结

本章介绍了个人理财的定义、内容和作用，个人理财在国内外的发展现状；介绍了货币时间价值、生命周期理论、资产配置与风险控制理论；详细分析了货币时间价值的几种类型和计算方法、生命周期不同阶段的特征及理财需求、资产配置的类型和风险控制的方法。

复习思考题

一、主要概念

个人理财　货币时间价值　现值　终值　实际报酬率　期望报酬率　年金　普通年金　预付年金　递延年金　永续年金　资产配置　利率风险　违约风险　变现风险　购买力风险

二、思考讨论题

1. 个人理财的主要内容有哪些？
2. 对理财者而言，个人理财有何作用？
3. 货币为什么具有时间价值？影响货币时间价值的因素有哪些？
4. 生命周期各阶段的特征是什么？对个人理财有何影响？
5. 资产配置的基本步骤包括哪些？
6. 常见的资产配置组合模型有哪些？
7. 个人理财所面临的金融风险有哪些？
8. 个人理财风险控制的主要工具有哪些？

三、案例讨论

王先生今年 48 岁，夫妇俩都在工厂打工，月收入共 6 000 元左右，孩子正在上初中，家里有 1 个老人，家庭月开销约 1 700 元，有 1 套住房，有存款 1 万多元，有投资股票 15 万元，无其他投资产品。一家人都买了保险，夫妻俩买的是重大疾病险，孩子买的是储蓄型保险，年交总保费 6 000 元左右，孩子今年 9 月份升高中。

思考：

1. 该家庭对应其所处的生命周期阶段应确立什么样的理财目标？
2. 如何规划孩子教育和夫妻养老？如何控制风险？

第二章

个人理财需求与规划

引导案例

小金、小张是一对刚结婚的夫妇。丈夫小金每月收入 10 000 元，平日工作需长期出差，比较辛苦；妻子小张每月收入 4 000 元，工作较舒适。两人几乎没有储蓄存款。目前，他们每月日常开支 5 000 元，还需还贷 4 000 元。两人即将迎来新生命，故计划做些投资，以获得更多家庭财富；同时，妻子小张希望给家庭买一些保险，但还不清楚什么更适合。

为了满足他们的上述需求，请根据他们目前的状况，在充分考虑他们家庭几年内可能遇到的风险与机遇的基础上，为他们做一份长期的合理的投资理财规划。

从这个案例可以看出，该家庭月结余比率（家庭月结余比率=每月结余÷每月收入×100%）为 0.36，较为合适，但该家庭的财务状况评级为危险。虽然该家庭以后的收入预期还会增加，但是目前没有合理的保险规划，没有现金准备，因而急需建立现金保障、保险保障，并应提前就个人和家庭的其他理财需求做出规划，以实现不同阶段的人生目标。

本章将就个人理财需求与规划的主要内容进行详细论述。通过本章的学习，应了解个人理财需求的内容、理财目标的制定方法、个人理财规划的内容和个人理财风险的形成；掌握个人理财规划的流程和影响个人或家庭风险承受能力的因素；重点掌握对个人或家庭的资产负债表和现金流量表所进行的财务分析的方法和内容、个人理财风险的衡量和控制。

本章重点知识

1. 个人理财需求的内容。
2. 个人理财的目标体系及特点。
3. 个人理财规划的内容和流程。
4. 资产负债表和现金流量表的财务分析。
5. 个人或家庭的风险属性和风险影响因素。

第一节 个人理财需求分析

人生最基本的理财需求来自消费。消费包括日常衣食住行的各项开支和休闲娱乐的消费。消费之后剩余的收入可以作为储蓄，或者通过投资增加资产的成长以支付未来的消费。然而，未来的消费除了需要资产的支持之外，还需要保险的保障。因为我们生活在一个不确定的环境当中，假如丧失工作能力或者意外身亡，保险提供的保障能够让自己的父母、配偶或子女未来的消费维持在一定的水平上。个人理财规划就是帮助理财主体认识自身的理财需求，明确确立合理理财目标的重要性，从而使其自发地制定和执行消费计划与投资规划。

一、个人理财需求的内容

人生的理财需求大致可以分为五类。

（一）实现收入和财富的最大化

财富指的是个人拥有的现金、投资和其他资产的总和。要积累个人财富，个人支出就必须小于其收入，所以说，个人财富的最大化最终是通过增加收入和适当控制支出来实现的。增加收入的途径可以是寻找更高薪水的工作或者进行投资等，具体的方式取决于个人的能力、兴趣和价值观念。控制支出的方法主要是把所有支出项目细分为可控支出和不可控支出，在力保不可控支出的前提下，尽量降低不必要的可控支出，如过多的服装费用和旅游费用。

（二）进行有效消费

个人收入通常有两个用途：消费和储蓄（储蓄今后会转化为投资）。由于消费开支常常占用了个人收入的大部分，所以对这部分资金的有效使用是十分重要的。通过学习一定的个人理财规划技巧，比如保存好个人的财务记录，进行现金预算，合理使用信用额度，购买适当的保险和选择合理的投资工具等，就可以控制个人的日常开支，实现有效消费。

（三）满足对生活的期望

人在一生中有各种各样的人生目标。足够的储蓄，拥有自己的房产和汽车，没有负债以达到财务的安全和自主，有一份高薪的工作，这些都可以成为人的生活目标。这些目标往往难以同时实现，这意味着个人必须在这些目标中进行选择和规划。对于个人来说，这种规划必须有一个“终生”的视角，也就是说，人们应该分清在个人/家庭生命周期的不同阶段，什么是最重要的必须实现的目标，而什么目标对当前而言较为次要，从而合理全面地安排自己及家庭的生活。

（四）确保个人财务安全

财务安全是指个人对其现有的财务状况感到满意，认为拥有的财务资源可以满足其所有的必要开支和大部分期望实现的目标。这时，个人对其财务方面的事务有较强的信心，不会因为资金的短缺而感到忧虑和恐惧。一般来说，确保个人财务安全的标准有以下几点：

（1）有一份稳定而充足的收入。

（2）工作中有发展的潜力。

（3）有退休保障。

（4）有充足的紧急备用金以备不时之需。

（5）有一定的房产（如果是分期付款，则要有足够的资金来源）。

（6）购买了合适且充足的保险。

（7）有实物资产方面的投资。

（8）有合理的金融投资组合。

（9）制定了有效的投资规划、税收规划和退休计划、遗产管理规划。

不同的人对财务安全的要求会有所差别，以上标准只能作为参考。

（五）为退休和遗产积累财富

对于许多人来说，为退休后的生活提供保障是他们进行储蓄的目的之一。由于退休后收入会减少，而个人往往已经习惯了原有的生活状态，所以为了不降低生活水平，个人需要在退休前将一部分收入作为退休基金留作他日所用。此外，在一些较为传统的国家，为子女留下一份相当数额的财产（遗产）也是个人的人生目标或理财目标之一。

二、个人理财的目标

不同的人在人生的不同阶段对理财有不同的规划，对个人理财所期望达到的目标也不同，按照其对目标制定的频率和实现时间的长短来区分，个人理财的目标可以分为以下几种。

（一）短期目标

短期目标是指那些需要客户每年制定和修改的，并在较短时期内（一般 5 年以内）实现的愿望，比如将日常生活开支的减少，用于购买自己的汽车，或为自己增加人力资本的培训积蓄经费等。

（二）中期目标

中期目标是指那些制定后在必要时可以进行调整，并希望在一定时期内（一般 6～10 年）实现的愿望，比如子女教育经费的筹集、购房首付款的积累等。

（三）长期目标

长期目标是指那些通常一旦确定，就需要客户通过长时期（一般 10 年以上）的计划和努力才能实现的愿望。典型的长期目标如退休生活保障计划、遗产计划与管理等。

实际上，短期目标和长期目标是相对而言的，不同的人对同样的财务目标会有不同的判断。例如，一般情况下，退休计划属于长期目标，但对于已经接近退休年龄的客户而言，该目标就应该算是中期目标甚至是短期目标了。另外，随着时间的推移，同一个客户的目标性质也会改变。例如，一个 25 岁的单身客户，他未来子女的高等教育规划一般需要 15～20 年的时间，那么帮助子女完成学业对于该客户来说就是一个长期目标。20 年之后，该客户 45 岁，其子女已经上大学或即将上大学，这时，实现子女教育目标就转化成了中期目标或短期目标。表 2—1 对不同人/家庭常见的长期目标和短期目标做了详细比较。

表 2—1　　个人/家庭生命周期的理财目标

客户类型	短期目标	长期目标
大学高年级学生	租赁房屋 获得银行信用卡的信用额度 满足日常支出	偿还助学贷款 开始个人投资计划
25 岁以上已工作的单身客户	储蓄、建立备用基金 购买汽车、实现旅游计划 进行人力资本投资 合理削减日常开支	购买自己的住房和汽车 构建投资组合 建立退休基金
30 多岁的已婚客户（三口之家）	将旧的交通工具更新 子女的教育开支 增加收入 购买保险	购买更大、更舒适的房屋 增加子女教育基金的投资 将投资工具多样化，分散投资风险
50 岁左右的已婚客户（子女已独立）	购买新的家具 提高投资收益的稳定性 退休生活保障投资	出售原有房产 制定遗嘱 退休后的旅游计划 养老金计划的调整

三、制定个人理财目标应注意的问题

以上我们介绍了个人理财需求的内容和个人理财目标的种类，这些目标可以改善个人/家庭的现有财务状况，也可以帮助其完成某个人生计划。事实上，并不是所有个人提出的理财目标都可以实现。个人提出的理财需求，必须是在结合其现有的财务状况，并进行科学分析的基础上，才能制定出适合其条件的理财目标体系，为其以后的理财规划提供科学依据。具体来说，个人/家庭在制定理财目标时，应注意以下问题。

（一）区分必要目标和期望目标

个人理财的必要目标是指在正常的生活水平下，必须要完成的计划或者满足的支出；期望目标是指在保证正常的生活水平后，期望可以完成的计划或者满足的支出。

一般而言，个人理财的必要目标包括保证日常饮食消费、购买或租赁自用住宅、支付交通费用和纳税费用等。这些必要目标在进行个人理财规划时应该优先考虑，这些项目的具体内容可以在损益表的“支出”项目中详细列出。

而个人理财的期望目标有很多，如旅行计划、换购豪华别墅、送子女到国外留学、投资开店等。所有的个人理财规划都必须在满足其必要目标所需的开支后，再将收入用于其期望目标。如果个人/家庭没有足够的资金满足前者，那么后者就需要进行调整。

（二）制定理财目标要遵循原则

必须针对不同个体的具体情况来确定理财目标的合理性，除了区分理财目标是否必要以外，在制定理财目标时还必须了解以下几个基本原则：

（1）制定理财目标要具体化，并且要明确财务目标。例如，某人/家庭希望为自己的子女积蓄一笔资金以准备将来出国留学，那么就必须调查和预计出国留学的费用，并且明确从现在起距离子女留学的时间，这样才能通过货币的时间价值理论计算出这笔经费的具体金额，也就是自己通过一次性累积或年金的方式在未来应该准备的经费。只有详细具体地描述，才能进行科学的分析和规划。

(2) 将现金储备作为理财目标之一。在人们的日常生活中，必然会出现一些无法预计的开支，这些意外开支同样会影响个人理财规划的完成。所以，预留一定数额的应急现金是个人理财规划目标之一。当然，现金储备的数量要根据个人/家庭的需要而定。

(三) 理财目标必须具有合理性和可实现性

理财目标必须具有合理性和可实现性，而且不同的计划之间应该没有矛盾。例如，个人/家庭的储蓄目标是每年将收入的25%进行储蓄，然后将剩余资金用于投资计划；但如果其收入的85%必须用于偿还住房按揭贷款和汽车消费贷款，那么其25%的储蓄计划显然无法实现。此外，一个经常发生的情况是，个人对自己的财务状况较为乐观，对理财目标有过高的期望，认为自己先期制定的任何理财目标都能实现。例如，一个年总收入为8万元的家庭把短期目标设定为5年内提前偿还住房抵押贷款50万元。显然这是难以实现的，因为该家庭忽略了其生活的日常开支和其他需要支出的费用，以及在投资计划中需要承担的风险。所以，个人/家庭对理财目标的制定要考虑合理性和可实现性；同时，在执行理财目标时，也要根据实际情况对理财目标进行修改。

(四) 分清目标的先后顺序和主次关系

通常，个人/家庭有不止一个理财目标，而且这些目标无法一次完成。因此，个人/家庭应将所有目标按重要程度列出，并用时间加以区分——哪些是短期目标，哪些是长期目标，且在有关目标后面标明预计实现的时间。

(五) 改善个人/家庭总体财务状况比仅仅创造投资收益更重要

有一些人/家庭十分重视投资目标，常常过于关注投资收益率，而忽略了从总体上改善其财务状况。但实际上，后者往往能给其带来更大的收益。例如，对于个人的收入，是优先考虑偿还债务还是用于投资，这要根据个人收入多少和所在国家的税收制度决定。假定一个国家对居民每年5万元以上的收入征收42%的税，该居民的债务正好是5万元，年利率10%，而且利息是不可以免税的。如果该居民将收入的5万元用于投资，则其投资的税后收益要至少等于其债务的利息，这样其税前投资收益率至少要达到17%。如果当时的市场投资环境并不足以实现这一收益率，该居民则应该先偿还债务，因为这样可以同时减少税收支出和债务负担，从而改善财务状况。

(六) 短期目标、中期目标和长期目标要同时兼顾，不可厚此薄彼

不同的人对目标的重视程度不同，大部分人由于财务安排中的短视行为一般会比较看重短期目标的完成，很少会重视长期财务目标，因为这些目标对他们而言实在是太远了。因此，个人/家庭在对理财目标进行规划时，除了根据自身的需要对不同的目标有所侧重外，一定要注意各种目标的重要性和彼此之间的互补性。无论是长期目标还是短期目标，只有从目标的重要性出发，进行考虑，并通过个人理财规划将各种目标结合起来，合理安排，才能从总体上提高个人理财规划的质量。

四、合理的理财目标体系特点

综上所述，一个合理的理财目标体系应该具备以下几个特点：

(1) 灵活性，即可以根据时间和外在条件的变化做适当的调整。

(2) 可实现性，即在个人/家庭现有的收入和生活状态下是可以实现的。

(3) 明确性和可量化性，即个人/家庭对目标的实现状态、风险、成本和实现的时间都有清晰的认识，并且可以用数字描述出来。

(4) 对不同的目标有不同的优先级别，同级别的目标之间没有矛盾。

(5) 该目标可以通过制定和执行一定的行动方案来实现。

(6) 实现这些目标的方法应该是最节省成本的。

第二节　个人理财规划

一、个人理财规划的内容

人的一生都会历经就学、就业、成家直至退休，每个人都会对事业、家庭、居住和退休进行规划，围绕这些规划必然涉及财务问题。个人理财规划就是根据个人不同生命周期的特点（通常以 15 岁为出发点），针对学业、职业的选择，以及家庭、居住、退休所需要的财务状况，综合使用银行产品、证券、保险产品等金融工具，来进行理财活动和财务安排。

如果我们按年龄层把个人生命周期比照家庭生命周期分为 6 个阶段，则各个阶段的特点和理财活动如表 2—2 所示。

表 2—2　　个人生命周期各阶段的理财活动

年龄	15～24 岁	25～34 岁	35～44 岁	45～54 岁	55～60 岁	60 岁以后
家庭形态	以父母家庭为生活重心	择偶结婚、有学龄前子女	子女上小学、中学	子女进入高等教育阶段	子女独立	以夫妻两人为主
理财活动	求学深造、提高收入	量入为出、攒首付钱	偿还房贷、筹教育基金	收入增加、筹退休金	负担减轻、准备退休	享受生活规划、遗产
投资工具	活期和定期存款、基金定投	活期存款、股票、基金定投	自用房产投资、股票、基金	多元投资组合	降低投资组合风险	固定收益投资、遗产
保险计划	意外险、寿险	寿险、储蓄金	养老险、定期保险	养老险、投资型保单	长期看护险、退休年金	领退休年金至终老

从表 2—2 可以看出，人在其一生的不同阶段有不同的理财活动和理财需求，如果在早期能学习这些理财知识，对理财需求和目标进行合理规划，则更可能实现自己的人生目标。具体来说，个人理财规划的内容主要包括以下几个方面。

(一) 现金和储蓄规划

现金和储蓄规划是为满足个人和家庭正常的生活、消费需求和资产保值而对现金和储蓄进行的管理和规划活动。储蓄规划是所有理财的源头，通过分析家庭现金流结构，寻找提高家庭储蓄的可能方式，设计出合理的家庭储蓄策划方案，从而提高家庭的储蓄额。而对现金的规划，目的是既要使个人、家庭所拥有的资产保持一定的流动性，以支付日常家庭费用和意外事件开销，又要使流动性较强的资产保持一定的收益。因此，在考虑现金规划的工具时，应以流动性为主要考察因素，在此基础上保证一定的收益性。

（二）消费规划

人生需要消费，消费需要规划，小到吃饭、穿衣，大到买房、买车，一切与花钱消费有关的事项都可以归入消费规划的范围；说得专业一些，消费规划是对个人、家庭的消费资源进行合理的、科学的、系统的管理，使个人、家庭在整个生活过程中保持消费资源的财务收支平衡，最终达到终生的财务安全、自主、自由的过程。可见，任何涉及个人消费性资源的活动都属于消费规划的范畴。但是，消费的合理性没有绝对的标准，只有相对的标准。消费的合理性与客户的收入、资产水平、家庭情况、实际需要等因素相关。在实际的消费规划中，要注意以下几个方面。

1. 即期消费和远期消费

例如，城市白领中的“月光族”，他们的即期消费固然潇洒，但其长远的财务状况令人担忧。确定一个合理的结余比例和投资比例，积累一定的资产，不仅是平衡即期消费和未来消费的问题，也是个人理财、实现钱生钱的起点，即理财从储蓄开始。

2. 消费支出的预期

例如，结婚成家、子女教育及保险支出等都可能带来消费支出的增加，在安排这些人生大事的时候要在财务上有充分的准备。

3. 孩子的消费

家庭对于孩子的消费应建立一个合理的金钱观，孩子作为家庭的一员，如果其消费水平明显高于家庭其他成员的消费水平，不仅是对其他成员的忽视，对孩子本身的成长也是不利的。

4. 住房、汽车等大额消费

随着社会的发展和生活水平的提高，住房和汽车消费在生活消费中所占比重越来越大。汽车和住房很容易成为人们攀比和炫耀的亮点，所以在这两项消费中很容易出现超出消费能力的提前消费或过度追求高消费，给个人财务状况带来危害。

（三）教育规划

教育规划包括个人教育规划和子女教育规划两种。个人教育规划是指对个人自身的教育规划；子女教育规划是指个人或家庭为子女将来的教育费用进行规划，对子女的教育又可以分为基础教育、大学教育及大学后教育。大多数国家的高等教育都不属于义务教育的范畴，因而对子女的高等教育规划通常是所有教育规划项目中花费最高的一项。

家庭在进行教育规划时，首先要对其子女的基本情况（如子女人数、年龄、预期受教育程度等）进行分析，以确定当前和未来的教育资金需求。其次，要分析家庭当前的和未来预期的收入状况，确定子女教育规划资金的主要来源。最后，分析教育规划资金供给与需求之间的差距，并在此基础上通过运用各种常用的投资工具来弥补教育规划资金供给与需求之间的差额，完成教育规划目标。由于教育资金用途的特殊性，它更加注重投资的安全性，因此，在投资时要侧重于选择风险较低的保值工具。

（四）保险规划

人的一生可能会面对一些不期而至的风险。为了规避、管理这些风险，人们可以通过购买保险来满足自身的安全需要。除了专业保险公司提供的商业保险之外，由政府的社会保障部门提供的包括社会养老保险、社会医疗保险、社会失业保险在内的社会保险以及雇主提供的团体保险也都是家庭管理非投资风险的工具。

随着保险市场的竞争加剧，保险产品除了具有基本的转移风险、损失补偿的功能之外，还具有一定的合理避税、投资、融资作用。因此，个人或家庭通过保险规划可以保证生活的安全、稳定。

（五）投资规划

投资是指投资者运用持有的资本，来购买实际资产或金融资产，或者取得这些资产的权利，目的是在一定时期内获得资产增值和一定收入。投资的最大特征是用确定的现值牺牲换取可能的不确定的未来收益。

个人或家庭所拥有的资金首先用来满足日常消费，如果有贷款，要考虑先还贷款。剩余的在可预见的短期或长期时间内不用的资金则可用来投资，以获得较高的收益。为了分散风险，在进行投资时一般需构建投资组合，而投资组合的构建依赖不同的投资工具。对于个人来说，单一品种的投资产品很难满足其对资产流动性、回报率以及风险方面的特定要求，所以，投资规划要在充分了解理财主体风险偏好与投资回报率需求等基础上，把资金分配在不同的实物资产或金融工具上，以及同种实物资产或金融工具的不同产品上，以实现在特定风险基础上设定的收益水平，或在特定的收益水平上尽量降低风险。

（六）退休及遗产分配规划

一般而言，退休规划包括利用社会保障的计划，购买商业性人寿保险公司的年金产品的计划以及企业与个人的退休金计划等。一个完整的退休规划，包括工作生涯设计、退休后生活设计及自筹退休金部分的储蓄投资设计。由个人的退休生活设计引导出退休后到底需要花费多少钱，由个人的工作生涯设计估算出可领多少退休金（企业年金或团体年金），退休后需要花费的资金和可受领的资金之间的差距，就是个人应该自筹的退休资金。个人自筹退休金的来源：一是运用过去的积蓄投资；二是运用现在到退休前的剩余工作生涯中的储蓄来累积。退休规划的最大影响因素分别是通货膨胀率、工资薪金收入成长率与投资报酬率。

遗产分配规划是将个人财产从一代转移给下一代，从而尽可能实现个人为其家庭所确定的目标而进行的一种合理安排。遗产规划的主要目标是高效率地管理遗产，并将遗产顺利转移到受益人的手中。这里的高效率包括两方面的内容：一方面，遗产安排要花费一定的时间，应在最短的时间内完成；另一方面，处理遗产需要一笔费用而且可能面临遗产税（中国关于遗产税的立法正在讨论中）的征收，因此，应最大限度减少遗产处理过程中的各种税费。

二、个人理财规划的流程

（一）明确理财主体的理财目标

个人理财规划应该围绕理财目标来制定，不同的理财主体由于环境、目标、态度和需求各不相同，理财目标也不相同。个人应根据自身的财务状况和实际需求设定合理的理财目标。对理财目标的设定要按照短期、中期和长期进行区分，因为不同的理财目标会有不同的投资期限，投资期限不同，则风险水平也不同。

（二）分析评估理财主体的财务状况和风险承受水平

由于每个人或家庭对于风险的承受能力是不一样的，因此，在制定理财目标后，需要对理财主体当前的财务状况进行分析，确定其风险承受水平，以判断理财目标的合理性。对理财主体财务状况的分析主要是对其资产负债表和现金流量表进行分析。资产负债表的分析主要是对其当前所掌握的各种资源（包括现金、现金等价物、住宅、汽车在内的各类自用资产和可以生息的各类金融资产等），以及所负担的各种负债（包括短期和长期负债）进行分析。现金流量表的分析是对其在一定期间内的收入（包括工作所得、经营所得、投资所得、偶然所得等）与支出（包括各种固定支出与变动支出）进行分析。而财务比率分析则是在资产负债表和现金流量表所提供数据的基础上，用财务比率的形式更直观地反映理财主体当前的收入水平、财务自由度水平等财务状况。根据分析结果，确定其风险承受水平，必要时对理财目标进行适当的调整。

（三）制定个人理财规划方案

个人理财规划方案的制定是整个个人理财活动的最重要部分，是理财目标能否实现的关键。在对理财主体的风险偏好、财务状况和理财目标等多个方面进行详细分析后，即可根据其目标和风险承受能力确定个人理财规划方案。在制定方案时，要参考多方面的情况，既要保障投资目标的实现，又要意识到投资风险的客观存在，注意投资风险的规避和分散。

（四）执行个人理财规划方案

制定好个人理财规划后，接下来的工作就是对个人理财规划进行执行。在执行的过程中，要兼顾准确性、及时性和有效性的基本原则。准确性原则主要是指计划的执行者应该在资金数额分配和品种选择上准确，这样才能保证理财主体既定目标的实现；及时性原则主要是指计划执行者要及时地落实行动措施，根据自身情况和市场状况的变化及时地进行计划调整；有效性原则主要是指执行者要使计划的实施能够有效地实现理财规划方案的预定目标，使其财产得到真正的保护或者实现预期的增值。只有同时兼顾这三项原则，理财规划方案才能够得到有效的执行。

（五）监控个人理财规划方案的实施

任何宏观或微观环境的变化都会对个人理财规划的执行效果造成影响，因此，理财主体必须定期地对其理财规划的执行和实施情况进行监控和评估，并就实施结果进行评价，根据实际情况对规划进行适当的调整。

第三节　个人理财财务分析

理财主体在明确了理财目标后，接下来就需要对其财务状况进行分析，全面了解个人或家庭的资产、负债、收入和支出情况，预测这些财务要素未来的发展趋势，掌握其整体财务特点，并找出存在的问题和需要改进的地方，从而为修订理财目标和制定合理的理财规划方案奠定扎实的基础。

一、宏观经济背景分析

经济环境对财务策划有着很大的影响，在不同的经济环境下，同一个理财主体提出的财务策划可能完全不同。因此，要规划出合理的财务策划，理财主体必须十分熟悉其所处地区的宏观经济背景，这样才能使规划的财务策划满足自身的理财目标。影响个人财务状况的宏观经济因素主要有两类：市场参与者和影响个人财务状况的经济因素。前者主要包含金融市场发展、社会保障制度、税收政策、财政和金融政策等影响因素，后者包含经济周期、物价水平、通货膨胀率、利率及汇率、就业水平等影响因素。

二、资产负债表分析

(一) 个人或家庭的资产负债表

个人或家庭的资产负债表是总括反映其在特定日期的财务状况的会计报表。它在优化家庭消费结构、帮助家庭资产快速增值、建立个人信用评价体系等方面发挥着重要的作用。

个人或家庭资产负债表的内容包括资产科目和负债科目。其中，资产科目主要包括现金及活期存款，预付保险费，定期存款，国债，企业债、基金及股票，房地产，汽车及家电等；负债科目主要包括信用卡贷款余额、消费贷款余额、汽车贷款余额、房屋贷款余额等。家庭资产负债表如表 2—3 所示。

表 2—3 **家庭资产负债表**

资产		负债	
现金及活期存款		信用卡贷款余额	
预付保险费		消费贷款余额	
定期存款		汽车贷款余额	
国债		房屋贷款余额	
企业债、基金及股票		其他	
房地产			
汽车及家电			
其他			
资产总计		负债总计	

在家庭资产负债表中有一个重要的公式，可以简单表述如下：

净资产=资产一负债

资产负债表显示了个人或家庭全部的资产和负债状况，通过对其进行深入的分析，不仅可以了解具体的资产、负债信息，而且能够掌握其资产和负债结构，为下一阶段的理财规划和投资组合奠定基础。

(二) 资产负债表的财务分析

个人或家庭资产负债表的财务分析主要包括以下四个方面：净资产分析、负债比率分析、资产结构分析和应急能力分析。

1. 净资产分析

由于理财主体的具体情况不同，其所持有净资产的理想数值不能一概而论。我们只能根据理财主体的净资产、收入水平、当地的消费水平等进行比较分析。假定某人已经工作多年，收入处于某大城市的中等以上水平，则可以分以下几种情况进行讨论，如表2—4所示。

表2—4　理财主体的净资产分析

客户净资产状况	财务分析结果
净资产为负	目前的财务状况不容乐观，有必要将近期的债务尽快偿还，同时尽快增加收入
净资产/年收入$<\frac{1}{2}$	有必要控制开支，需要更多地进行储蓄或投资，同时努力工作以使收入增加
$\frac{1}{2}<$净资产/年收入<3	如果客户还年轻，则其财务状况良好；如果客户已经超过45岁，则有必要采取措施增加其净资产
净资产/年收入>3	客户目前的财务状况良好

2. 负债比率分析

负债按其用途可分为个人使用资产负债、投资负债与消费负债。个人使用资产负债是指用来购买个人使用资产（如房屋与汽车）的抵押贷款；投资负债是指因为投资金融资产而形成的负债；消费负债主要是指因消费而形成的短期负债，如信用卡透支。负债比率分析主要是通过对客户的负债与资产的比较，衡量其财务风险状况。具体的分析指标如表2—5所示。

表2—5　理财主体负债比率分析指标

指标名称	计算方法	指标分析
个人使用资产贷款比率	$\frac{\text{个人使用资产贷款额}}{\text{个人使用资产市值}}$	该指标会随着个人使用资产未还款余额、资产市场价值的变化而变化。指标的降低说明客户在个人使用资产上债务负担的减轻
投资活动融资比率	$\frac{\text{投资负债}}{\text{金融资产市值}}$	股票融资融券、证券质押贷款等都应计入投资负债，客户可利用其财务杠杆效应来加速资产的增长
消费负债与资产比率	$\frac{\text{消费负债额}}{\text{总资产}}$	在个人理财中应该尽量避免消费负债，消费负债不宜超过总资产的一半

3. 资产结构分析

资产结构分析主要是对资产负债表中不同资产类型之间的关系进行分析。根据资产的流动性可将其分为固定资产和流动资产。保持一定的资产流动性是个人或家庭应付日常生活开支、偿还到期债务和应对紧急开支的必然要求。因此，在资产的构成中要保证3～6个月平均开支的现金及现金等价物性质的流动资产。此外，根据资产的性质可将其分为金融资产、实物资产和无形资产。根据高风险高回报的投资规则，许多理财主体为了追求资产的快速增值，将投资集中到风险性较高的金融资产中，从而提高了自身资产结构的风险水平。

4. 应急能力分析

资产的流动性一方面指资产的变现能力，另一方面指资产变现过程中的价值损失水平。普通居民要保持一定的资产流动性，主要是应付日常生活开支需求、应急需求和投机需求。在应急需求方面，主要是应对失业或失能导致的工作收入中断，以及应对紧急医疗或意外灾变所导致的超支费用。前者一般要求3～6个月的固定支出，后者则根据当地的医疗收费状况、客户的保险状况等因素来确定。

衡量个人或家庭资产应急能力的指标有两个：失业保障月数和意外或灾变承受能力，其计算方法如下：

$$失业保障月数=\frac{存款、可变现资产或净资产}{月固定支出}$$

$$意外或灾变承受能力=\frac{可变现资产+保险理赔金-现有负债}{5\sim10年生活费+房屋重建装潢成本}$$

其中，可变现资产包括现金、活期存款、定期存款、股票、基金等，不包括汽车、房地产、古董字画等变现性较差的资产；固定支出除生活费用开销以外，还包括房贷本息支出、分期付款支出等已知负债的固定现金支出；失业保障月数的指标高，表示即使失业也暂时不会影响生活，可审慎地寻找下一份适合的工作。最低标准的失业保障月数是 3 个月，6 个月较为妥当。

三、现金流量表分析

（一）个人或家庭的现金流量表

个人或家庭的现金流量是指某一段时期内个人或家庭现金流入和流出的数量。个人或家庭的日常经济活动（主要指消费、投资和筹资）是影响现金流量的重要因素，但并不是所有的经济活动都影响现金流量，如将现金存入银行、购买 3 个月内到期的公司债券等。用现金购买家电、长期债券等，会影响现金流量净额的变动。

现金流量表中的现金流入项目一般包括工作所得（家庭所有成员的工资、奖金、津贴等），经营所得（自有产业的净收益），投资收益（现金股利、资本收益、租金收入、利息收入、其他投资收入等）和其他所得（劳务报酬、稿酬、失业保险所得、退休金、救济金等）。现金流量表中的现金支出项目一般包括日常消费支出（饮食、服装、房租、水电、医疗、教育、娱乐、交通、通讯、赡养、纳税、维修等），投资支出（购买股票、基金、债券、外汇、房地产等各种投资项目）和其他支出（偿还债务、进行个人培训等费用开支）。

现金流量表一般以“现金流入－现金流出＝现金净流量”这一方程式为基础，采用多步式列示，最终计算并填列本期现金净流量。个人或家庭现金流量表如表 2—6 所示。

表 2—6　　个人或家庭现金流量表

现金流入	金额	备注	现金流出	金额	备注
工资			日常消费支出		
奖金			饮食支出		
津贴和补助			房租支出		
劳务收入			服装支出		
经营所得			水电支出		
收回投资或分红			医疗支出		
利息收入			教育支出		
租赁收入			娱乐支出		
债权收回			投资支出		

续前表

现金流入	金额	备注	现金流出	金额	备注
典当物品所得			股票支出		
返还保费收入			保险支出		
馈赠			按揭贷款月供款		
退休金			其他支出		
遗产继承			偿还债务		
其他现金流入			培训支出		
现金流入合计			现金流出合计		
现金净流量	现金流入合计－现金流出合计				

在制作现金流量表时，每一项目都是可以改变的。表 2—6 中的“备注”栏便于使用者简要记录那些相对异常的收入或支出项目。表 2—6 只是一个例子，不同的个人或家庭，收入来源和支出项目可能是不同的，某些项目永远都不会出现，则可以删除；对那些不是每个月都会发生的项目，建议保留；也可以增加一些没有的项目。通过对不同时期现金流量表的对比，可以获得现金流入、流出的变动额度，并从变动的总体趋势上把握个人或家庭的财务状况。

（二）现金流量表的财务分析

个人或家庭现金流量表的财务分析主要是对其现金流入（收入）和现金流出（支出）状况进行分析，以判断其收支水平和财务自由度水平。具体指标包括以下三项。

1. 消费率

消费率是消费支出占总收入水平的比率。消费支出主要包括日常的衣、食、住、行、教育、娱乐、医疗等支出。在西方经济学中，居民的消费需求是由基本消费和边际消费率、收入水平所决定的。边际消费率为每增加 1 元所得而增加的消费金额，通常边际消费率为 30％～60％，并随着收入水平的增加而呈现递减的趋势。因此，收入水平越高，消费率就越低，财务自由度也就越高。

2. 自由储蓄额

所谓自由储蓄额，是指可以自由决定如何运用的储蓄。其计算公式如下：

$$\text{自由储蓄额}=\text{总储蓄额}-\text{已经安排的本金还款及投资}$$

其中，已经安排的本金还款及投资包括房贷应定期摊还的本金额、应缴储蓄型保费额、应缴定期定额投资额等。

自由储蓄额可以满足短期的理财目标和奢侈消费需求，如旅游、添购家具电器，也可以用来提前还清贷款。自由储蓄额占总收入的比率被称为自由储蓄率。自由储蓄率一般以 10％为目标。

3. 流动性比率

流动性比率是流动资产与月支出的比值。其计算公式如下：

$$\text{流动性比率}=\frac{\text{流动资产}}{\text{月支出}}$$

该比率反映家庭的应急储备状况及支出能力的强弱，通常情况下流动性比率为 3～6

较为合适。资产的流动性与收益性成反比，流动性越强，则收益性越差，反之亦然。所以应保持好一定的流动性资产，其余的用于扩大投资以期取得更高的收益。

第四节　个人理财风险的衡量

不确定性是风险产生的条件，它包括主观和客观两种形态。客观不确定性是产生风险的充分条件，不具备客观不确定性就不存在结果的差异性；主观不确定性是产生风险的必要条件，不具备主观不确定性便不会产生风险管理的行为要求。个人理财活动同时具备了客观不确定性和主观不确定性双重条件。从客观不确定性来说，个人理财活动受理财环境的影响和制约，国家的政治体制、经济环境、法律制度、金融政策等宏观环境的变化和理财主体自身所处的微观经济的不确定性都可能导致个人理财结果的差异性。从主观不确定性来说，理财主体在理财过程中总少不了对事务的判断和对未来结果的预期，但由于个人对环境认知能力的有限和可获取资源的不足，预期常常与实际结果不符。所以，个人理财是一项充满风险的经济活动。

一、个人理财风险的内涵

财务风险是资本流通的产物，资本流通的始点是本金，只要把货币作为本金来运作，就有无法实现本金增值的风险。因此，财务风险起源于资本垫支之初对资本增值的期望，表现为达不到期望增值结果的可能性。个人理财风险是指理财活动中预期收益的不确定性，它是客观不确定性和主观不确定性的统一。客观不确定性是指未来结果的多样化以及结果之间质的差异，主观不确定性是指对未来结果和发生可能性的期望的差异。个人理财风险是一个客观范畴，理财风险是客观存在的，因为它的成因是客观存在的，但理财风险的选择是主观的，因为风险是可度量的。它不同于意外事件，意外事件只具有客观不确定性，它的发生不需要个人的参与，而风险是对预期的偏离，风险的大小受人们的预期的影响，所以不同的人对风险的判断是不同的。

二、个人理财风险的形成

个人理财是个人垫支并回收资本的财务活动及形成的财务关系，它包括筹资、消费、投资、分配几个环节。财务风险是资本流通的产物，资本流通是财务风险的集聚和转移过程。

（一）筹资阶段

垫支的资本可能来源于现在和未来的收入，也可能来源于对外的负债，由于收入要满足未来的消费需求，对外负债到期时要偿还本金和利息，因此筹资阶段是所有财务风险的启动点。

（二）消费阶段

个人取得的收入首先要用来满足个人日常的消费和耐用消费品的购买，在这一阶段，货币转化为消费品，包含了资本支付的风险和资本配置的风险。信用消费使购买和支付的时间分离，意味着未来无法付款的信用支付风险。而所购买的消费品是日用消费品和耐用消费品的组合，如果两者配置比例不合适，不但会影响生活的水平，还会造成现在和未来现金流的闲置或紧缺。

（三）投资阶段

个人手中的闲暇资金可以用于投资，投资品种的选择决定了投资的风险和收益，长短期间的搭配则影响资金的流动性。如果投资不当，则会带来资本消耗和支付风险。

（四）分配阶段

分配阶段连接着两次循环，一方面，前面投资和消费的不当造成的支付和资源配置的风险在这一阶段都会释放出来，另一方面，资金的分配不仅存在购买力风险和再投资风险，还会影响下次的筹资活动。

三、个人或家庭的风险属性

风险是对预期的不确定性，是可以被度量的。同样的风险在不同的理财主体那里会有不同的感受，因此每个理财主体对待风险的态度都是不一样的。理财主体的风险属性是进行理财规划要考虑的重要因素之一。

个人或家庭的风险属性可以由以下三个方面构成。

（一）风险偏好

风险偏好反映的是理财主体主观上对风险的态度，也是一种不确定性在理财主体心理上产生的影响。产生不同的风险偏好的原因较复杂，但与其所处的文化氛围、成长环境有很深的联系。比如我们常说美国人喜欢冒险，而中国人强调平安是福。

（二）风险认知度

风险认知度反映的是理财主体主观上对风险的基本度量，这也是影响人们对风险态度的心理因素。同样的风险每个人对其认知的水平是不一样的，人们对风险的认知水平往往取决于其个人的生活经验。比如，房地产市场和股票市场都具有很高的风险，但是几年前我国股票市场持续下跌而房地产市场持续增长，结果有为数不少的人不能正确评估房地产市场和股票市场的风险。

（三）实际风险承受能力

实际风险承受能力反映的是风险客观上对理财主体的影响程度，同样的风险对不同人的影响是不一样的。例如，用 10 万元来炒股票，其风险是客观的，但对一个仅有 10 万元养老金的退休人员和一个有数百万元资产的富翁来说，产生的影响是截然不同的。

上述三个方面对每个理财主体都是不一样的。综合上述三个方面就构成了一个理财主体的风险属性。对待不同风险属性的理财主体当然应当采用不同的理财方式。同时，理财主体的风险承受能力也会影响他的理财行为。

四、影响个人或家庭风险承受能力的因素

影响个人或家庭风险承受能力的因素主要包括下面几个方面。

（一）年龄

一般而言，客户年龄越大，所能够承受的投资风险越低。

通常情况下，年轻人的人生与事业刚刚起步，面临着无数的机会，他们敢于尝试，敢于冒险，偏好较高风险；而到了退休年龄，心态自然就比较保守，做人做事比较稳重，而且这个年龄也不允许冒险犯大的错误，一般理财偏好趋于保守。

（二）资金的投资期限

如果用于投资的一项资金可以长时间持续进行投资而无须考虑短时间内变现，那么这项投资可承受风险的能力就较强。相反，如果一项投资要准备随时变现，那么这项投资可承受风险的能力就较弱，应选择更安全、流动性更好的产品。

（三）理财目标的弹性

理财目标的弹性越大，可承受的风险越高。若理财目标时间短且完全无弹性，则采取存款的方式以保本保息是最佳选择。

如果某项投资是为了子女的教育或者父母的赡养，那么这笔资金就必须在保证安全性的前提下在特定时间内获得理想的收益，这样的理财目标既缺乏金额弹性又没有时间弹性，对理财工具的风险偏好较低。相反，如果个人计划一笔资金用于未来购车，则可以有较大的理财目标弹性，可根据收益状况来决定该笔资金的投资期限和购车的时机及档次。

（四）投资者主观的风险偏好

投资者主观上可以承受本金损失风险的程度是因人而异的。个人的性格、阅历、胆识、意愿等主观因素所决定的个人态度，直接决定了一个人对不同风险程度的产品的选择与决策。

一个人越是有着复杂的家庭结构，其所承担的社会责任也就越重，如三代同堂之家、单亲家庭，在收入来源单一的情况下，就不会有高风险的理财偏好，也不宜从事高风险的投资，否则一旦失败将给家庭带来巨大的冲击。相反，对于家庭结构相对简单的人来说，其所负担的社会责任与压力较小，可以尝试高风险的投资。

（五）学历与知识水平

一般来说，掌握专业技能和拥有高学历的人，对风险的认识更清晰，管理风险的能力更强，往往能从事高风险的投资。而对投资知识相对缺乏的人来说，高风险投资失败的可能性就要大得多。

（六）财富

资金充裕是否就意味着愿意承担更高的风险呢？这个问题要求我们首先区分绝对风险承受能力和相对风险承受能力这两个概念。绝对风险承受能力由一个人投入到风险资产的财富金额来衡量，而相对风险承受能力由一个人投入到风险资产的财富比例来衡量。

一般地，绝对风险承受能力随财富的增加而增加，因为投资者将更多的财富用来投资，而相对风险承受能力未必随财富的增加而增加。

除了上述因素外，还有许多其他的理财特征会对个人理财方式和产品的选择产生很大的影响。因此，应根据自身的实际情况和风险承受能力选择适合自身的理财方式，以使个人理财风险在自己的承受范围内。

第五节　个人理财规划实务

我们将通过一个案例来具体分析个人理财规划的流程，明确在制定和执行个人理财规划时，应当注意的内容（如何确立合理的理财目标，进行财务状况分析时应使用的方法和内容，个人理财风险衡量的方法和控制风险的方法等）。

一、理财需求素材

（一）家庭成员基本情况

黄先生今年 35 岁，在供电局工作，职业稳定；有一个 6 岁的儿子，家庭成员身体健康；夫妻每月总收入 7 000 元（税后），年底总奖金约 1 万元。

（二）家庭每月开支

每月日常开支 4 000 元（其中，公用生活费 1 500 元，衣食费 2 000 元，交通费 300 元，其他 200 元）；房屋为一次性购买，无还贷压力。

（三）家庭财务状况

现有活期存款 1 万元，定期存款 10 万元，债券及基金、股票 13 万元。

（四）家庭目前及未来保障状况

1. 本人现有保障

本人现有保障如下：

（1）中国人寿简易人身保险，每年交 240 元。

（2）中国人寿鸿寿养老保险，每年交 1 700 元，购买到 2028 年，一次性领取 10 万元。

2. 家人投保状况

家人投保状况如下：

（1）为儿子购买平安鸿利两全保险（分红型），保金为 3 万元，交 20 年，每年要交 2 730 元，每 3 年一次返还分红。

（2）妻子没有购买保险。

（五）家庭预期理财目标

家庭预期理财目标如下：

（1）计划 2 年内购买一辆 15 万元左右的汽车。

（2）为儿子准备教育金。

（3）计划在第 7 年购买另一套房（价值 50 万元）。

二、家庭当前财务状况和现金流量分析

家庭资产负债表、家庭月度现金流量表、家庭年度税后收支表如表 2—7～表 2—9 所示。

表 2—7 **家庭资产负债表** 单位：元

资产		负债	
现金及活期存款	10 000	房屋贷款余额	0
人民币定期存款	100 000		
外币现金及存款			
股票及股票基金	120 000		
自用房地产	0		
人寿保险	0		
资产总计	230 000	负债总计	0

表 2—8 **家庭月度现金流量表** 单位：元

收入		支出	
本人收入	5 000	房屋支出	0
其他家人收入	2 000	公用费	1 500
其他		衣食费	2 000
		交通费	300
		医疗费	
		其他	200
合计	7 000	合计	4 000

表 2—9 **家庭年度税后收支表** 单位：元

收入		支出	
年终奖	10 000	保险费	5 000
债券利息和股票分红	2 000	教育费	2 000
证券买卖差价		其他	
其他	12 000		
合计	24 000	合计	7 000

分析结果：

(1) 该家庭的资产分为固定资产和金融资产，资产负债率为 0%，在合理范围内，但资金利用效率不足。

(2) 家庭总资产为 23 万元，因房产数额未提供，目前主要为金融资产，资产结构较为合理。

(3) 黄先生一家年收入 8.4 万元，加上年终收入 2.4 万元，共 10.8 万元，属于中等收入家庭；正处于家庭成长期的开始阶段，家庭责任重大。

(4) 从收入来看，工资收入占 89.4%，占了主导地位。

(5) 从支出看，生活费占主要地位，各项费用的数额基本控制在合理的范围内，年度结余占收入的 60.42%左右。

(6) 金融资产的一半集中于银行存款，收益率不到 3%，无法实现资产的保值增值。

(7) 保险保障较为合理，但数额不足。

三、家庭合理的理财目标

家庭合理的理财目标如下：

（1）家庭资产及现金管理。

（2）计划 2 年内购买一辆 15 万元左右的汽车。

（3）为儿子准备教育金。

（4）计划在第 7 年购买另一套房（价值 50 万元）。

（5）为妻子购买一份保险，为儿子购买一份教育保险。

四、理财方案

（一）资产及现金管理方案

1. 节约消费，为投资提供更多资金

黄先生一家理财的来源基本为收支节余，虽然日常支出控制在合理范围内，但如能精打细算，还是可以在保证生活质量的情况下减少支出，为投资规划提供更多的资金。

2. 购买保险，提高家庭稳定性

黄先生家庭收入主要为夫妻两人的工资收入，所以有必要通过购买保险来保障自己的收入能力，保险额度至少为年支出的 10 倍，约 50 万元。并且，最好再为妻子和孩子购买大病健康险和意外险。

3. 选择风险中下的投资组合

目前的 1 万元现金可以不动，黄先生需要照顾孩子，赡养老人，所以应至少准备 6 个月的生活费用作为应急准备金。当然，这 1 万元除了存进银行之外，还可以投资于货币市场基金来提高收益率。

剩下的 13 万元资产，因为黄先生的理财观念保守，也就是承担风险能力偏低，所以建议选择风险中下的投资组合。60％的资金选择低风险的固定收益类产品，如人民币理财产品、货币基金或者债券，收益率可达到 3％左右；40％的资金选择中等风险的投资，包括基金和券商集合理财产品等，收益率可达到 10％左右，这样总收益率可达到 6％左右。

（二）购车规划

2 年内购买 15 万元左右的轿车。因购车为奢侈品支出，不建议使用现有金融资产购买。现在年储蓄 6 万元左右，可以作为首付，在今年年末购买，其余部分进行贷款，贷款额 9 万元，5 年内还清，月还款额 1 500 元左右，对生活影响不大。

（三）子女教育规划

黄先生家庭的主要理财目标是子女教育规划。儿子今年 6 岁，马上要上小学，目前月结余 3 000 元，扣除掉 1 500 元车贷还款，尚余 1 500 元，可以全部进行基金定投，到孩子 18 岁时，可以积攒 36.067 3 万元，足够孩子上学用了。

（四）购房规划

计划 7 年后购买价值 50 万元的住房。可以将现有的 23 万元资产全部配置在房产规划上，按照 6％的年收益率，7 年后可以变成 34.58 万元。至时车贷已还清，可以用贷款的方式贷款16万元，贷10年，月还款1 700元左右，基本上和家庭收入情况吻合。

（五）保险及退休规划

黄先生每年年底有24 000元的收入，减去支出7 000元，剩余17 000元。可以为妻子和儿子购买一定的大病健康险和意外险，保费金额在5 000元左右。剩余的12 000元全部配置在国债、人民币理财产品等保本型产品上，用于养老筹划。

五、理财方案分析

该方案能够根据黄先生一家的实际情况，综合运用多种理财产品，为客户提供比较理想的理财建议，具有较高水平。

（一）方案思路清晰

个人理财设计的基本业务流程为：分析个人/家庭的预期理财目标和财务状况→确定合理的理财目标→制定理财方案→实施理财方案→对理财方案的实施情况进行监控和评估→分析个人/家庭情况的变化→调整理财目标→调整理财方案→实施新的方案……

该方案是在对黄先生家庭预期理财目标和财务状况进行了解的基础上设计的，方案设计合理，思路清晰。

（二）对该家庭的信息了解全面，理财目标明确，理财建议有坚实的基础

该方案选择了收入稳定的三口之家作为理财对象，具有较强代表性。方案明确指出了家庭的理财目标，对其信息掌握得较为全面和充分，包括基本信息中的家庭情况、投资偏好、生活态度，财务信息中的资产负债、收入支出和风险状况。这些情况中既有定性的分析，又有定量的数据，较为全面和充分地把握了该家庭的状况，这为理财建议提供了坚实的基础。

（三）考虑多方面的因素，综合性强

该方案综合考虑了上述家庭在各个方面的财务需求，包括购置房产、子女教育、养老计划。在进行财务分析时，考虑到了通货膨胀、工资上涨。方案中使用的未来现金流数据均是扣除了通货膨胀后的实际数据，在投资建议中，考虑了本外币多种投资品种。这就使得该方案综合性强，分析全面。

另外，该方案的展示形式生动有力，语言表达清晰明了。

六、结论及启示

（一）理财方案的设计必须以理财主体为中心

个人理财方案设计是一种个性化的服务，方案设计的每一步流程都必须体现“以理财主体为中心”的思想。所以，收集理财主体的详细数据，分析他的实际情况对方案的设计非常重要。同时，个人理财是一种互动的业务，理财目标确定、理财方案的设计都要在理财主体的参与下进行，只有这样才能设计出符合理财主体特点和需求的理财方案。

（二）综合考虑所有因素

个人理财方案的设计是一个十分复杂的过程，中间涉及许多因素，既要对现实社会中

各种制度进行细致分析，又要对理财主体进行调查和主观判断，而且要对某些经济变量、资产价格或家庭未来状况进行预测，因此必须综合考虑所有相关因素。理财计划是对未来的预期和安排，任何理财计划都需要对一些待定情况做出假设，这些假设是决策的基础，所以假设必须要合理，尽可能贴近实际。

（三）理财方案设计要有全局观

理财计划具有综合性和动态性，因此，理财方案设计应有全局意识，不能孤立地分析每一部分。不同类型的投资工具的收益风险特征有很大区别，实证分析表明，资产分配决策是决定投资回报率高低的最重要因素，而各类资产内部投资工具的选择却并非是最关键的因素。在资产配置时，首先要明确各类资产的比例，然后在各类资产中选择具体的投资工具，保持一个整体的平衡。在方案的实施过程中，还必须经常注意理财主体情况的变化，以便及时调整理财方案以适应不断变化的环境。

本章小结

本章主要介绍个人理财需求与规划的基本内容。介绍了个人理财需求的内容和个人生命周期不同阶段的理财目标；说明了个人理财规划的内容和流程；分别从宏观经济环境、资产负债表和现金流量表三个方面介绍了对理财主体的财务状况进行分析的方法和内容；分析了个人或家庭的风险属性和影响其风险承受能力的因素。

复习思考题

一、主要概念

期望目标　必要目标　现金和储蓄规划　消费规划　教育规划　保险规划　投资规划　退休及遗产分配规划　资产负债表　现金流量表　消费率　流动性比率　风险偏好　风险认知度　实际风险承受能力

二、思考讨论题

1. 个人理财需求的内容有哪些？
2. 制定个人理财目标应注意哪些问题？
3. 一个合理的理财目标体系应该具备哪些特点？
4. 个人理财规划主要包括哪些内容？
5. 在消费规划中要注意哪些问题？
6. 个人理财规划的流程是什么？
7. 对个人或家庭资产负债表和现金流量表进行的财务分析包括哪些内容？
8. 个人或家庭的风险属性由哪些内容构成？
9. 影响个人或家庭风险承受能力的因素包括哪些？

三、案例讨论

吴先生现年 24 岁，本科学历，广东外企职员，刚参加工作近两年，年税后收入 56 000

元，每年的收入预计有15%～20%的递增；有单位购买的四险一金和补充医疗保险，另有投保近2年的太平洋鸿运年年保险2份（保额2万元）和重疾医疗保险（保额4万元）。

吴先生父亲现年52岁，私企质检员，工作较不稳定，年税后收入18 000元，有基本社保和医保；身体状况欠佳，患有2型糖尿病。吴先生母亲现年51岁，教师，年税后收入64 000元，有公费医疗和定期寿险（保额5万元）。

家庭资产负债情况：目前有现金及存款22万元，还有4套房产。其中一套自用房产价值90万元；两套房产总价值68万元，用于出租；还有一套按揭房产价值31万元（公积金贷款20万元，等额本息还款，月供1 289元），自用兼出租。除房贷外，有信用卡贷款6 000元待还。

家庭其他收入及支出情况：吴先生家庭年日常生活开支24 000元，含交通费和医疗费各2 000元；娱乐、交际费用年支出各5 000元；商业保险费年支出7 416元；房屋贷款年支出15 468元，年度支出共计56 884元。现有房屋年租金收入33 900元，利息收入6 000元/年。

家庭投资偏好与理财观念：父母属于非常保守型人士，房屋不打算卖掉，希望一直出租（租金收入稳定）。

理财目标：建立家庭现金流规划，做好流动性储备；解决家庭成员风险保障不足的问题；吴先生希望两年后结婚，届时还清房屋贷款20万元。

思考：请根据吴先生的理财目标和其家庭风险属性为其制定一套理财方案。

第三章

现金、储蓄和消费规划

引导案例

小李大学毕业后进入一家 IT 公司工作，月收入 4 000 元。和其他刚工作的年轻人一样，小李工作前两年的收入基本上用于消费，没有多少储蓄，是典型的“月光族”。今年，小李分别从三家银行办理了三张信用卡。利用这些信用卡进行消费给小李的生活带来了很多的便利，但因自制力不强和金融风险意识不够，小李在使用信用卡的过程中，由于过度消费、还款不及时在银行留下了信用不良的记录，造成了个人信用污点。这将为他以后买车、买房等消费信贷的申请造成极大的影响。

本章将就个人理财的现金、储蓄和消费问题进行详细阐述。通过本章的学习，应了解现金预算的编制和分析、储蓄存款的特点及类型、消费信贷的概念和特点，以及信用卡的特点和分类；掌握现金管理的作用、储蓄决策和消费信贷还款方式的选择；重点掌握应急资金的管理、储蓄存款的技巧、消费信贷的流程和信用卡消费管理。

本章重点知识

1. 现金预算的编制程序和应急资金的管理。
2. 各类型储蓄存款的特点和储蓄技巧。
3. 消费信贷的类型及特点。
4. 信用卡的特点及使用注意事项。

第一节　现金

现金是指立即可以投入流通的交换媒介。它具有普遍的可接受性，可以有效地立即用来购买商品、货物、劳务或偿还债务。现金管理是对现金和流动资产的日常管理，其目的在于满足日常的、周期性支出的需求，满足应急资金的需求，满足未来消费的需求，满足财富积累与投资获利的需求。

一、现金管理的内容

现金管理就是确保个人有足够的现金来支付计划中和计划外的费用，并且个人消费模式在预算限制之内。现金管理的内容包括两个方面。

（一）现金预算

合理的现金预算是实现个人理财规划的基础。现金预算是为帮助个人达到短期财务目标，通过评估个人现有的财务状况、支出模式及目标而得到的比较符合个人实际情况的一项预算。预算必须与个人的生活方式、家庭状况及价值观相一致。预算编制的程序包括以下几点。

1. 设定长期理财规划目标

设定长期理财规划目标，如退休、子女教育及买房等，并计算达到各类理财规划目标所需的年储蓄额。

2. 预计年度收入

收入稳定的国家机关工作人员或在大中型企业工作的工薪阶层可以较准确地预估年度收入。收入淡旺季差异大的市场销售人员或自由职业者，就要以过去的平均收入为基准，做最好与最坏状况下的分析。

3. 算出年度支出预算

年度支出预算的计算公式如下：

年度支出预算＝年度收入－年度储蓄目标

4. 对预算进行控制与差异分析

(1) 预算的控制。

现有如下公式：

认知需要＝储蓄动机＋开源节流的努力方向

认知需要是储蓄的动力，其后将由开源或节流产生储蓄。个人可通过合理的工作安排来增加家庭收入，同时回顾在衣、食、住、行、教育、娱乐等方面，哪一部分的比例远高于平均比例，并将此作为节约支出的重点控制项目。

(2) 预算与实际的差异分析。

每月按照预算科目记账，可以得出实际的收入、费用支出、资本支出与储蓄，根据差异大小或比率大小，可分析差异原因并改进。差异分析应注意的要点如下：总额差异的重要性大于细目差异；要定出追踪的差异金额或比率门槛；依据预算的分类个别分析；刚开始做预算若差异很大，应每月选择一个重点项目改善；如果实在无法降低支出，就要设法增加收入。

（二）应急资金管理

在正常的收入与支出范围内，每月或多或少会有一些节余，但是当收入突然减少、中断或支出突然大幅增加时，如没有一笔紧急备用金，则会陷入财务困境。紧急备用金可以应对失业或丧失工作能力导致的工作收入中断，也可应对紧急医疗或意外所导致的超支费用。

1. 以现有资产状况来衡量紧急备用金的应变能力

衡量个人资产应急能力的指标有两个：失业保障月数和意外或灾变承受能力。

2. 紧急备用金的储存形式

紧急备用金可以用两种方式来储备：一是流动性高的活期存款、短期定期存款或货币市场基金；二是贷款额度。

以存款作为紧急备用金的机会成本是因为保持资金的流动性而可能无法达到长期投资的平均报酬率。而以贷款额度作为紧急备用金，一旦动用就要支付高额利息。存款利率与短期信用贷款利率的差距越大，以存款作为紧急备用金的诱因就越大。此外，由于借款持续的时间较短，即便利率较高，用经常性收支的余额亦可还清，负担不会太大。所以，最好的方式是二者搭配。

二、现金管理的作用

现金管理的作用主要有如下两点：

（1）现金管理使所拥有的资金既能满足家庭的开支需要，又能满足储蓄的计划。

（2）现金管理使得预期的需求可以用手头现金来满足，而未预期的或者将来的需求则可以通过各种类型的储蓄或短期工具来满足。

三、现金管理应考虑的基本因素

（一）持有现金的成本

对于金融资产来说，通常，流动性和回报率是呈反方向变化的。现金具有很高的流动性，因此它必将伴随着一定的机会成本。在金融资产里，现金的机会成本是进行活期储蓄的所得。如果你持有现金，就意味着你放弃收益。因此，要在资本的流动性和收益性之间进行权衡。

（二）紧急备用金的重要性

紧急备用金的重要性如下：

（1）我们每个人都会碰到意外（如收入突然减少，甚至中断），若没有一笔紧急备用金，则会陷入财务困境。例如，因为失业或失能（因为意外，身心遭受伤害，导致无法工作，在保险术语上称为失能）导致收入中断，则会面临生活费用、买车或买房的月供款、房租等债务压力。再如，因为紧急医疗或者意外、灾变而导致超支费用，这时也需要一笔紧急备用金来应付这些突发状况。

（2）假如有突发事件发生，需要大量资金，而我们把资金都投入到收益较高的投资上去了，没有建立紧急备用金，这就会导致我们不得不将投资变现。而将高收益投资变现会付出巨大的成本，并且还会损失大量的收益。因此，紧急备用金能够很好地防止这类损失的出现，保证投资规划的正常运作。

第二节　储蓄

储蓄是指居民将暂时不用或结余的货币收入存入银行或其他金融机构的一种存款活动。在我国，任何种类的储蓄都有利息收入，取用安全方便，保本安全性高，因而储蓄是人们进行理财活动的首要选择。金融机构在办理储蓄业务时均遵守“存款自愿，取款自由，存款有息，为储户保密”的原则。

一、储蓄的特点

储蓄作为个人和家庭最基本的理财工具，具有以下特点。

（一）风险小

储蓄是所有理财工具中风险最小，最安全的。由于国家对金融机构的严格监管，把钱存放在银行是非常安全的。不管是国有商业银行还是股份制银行或其他吸收存款的金融机构，基本上不存在到期不能兑付的违约风险。

（二）简单方便

储蓄操作非常简单，从开户、存取、销户，到特殊业务（如挂失），流程都比较简单。现在，全国的银行网点都已联网，而且各个银行网点较多，办理存取业务非常方便。利用银行的自动存款机和自动取款机，随时随地都可以办理存款与取款业务。

（三）方式和期限灵活

储蓄存款有活期、定期、定活两便等多种形式，可以满足储户不同的存款需要。

（四）收益较低

相比其他理财工具，储蓄的收益可能是最低的。由于储蓄的风险非常小，因而收益也低，储蓄的唯一收益是利息，如果国家不断降息，或征收利息税，收益就可能更低。当物价上涨的幅度大于存款的利率时，储蓄的收益为负。

二、储蓄的类型

储蓄有多种类型，根据存入的币种不同，可以分为人民币储蓄和外币储蓄；根据储户与储蓄机构的契约关系不同，可以分为活期储蓄和定期储蓄；根据储蓄的期限不同，可以分为短期储蓄和中长期储蓄。我国人民币储蓄从期限和功能角度进行分类，主要有活期储蓄、定期储蓄、通知储蓄、教育储蓄等类型。这里仅重点介绍其中几类。

（一）活期储蓄

活期储蓄是没有存取日期约束，随时可取、随时可存，没有存取金额限制的一种储蓄方式。这种储蓄适合于个人生活待用款和暂时不用款的存储。它的资金来源有个人生活待用款、手头零星备用款、个体经营户的日常开支款、个人证券投资的闲置款和其他暂时不用款。

对于活期储蓄，银行一般约定1元起存，多存不限，由银行发给储户存折或借记卡，存折和借记卡记名，预留密码。取款时，凭存折或借记卡支取，两者均可以挂失，可以在电脑联网的储蓄所通存通兑。个人活期储蓄存款按季结息，按结息日挂牌活期利率计息。不到结息日清户时，按清户日挂牌公告的活期利率计算到清户前一日止。

活期储蓄存款用于日常开支，灵活方便，适应性强。一般将月固定收入存入活期存折或借记卡作为日常待用款项，供日常开支（如从活期账户中代扣代缴水电费、电话费）。

（二）定期储蓄

定期储蓄是储户在存款时约定存储时间，一次或按期分次（在约定存期内）存入本金，整笔或分期分次支取本金或利息的一种储蓄方式。定期储蓄按存取方式的不同可分为整存整取、零存整取、整存零取、存本取息、定活两便等。

1. 整存整取

整存整取是储户约定存款期限，整笔存入，到期一次性支取存款本金和利息的一种储蓄方式。

整存整取以50元起存，多存不限，其存期分为3个月、半年、1年、2年、3年、5年。本金一次存入，银行发给存单或定期存折，凭存单或定期存折支取本金和利息。在开户或到期之前可以向银行申请办理自动转入或约定转存业务。全部或部分提前支取的，支取部分按支取日挂牌公告的活期储蓄存款利率计息，未提前支取部分仍按原存单利率计息。逾期支取的，超过存单约定存期部分，除约定自动转存外，按支取日挂牌公告的活期储蓄存款利率计息。

整存整取适用于较长时间不需要动用的款项，具有如下特点：

（1）利率较高。

整存整取定期储蓄存款利率高于活期储蓄存款，是重要的传统的理财工具，其存款期限越长，利率越高。

（2）可约定转存。

储户可在存款时约定转存，定期储蓄存款到期后的本金和利息将自动无限期转存，避免到期重新存入的繁琐，保证利息收入最大化。

（3）可提前支取。

如果储户急需资金，可办理部分或全部存款的提前支取。全部提前支取的，按支取日挂牌公告的活期储蓄利率计付利息；部分提前支取的，提前支取的部分按支取日挂牌公告的活期存款利率计付利息，剩余部分按开户日挂牌公告的定期储蓄利率计付利息。

（4）可质押贷款。

如果定期储蓄存款临近到期，但又急需资金，储户可以办理质押贷款，以避免提前支取带来的利息损失。

2. 零存整取

零存整取是储户分期存入，到期一次提取本金和利息的一种储蓄方式。

零存整取以5元起存，多存不限，其存期分为1年、3年、5年。存款金额由储户自定，每月存入一次，中途如有漏存，应在次月补齐。未补齐者视同违约，到期支取时对违约之前的本金部分按实存金额和实际存期计算利息；违约之后存入的本金部分，按实际存期和活期利率计算利息。

零存整取通过积少成多（每月存入一定的资金），可培养个人的理财习惯，可满足中低收入者生活节余积零成整的需要。它也具有可提前支取、可约定转存和可质押贷款的特点。

3. 整存零取

整存零取是储户在存款时约定存期及支取方式，一次存入本金，分次支取本金和利息的一种储蓄方式。

整存零取的起存金额为 1 000 元，存期分为 1 年、3 年和 5 年，取款比较灵活，可多次支取，支取期分为一个月一次、三个月一次、半年一次。整存零取定期储蓄存款也可用于质押贷款。

4. 存本取息

存本取息是储户约定存期及取息期，一次存入本金，到期一次性支取本金，分期支取利息的一种储蓄方式。

存本取息以 5 000 元起存，存期分为 1 年、3 年、5 年。取息日由储户开户时约定，可以一个月或几个月取息一次；取息日未到不得提前支取利息；取息日未取息，以后可随时取息，但不计复息。

存本取息定期储蓄存款除了具有起存金额较高、可多次支取利息的特点外，也具有可质押贷款和可提前支取的特点。

5. 定活两便

定活两便是储户存款时不确定存期，一次存入本金，随时可以支取的一种储蓄方式。

定活两便以 50 元起存，可以随时支取。储户开户时必须约定存期，银行根据存款的实际存期按规定计算。存期不满 3 个月的，按天数计付活期利息；存期 3 个月以上（含 3 个月），不满半年的，按支取日定期整存整取 3 个月存款利率打六折计息；存期半年以上（含半年），不满 1 年的，按支取日定期整存整取半年期存款利率打六折计息；存期 1 年以上（含 1 年）的，无论存期多长，一律按支取日定期整存整取 1 年期存款利率打六折计息。打折后低于活期存款利率的，按活期存款利率计息。

定活两便储蓄存款存取灵活，流动性较好，既有定期之利，又有活期之便。和上述其他定期储蓄存款一样，当急需资金时，定活两便储蓄存款也可用于质押贷款。

（三）结构性存款

结构性存款是商业银行在日益激烈的市场竞争中，为留住储蓄存款客户，扩大存款来源，在原有传统储蓄产品基础上不断创新，推出的新的存款品种，以满足个人投资者多样化和个性化的投资需求。目前，国内银行主要有如下几类结构性存款理财产品。

1. 浮动利率但收益封顶型的结构性存款

产品基本情况：存款期限 5 年，利率为浮动利率，每半年结息一次，利率为 6 个月 LIBOR（伦敦银行同业拆放利率）加 0.75%，但利率封顶在 6.5%，即如果 5 年内 6 个月 LIBOR 超过 5.75%，存款人也只能拿到 6.5%的收益。对于该存款，银行在满一年后有提前终止的权利。

产品优点：100%保本型产品，拥有优于市场利率的收益机会。一般性存款利率一般保持在 LIBOR 水平，但本产品利率远远高于 LIBOR。

产品风险：如果 5 年内 LIBOR 超过 5.75%，存款者将损失超出部分的收益。

本产品适用于预测未来利率走势为保持稳定型或即使上涨也不会超过某一上限的情况。若预测失误，投资者将损失超过上限利率部分的利息收入。

2. 与某一利率区间挂钩的结构性存款

产品基本情况：与LIBOR区间挂钩的存款，存款期限由商业银行与个人投资者协商确定，每季结息一次。每一年存款利率都按约定期限（LIBOR在某一约定区间的天数）计息，如果LIBOR超过约定的利率区间，该日将不计息。

产品优点：存款期限灵活，拥有优于市场利率的收益机会。

产品风险：如果美元利率增长过快，超出约定利率区间，存款收益将降低。

本产品适用于预测未来利率走势较为稳定，即使利率上涨，其上涨速度也不会超过利率区间的情况。若预测失误，理财者将会损失部分利息收入。

例如，某人有30万美元存款，与某银行签订产品协议，内容如下：存款期限：3年，2001年10月2日—2004年10月2日；存款利率：5.8%×$N/360$，其中，N为存款期限内3个月美元LIBOR处在下述利率区间内的实际天数；利率区间：第一年0～4.5%，第二年0～5.5%，第三年0～6.5%；利息支付：按季付息。

3. 与某一利率指标（如LIBOR）挂钩型结构性存款

产品基本情况：存款期限3年，第一年固定利率为4.2%，其余两年利率为9%～6个月LIBOR，每半年付息一次。银行有权在每半年行使一次提前终止存款的权利。

产品优点：100%保本型产品，拥有优于市场利率的收益机会。

产品风险：如果1年以后美元LIBOR上升超过4.25%，存款者的利息收益将递减，利率上升幅度越高，存款利息越低。

本产品适用于预测未来市场利率将保持稳定的情况，即使上升，升幅也不会太大。投资者为获得高息收入，愿意承担美元LIBOR上升超过一定幅度后造成的部分存款利息损失。

4. 收益递增型结构性存款

产品基本情况：A产品，存款期限2年，第一季度票面利率为2.5%，以后每季度增加0.25%，按季付息。银行有权在存款第一个季度结息时提前中止该笔存款。B产品，存款期限5年，每年付息一次，收益逐年增加。第一年存款采用固定利率4%，以后每年增加0.5%，银行有权在一年后提前终止该存款。

产品优点：100%保本型产品，拥有优于市场利率的收益机会。

产品风险：若市场利率上升速度高于存款每利息期票面利率的增长速度，投资者将损失超出部分的收益。

本产品适用于希望获得高于一般性存款的利息收入，且预测存款利率在存款期间不会大幅上升的投资者。若市场利率未如预测那样稳定，在此期间大幅上升，则投资者将损失利率升幅高于协议存款票面利率的那一部分利息收入。

5. 与亚太篮子货币汇率挂钩的美元理财产品

该产品于2005年由中信实业银行推出，投资收益由保底收益率和附加收益率构成。其中，保底收益率为1.3%，附加收益率为37%×亚太篮子货币兑美元平均升值幅度。亚太篮子货币由日元、新加坡元、韩元、澳元、港币构成，权重各占20%。

（四）通知储蓄

通知储蓄是指储户存入款项时不约定存期，但约定支取存款的通知期限，支取时按约定期限提前通知银行，约定支取存款的日期和金额，凭存款凭证支取本金和利息的存款业务。

通知储蓄的最低存款金额为5万元，本金一次存入，可一次或分次支取。通知储蓄存款按提前通知的期限，分为1天通知和7天通知两个品种。支取之前必须向银行预先约定支取的时间和金额。

通知储蓄存款的特点如下。

1. 收益高，资金支取灵活

通知储蓄存款方式使储户不仅可以获得高于活期存款的利率，而且可以随时支取存款。

2. 专有积利存款计划

储户可按最短8天（7天通知存款）或2天（1天通知存款）为周期对通知存款的本金和利息进行自动滚存，并可根据实际需要定制通知存款转账周期和存期。银行还可提供自动转存定期存款服务，即在通知存款存期结束后将本金和利息自动转存为定期存款。

通知存款最适合那些近期要支用大额活期存款但又不知道支用的确切日期的储户，如个体户的进货资金、炒股时持币观望的资金或节假日股市休市时的闲置资金。储户要尽量选择7天通知品种，这样既保障了用款的需要，又可享受高于活期利率的利息。

（五）外币储蓄

外币储蓄包括外币活期储蓄和外币整存整取定期储蓄。

外币活期储蓄是指不规定存期，储户不需预先通知银行，以各币种外币随时存取款，存取金额不限的一种储蓄业务。外币整存整取定期储蓄是指储户事先约定存期，以外币一次存入，到期后一次性支取本息的定期储蓄存款方式。外币整存整取定期储蓄存款的期限有1个月、3个月、6个月、1年、2年。

目前，我国开办的外币储蓄的品种有：美元、欧元、港币、日元、英镑、加拿大元、瑞士法郎、澳大利亚元等。外币储蓄实行与人民币存款不同的利率，如表3—1所示。

表3—1 **外汇存款利率表** 单位：%

货币	活期	7天通知	1个月	3个月	6个月	1年	2年
港币	0.020 0	0.020 0	0.100 0	0.250 0	0.500 0	0.700 0	0.750 0
英镑	0.125 0	0.175 0	0.218 0	0.350 0	0.550 0	0.750 0	0.750 0
加拿大元	0.010 0	0.050 0	0.050 0	0.050 0	0.300 0	0.400 0	0.400 0
美元	0.100 0	0.100 0	0.250 0	0.400 0	0.750 0	1.000 0	1.200 0
瑞士法郎	0.000 1	0.000 5	0.010 0	0.010 0	0.010 0	0.010 0	0.010 0
澳大利亚元	0.250 0	0.300 0	1.250 0	1.315 0	1.327 5	1.500 0	1.500 0
欧元	0.100 0	0.375 0	0.450 0	0.650 0	0.950 0	1.100 0	1.150 0
日元	0.000 1	0.000 5	0.010 0	0.010 0	0.010 0	0.010 0	0.010 0
新加坡元	0.000 1	0.000 5	0.010 0	0.010 0	0.010 0	0.010 0	0.010 0

三、储蓄存款利息的计算

储蓄获得的利息收入主要取决于存款的类型、存款金额的大小、存期和利率。储蓄的基本原则是存期越长，利息收入越多。存款的利率一般由中央银行决定。国家根据经济发展形势，在不同的时期对利率进行调整，因而不同时期的利率是不一样的。

储蓄存款利息的计算以“元”为起息点，元以下的角、分不计息，利息的金额算至分位，分位以下四舍五入。分段计息算至厘位，合计利息后，分以下四舍五入。各种储蓄存款除活期（存折）年度结息可将利息转入本金生息外，其他各种储蓄不论存期如何，一律于支取时利随本清，不计复息。

存款种类不同，储蓄存款的具体计息方法也各有不同，但计息的基本公式不变，即利息是本金、存期、利率三要素的乘积，公式如下：

利息＝本金×利率×存期

这里需要注意的是，如用日利率（日利率＝年利率÷360）计算，利息＝本金×日利率×存款天数；如用月利率（月利率＝年利率÷12）计算，利息＝本金×月利率×月数。

四、储蓄决策

（一）储蓄理财的指导思想

1. 要把储蓄作为投资的“蓄水池”

首先，应当将家庭除去日常开支外的现金，尽可能及时存入银行，因为留在手上的现金是没有任何收益的。当“蓄水池”中的金钱积累到一定程度时，再将它们转到收益更高的投资工具中。在其他投资收益兑现后，又可以转回来，等待下一个机会。由此可见，储蓄是一个资金的中转站。

2. 规划好储蓄的时间

定期储蓄存款如果提前支取，将按照活期计息，因而损失较大，所以尽量规划好资金用度的时间，尽量避免提前支取。如遇特殊原因要提前支取定期储蓄，可采用两种办法，一是只取要用部分的金额，余款不动，继续按原储蓄存入；二是办理存单抵押贷款，对已存时间较长的存单，可采用此法解决急用资金问题。

3. 采用合理的储蓄存款组合

储蓄存款组合的原则是兼顾收益和日常开支的需要。定期存款利率高、收益好，而活期存款取款方便，所以一般来说，应以定期为主，通知存款为辅，少量使用活期存款和定活两便存款。其中，对一时难以确定存期的大额资金应选择通知存款以兼顾收益和灵活性；较大金额的存款宜开多张存单，减少提前支取的损失；每月节余的资金可采用零存整取的方式处理；定活两便和活期储蓄应小额、少量。

（二）储蓄存款的技巧

1. 阶梯存储法

这种储蓄方法可以使储蓄存款到期额度保持等量平衡，具有非常强的计划性。以5万元为例，2 万元存活期，便于随时支取；1 年期、2 年期、3 年期定期储蓄分别存 1 万元。1 年后，将到期的 1 万元再存 3 年期。以此类推，3 年后持有的存单则全部为 3 年期的，只是到期的年限不同，依次相差 1 年。这种方法可使年度储蓄到期额保持平衡，既能应对储蓄利率的调整，又可获取 3 年期存款的高利息，适宜工薪家庭为子女积累教育基金。

2. 连月存储法

储户每月将结余的钱存成一年期整存整取定期储蓄，一年后第一张存单到期，便可取出储蓄本息，再凑个整数，进行下一轮的周期储蓄。以此循环往复，储户手中始终有 12 张存单，每月都可有一定数额的资金收益，储蓄额流动增加，家庭积蓄也随之增多。此储蓄法较为灵活，每月存储额可视家庭经济收益而定，无须固定。一旦有资金急需之用，只要支取到期或近期所存的储蓄就可以了，这样可以减少利息损失。

3. 组合存储法

这是一种本息与零存整取组合的储蓄方法。如果你有 5 万元，可以先存放存本取息储蓄户，一个月后，取出存本取息储蓄户的第一份利息，再开设一个零存整取储蓄户，随后将每月的利息存入零存整取储蓄户。这样不仅可以得到存本取息储蓄利息，而且其存入零存整取储蓄户后又获得了利息。

4. 自动转存

目前，各银行都推出了自动转存服务。储蓄时，应与银行约定进行转存，一方面，这避免了存款到期后不及时转存，逾期部分按活期计息的损失；另一方面，存款到期后，如遇利率下调，未约定自动转存的，再存时就要按下调后的利率计息，自动转存的，就能按下调前较高的利率计息。如到期后遇利率上调，也可取出后再存。

5. 四分储蓄法

假设某人有 1 万元，可分存成 4 张定期存单，每张存额应呈梯形状态，以适应急需时不同的数额，即将 1 万元分别存成 1 000 元、2 000 元、3 000 元、4 000 元 4 张一年期定期存单。按这种存法，假如其在一年内需要动用 2 000 元，就只需支取 2 000 元的存单，这避免了“牵一发而动全身”的弊端，从而减少了利息损失。

第三节　消费

消费（consumption）是社会再生产过程中的一个重要环节，也是最终环节。它是指利用社会产品消费来满足人们各种需要的过程。消费又分为生产消费和个人消费。前者指物质资料生产过程中的生产资料和活劳动的使用和消耗。后者指人们把生产出来的物质资料和精神产品用于满足个人生活需要的行为和过程。从经济学的角度看，消费过程就是人们用货币、货币等价物以及通过消费信贷来交换消费产品的过程。本节主要从个人理财的角度，介绍个人消费中的消费信贷。

一、个人消费信贷的概念

个人消费信贷是指银行或其他金融机构采取信用、抵押、质押担保或保证方式，以商品型货币形式向个人消费者提供的信用。消费信贷以消费者未来的收入作为发放贷款的基础，通过信贷方式预支远期消费能力，来满足消费者当前的消费需求。

个人消费信贷的开办，顺应了日益增长的金融产品多元化需要，优化了商业银行的信贷资产结构，增加了商业银行的创利渠道，有利于启动市场、扩大内需，增加消费品生产，形成生产—消费—生产的良性循环，促进国民经济持续、稳定、健康地发展。个人消费信贷的开办，对引导个人有计划消费、改善生活质量、提高生活品质有着积极意义。

二、个人消费信贷的特点

个人消费信贷的特点如下。

（一）贷款投向的个人性

个人消费信贷以自然人为特定信用对象，而非一般的法人或组织。

（二）贷款用途的消费性

个人消费信贷以消费性需求为目的，而非以经营盈利为目的。

（三）贷款资金的安全性

个人消费信贷一般都有抵（质）押物担保或保证，信贷资金的安全性有保证。

（四）贷款额度的小额性

个人消费信贷一般只有较小信用额度，通常为 1 000 元～50 万元，不大量占用银行的信贷资金。

（五）贷款期限的灵活性

个人消费信贷期限灵活，一般为 6 个月～5 年，部分信贷期限相对较长，如个人住房贷款期限最长可达 30 年。

三、个人消费信贷的分类

（一）根据消费信贷的提供者划分

根据消费信贷的提供者划分，消费信贷可分为商业信贷和银行信贷。

商业信贷是由零售商等向消费者提供的用于购买商品（主要是耐用消费品）的贷款。

银行信贷是由银行和其他金融机构提供的用于购买各种消费品（或其他用途）的贷款。

（二）根据消费信贷的用途划分

根据消费信贷的用途划分，消费信贷可分为商品信贷、服务信贷和其他用途信贷。

商品信贷是指用于购买各种商品（如住房、汽车、电脑等耐用消费品和非耐用消费品）的贷款。

服务信贷是指用于支付旅游、教育、医疗等服务费用的贷款。

（三）根据消费信贷的期限划分

根据消费信贷的期限划分，消费信贷可分为长期消费信贷、中期消费信贷、短期消费信贷。

长期消费信贷是指10年以上的贷款，主要是住房抵押贷款。

中期消费信贷是指1年以上10年以下的贷款。

短期消费信贷一般是指1年以内的贷款。

（四）根据消费信贷的还款方式划分

根据消费信贷的还款方式划分，消费信贷可分为分期付款贷款和非分期付款贷款。

分期付款贷款，即按周、月偿还一定金额的贷款，主要适用于消费者购买汽车、家电等耐用消费品。

非分期付款贷款，即在规定的期限内一次还清贷款，一般适用于购买低值商品。

（五）根据消费信贷的担保情况划分

根据消费信贷的担保情况划分，消费信贷可分为信用贷款和担保贷款。

信用贷款是消费信贷的提供者基于消费者的信用而发放的贷款，借款人仅仅提供一种书面的还款承诺就可以获得贷款。

担保贷款除了书面承诺外，还需要由借款人提供某种财产作为抵押担保。

四、常用的几种消费信贷类型

我国的个人消费信贷主要是银行信贷，种类不是很多，常见的主要有以下几种类型。

（一）个人住房贷款

个人住房贷款是指银行向借款人发放的用于购买自用普通住房的贷款。借款人申请个人住房贷款时必须提供担保。目前，个人住房贷款主要有个人住房委托贷款、个人住房自营贷款和个人住房组合贷款三种。

个人住房委托贷款的全称是个人住房担保委托贷款，它是指住房资金管理中心运用住房公积金委托商业性银行发放的个人住房贷款。住房公积金贷款是政策性的个人住房贷款，一方面，它的利率低；另一方面，主要为中低收入的公积金缴存职工提供这种贷款。住房公积金贷款和商业贷款的利息相差1%有余，因而目前无论是投资者还是购房自住的老百姓都比较偏向于选择住房公积金贷款。

个人住房自营贷款是以银行信贷资金为来源向购房者个人发放的贷款，也称商业性个人住房贷款。各银行的贷款名称不一样，建设银行称为个人住房贷款，工商银行和农业银行称为个人住房担保贷款。

个人住房组合贷款是指以住房公积金存款和信贷资金为来源向同一借款人发放的用于购买自用普通住房的贷款，是个人住房委托贷款和个人住房自营贷款的组合。此外，还有住房储蓄贷款和按揭贷款等。

（1）贷款对象：具有完全民事行为能力的中国公民，在中国大陆有居留权的具有完全民事行为能力的港澳台自然人，在中国大陆有居留权的具有完全民事行为能力的外国人。

（2）贷款条件：有合法的身份；有稳定的经济收入，信用良好，有偿还贷款本息的能力；有合法有效的购买、建造、大修住房的合同、协议以及贷款行要求提供的其他证明文件；有所购住房全部价款30%以上的自筹资金（对购买自住住房且套型建筑面积90平方米以下的，自筹资金比例为20%），并保证用于支付所购住房的首付款；有贷款行认可的资产进行抵押或质押，或（和）有足够代偿能力的法人、其他经济组织或自然人作为保证人。

（3）贷款额度：最高为所购（建造、大修）住房全部价款或评估价值（以低者为准）的80％。

（4）贷款期限：一般最长不超过30年。

（二）个人汽车贷款

个人汽车贷款是指中国的商业银行向个人发放的用于购买汽车的人民币贷款，也叫汽车按揭，主要针对18～60周岁的自然人，用于购置自用车或商用车。根据购置用途不同，贷款额度有所差异。

（1）贷款对象：18～60周岁的具有完全民事行为能力的自然人。

（2）贷款额度：所购车辆为自用车的，贷款金额不超过所购汽车价格的80％；所购车辆为商用车的，贷款金额不超过所购汽车价格的70％；所购车辆为二手车的，贷款额度不得超过借款人所购汽车价格的60％。

（3）贷款期限：所购车辆为自用车的，最长贷款期限不超过5年；所购车辆为商用车的，贷款期限不超过3年。

（4）担保方式：申请个人汽车贷款，借款人须提供一定的担保措施，包括纯车辆抵押、车辆抵押＋担保机构、车辆抵押＋自然人担保和车辆抵押＋履约保证保险。

（5）还款方式：贷款期限在1年以内的，可以采取按月还息任意还本法、等额本息还款法、等额本金还款法、一次性还本付息还款法等方式；贷款期限在1年以上的，可采取等额本息还款法、等额本金还款法。具体还款方式由经办行与借款人协商并在借款合同中约定。

（三）个人综合消费贷款

个人综合消费贷款是贷款人向借款人发放的不限定具体消费用途，以贷款人认可的有效权利质押担保或以合法有效房产作抵押担保的人民币贷款。

（1）贷款对象：在贷款银行所在地有固定住所，有常住户口或有效居住证明，年龄在65周岁（含65周岁）以下，具有完全民事行为能力的中国公民。

（2）贷款条件：有正当职业和稳定的收入，具有按期偿还贷款本息的能力；具有良好的信用记录和还款意愿，无不良信用记录；能提供银行认可的合法、有效、可靠的担保；有明确的贷款用途，且贷款用途符合相关规定；符合银行规定的其他条件。

（3）贷款额度：贷款额度由银行根据借款人资信状况及所提供的担保情况确定。以个人住房抵押的，贷款金额最高不超过抵押物价值的70％；以个人商用房抵押的，贷款金额最高不超过抵押物价值的60％。

（4）贷款期限：贷款期限最长不超过5年，贷款用途为医疗和留学的，期限最长可为8年（含8年），不展期。

（5）还款方式：贷款期限在1年（含1年）以内的，可采用按月还息，按月、按季、按半年或一次还本的还款方式；期限超过1年的，采用按月还本付息方式。

除了上述常见的消费信贷类型外，我国商业银行的消费信贷中还有个人小额短期信用贷款、国家助学贷款、个人旅游贷款等个人消费贷款。

第四节 信用卡

随着我国经济的发展和人们生活水平的提高，信用卡已进入大部分人的日常生活中。通俗地说，信用卡就是银行提供给用户的一种先消费后还款的小额信贷支付工具。当你的购物需求超出了你的支付能力或者你不希望使用现金时，你可以向银行借钱，这种借钱不需要支付任何的利息或手续费。信用卡就是银行答应借钱给你的凭证，信用卡可以告诉你：你可以借银行多少钱，需要什么时候还。另外，你还可以在信用卡中没有钱的情况下，直接从 ATM 中取出现金。

一、信用卡的定义

信用卡是商业银行向个人和单位发行的，凭以向特约单位购物、消费和向银行存取现金，具有消费信用的特制载体卡片。

信用卡的正面印有发卡银行名称、有效期、号码等内容，背面有磁条、签名条等。

二、信用卡的特点

信用卡除了具有支付结算的功能，可以用信用卡在特约单位进行购物和消费外，还具有三个特点。

（一）融资功能

信用卡先消费后付款的性质实际上是为持卡人提供了信用融资服务，从某种意义上讲，它相当于个人向银行的“借款”。只要持卡人在银行规定的到期还款日前偿还消费的款项，就可享受免息还款期的优惠。

（二）容易使持卡人过度消费

如果某人只用现金支付，那么当他发现钱包里的现金越来越少时，他会有意识地控制支出，但当他使用信用卡付款时，这种“自我约束机制”相对较弱，比较容易超出计划，超出预算消费。因此，使用信用卡进行购物等消费支出时，一定要谨慎使用信用卡的融资功能。超计划消费很容易造成信用卡拖欠，给自己的信用记录造成不良影响。

（三）循环信用功能

循环信用功能是指持卡人在免息期内只需还一个最低还款额，便可重新恢复部分信用额度，在有效期内继续用卡。

三、信用卡的分类

除了信用卡外，我们常听到的另外一个相关的概念叫银行卡，这里我们有必要对几个概念加以区分。从严格意义上说，银行卡和信用卡不是同一个概念，银行卡主要是指借记卡，信用卡主要是指贷记卡，另外还有准贷记卡。三者之间的区别是：贷记卡持有人不必在账户上预先存款就可以透支消费，之后按银行规定还款就行了，可以享受一定时间的免息期。借记卡需要先存款后消费，不能透支，说穿了就是一种储蓄卡。准贷记卡是在社会诚信体系不完善的环境下，通过某种担保或预存保证金才可以有条件、有限度透支消费的信用卡。我们现在所说的信用卡，一般单指贷记卡。

信用卡按照不同的标准，有不同的分类，如按信用等级分为普通卡（银卡）、金卡、白金卡、无限卡；按卡片间的关系分为主卡、附属卡等。

四、使用信用卡应了解和注意的事项

（一）明确信用卡结算的相关日期

交易日是指持卡人实际用卡交易的日期；记账日，又称入账日，是指持卡人用卡交易后，发卡银行将交易款项记入其信用卡账户的日期，或发卡银行根据相关约定将有关费用记入其信用卡账户的日期；账单日是指发卡银行每月定期对持卡人的信用卡账户当期发生的各项交易、费用等进行汇总，并结计利息，计算持卡人当期应还款项的日期。

（二）可用额度

可用额度是指在两次付款期间内，持卡人可以用信用卡支付的最高消费限额，即持卡人所持的信用卡还没有被使用的信用额度。若要超出此额度消费，一方面，要获得发卡机构的授权，另一方面，发卡机构要收取更高利息。

（三）免息还款期

信用卡非现金交易中，从银行记账日起至到期还款日之间的日期为免息还款期，一般情况下，最长 50 余天，最短 20 余天。在此期间，持卡人只要全额还清当期对账单上的本期应还金额，便不用支付任何非现金交易中由银行代垫给特约商户资金的利息（预借现金则不享受免息优惠）。

（四）最低还款额

最低还款额是指使用循环信用时最低需要偿还的金额。最低还款额计算公式为：

$$\text{最低还款额}=\text{信用额度内消费款的}10\%+\text{预借现金交易款的}100\%+\text{前期最低还款额未还部分的}100\%+\text{超过信用额度消费款的}100\%+\text{费用和利息的}100\%$$

如果持卡人连续两次未能还清最低还款额，银行一般会将其记为不良记录。

（五）应付利息

如果信用卡持卡人在免息还款期内未还清所有消费金额，发卡行要计收利息。信用卡使用额度按月计收复利，准贷记卡透支按月计收单利，日利率一般为 5‱。对于信用卡的信用消费，最多可以有 50 余天的免息期；但对于提取现金，从取现即日起按日利率 5‱收取利息，折合年利率为 18%，远高于银行的各种贷款利率。

如果使用循环信用功能，就会以每笔消费本金计算循环信用利息，一般自交易记账日起至到期还款日止计算计息天数。按照目前中国人民银行的规定，信用卡的循环年利率近 20%（一年短期贷款基准利率为 6.56%），是普通商业贷款利率的三倍多。因此，一旦动用循环信用，所付出的循环利息成本将十分巨大。

第五节　储蓄和消费实务

一、储蓄存款

我们居民目前常用的储蓄存款类型包括活期储蓄、整存整取、零存整取、整存零取、存本取息等。这些不同类型的存款方式各有特点和应用环境，个人在日常应用时应结合其特点合理选择，以避免因选择不当而造成利息损失。

由于活期存款利率低，一旦活期账户结余了较为大笔的存款，应及时支取转为定期存款。另外，对于平常有大额款项进出的活期账户，为了让利息生利息，最好每两月结清一次活期账户，然后再以结清后的本息重新开一本活期存折。

整存整取定期储蓄存款适用于较长时间不需要动用的款项。在高利率时代，存期要“中”，即将5年期的存款分解为1年期和2年期，然后滚动存储，如此可因利生利而收益效果最好。在低利率时代，存期要“长”，能存5年的就不要分段存取，因为“存期越长、利率越高、收益越好”。对于那些较长时间不用，但不能确定具体存期的款项，最好用“拆零”法，如将一笔5万元的存款分为0.5万元、1万元、1.5万元和2万元4笔，视具体情况支取相应部分的存款，避免利息损失。若遇到利率调整，刚好有一笔存款要到期，此时若预见利率调高，则存短期，若预见利率调低，则存长期，以让存款赚取高利息。

零存整取定期储蓄存款适用于较固定的小额余款存储，积累性强。由于这种储蓄较死板，最重要的技巧就是“坚持”，绝不能连续漏存两个月。如家庭需要添大件商品，就可以选取零存整取定期储蓄，每月坚持存入一笔钱，过一两年后，就可以实现愿望。有一些人存储了一段时间后，认为如此小额存储意义不大，就放弃了，这种前功尽弃的做法损失最大。

对于存本取息定期储蓄存款，要使其生息效果最好，就得与零存整取结合使用，产生“利滚利”的效果。即先将固定的资金以存本取息形式定期起来，然后将每月的利息以零存整取的形式储蓄起来。采取这种方式时，可与银行约定“自动转息”业务，免除每月跑银行存取的麻烦。

二、消费信贷

(一) 消费信贷流程

1. 住房按揭贷款流程

住房按揭贷款流程如下：

(1) 售房商向贷款行提出按揭贷款合作意向。

(2) 贷款行对售房商开发项目、建筑资质、资信等级、负责人品行、企业社会商誉、技术力量、经营状况、财务情况进行调查，并与符合条件的售房商签订按揭贷款合作协议。

(3) 借款人与售房商签订购房协议，并缴纳30%以上的房款（营业房40%）。

(4) 借款人持购房协议、30%购房收据、身份证、婚姻状况证明向贷款行申请按揭贷款，并在贷款行开立存款账户或银行卡。

(5) 经调查、审查、审批同意后签订借款合同，贷款行代理办妥登记、公证手续后，将款项存入售房商账户（保险采取客户自愿原则），并通知客户取合同和到售房商处办理购房手续。

(6) 借款人以后只要每月（每季）20日前在存款账户或银行卡上留足每期应还款额，贷款银行会从借款人账户中自动扣收，到期全部结清。

(7) 贷款行代理缴纳契税、领取契证、办妥房地产权证及住房抵押登记手续，收费严格按各有关办理机关的收费标准执行，不收取任何代理费，借款人必须提供办理以上手续所需的一切材料。贷款归还后，贷款行注销抵押物，并退还给客户。

2. 汽车消费贷款流程

汽车消费贷款流程如下：

(1) 客户选购车型，确定车辆销售价格，提出贷款申请，计算客户首付金额，客户确认签字。

(2) 提供银行所需贷款审批资料，如身份证、户口本、结婚证、房产证、收入证明、居住证明、照片（单身者需提供一位担保人）。

(3) 银行客审。由担保公司审核后递交银行，预约双方时间进行客审（简称家访），了解客户资信情况，家访后次月银行上会，通过后通知借款人夫妻双方到银行签订借款合同，缴纳预付款，贷款发放后担保公司安排提车。

(4) 车辆挂牌和结算。车辆提出、安排挂牌、出保险、办理车辆公证、抵押，上述流程办理完毕后，与客户办理结算手续。

3. 个人综合消费贷款流程

个人综合消费贷款流程如下：

(1) 持房产证到产权房屋所在区县房地局询问该房产是否可以办理房产抵押登记。

(2) 如得到可以办理的确切答复，持房产证及有关个人资料到银行个人综合消费贷款经办机构办理抵押贷款申请。

(3) 银行指定房产评估机构对申请人提供的自有房产进行评估，并提交房产评估报告，按评估价值的3‰收取手续费。

(4) 银行协助申请人办理房产保险手续及相应的贷款审批手续，贷款额度最高不超过评估价值的70%。

(5) 借款人持房产证、借款合同到房产所在区县房地局办理抵押登记手续，相关费用由借款人承担。

(6) 抵押登记办妥后，银行方可发放贷款至借款人个人储蓄账户中。

(二) 消费信贷还款方式的选择

1. 消费信贷还款方式的种类

贷款的期限在1年以内的，到期一次性还清本息；贷款期限在1年以上的，借款人应按月还款，并自贷款发放的第2个月开始偿还本息，按月偿还贷款的方式可选择等额本息还款法和等额本金还款法。

（1）一次性还本付息法。

一次性还本付息法适用于贷款期限为1年或1年以下的个人贷款，即贷款人需在贷款到期日还清贷款本息。

（2）等额本息还款法。

等额本息还款法是指借款人每期以相等的金额偿还贷款，其中，每期归还的金额包括本期应还的本金、利息，在贷款截止日期前还清全部本息。每月还款额的计算公式如下：

$$每月还款额=\frac{贷款本金\times 月利率\times(1+月利率)^{还款期限}}{(1+月利率)^{还款期限}-1}$$

（3）等额本金还款法。

等额本金还款法是指每月等额偿还贷款本金，同时付清本期应付贷款利息。每月还款额的计算公式如下：

$$每月还款额=\frac{贷款本金}{贷款期数}+(贷款本金-已还本金累计)\times 月利率$$

2. 消费信贷还款方式的选择

等额本息和等额本金两种个人贷款还款方式是目前大多数银行采用最多的还款方式，储户可结合两种还款方式的特点，根据自己的实际情况选择适合自己的还款方式。

（1）等额本息。

还款优势：从还款月供构成来看，等额本息每月还款本金逐月增加，还款利息逐月减少，但每月还款额固定，由于每月还款额固定，等额本息还款较方便记忆，适合初入职场的人士。

还款劣势：利息支出相对较多。

适合人群：收入较为稳定的工薪阶层。

（2）等额本金。

还款优势：每月偿还相等的贷款本金，同时归还当月应支付的贷款利息，随着每月剩余还款本金的减少，每月的还款利息是逐渐减少的，所以每月总的还款额也是逐渐减少的，还款利息相对等额本息可以节省很多。

还款劣势：还款初期压力相对较大。

适合人群：当前收入稳定，前期能承受较大月供，后期其余支出用于子女教育等家庭大额支出的中青年人士。

三、信用卡

（一）信用卡消费

1. 指导理性消费

既然是信用卡，消费当然是最大的用途。保留好每次消费的签购单据，在与银行对账单对账的时候，逐笔核对，逐笔分析，这就是一次个人消费的大检查。对账完毕也就知道了自己有多少不理性的消费行为，哪些该消费，哪些可以延后消费，哪些根本就不应该消费，慢慢地，购物消费变得容易控制。理财除了开源，还要学会节流。

2. 巧用免息期赚取利差

信用卡都有免息期，也就是银行为鼓励消费给客户提供的可以延迟付款的优惠，既然是对个人有利的事情，当然要充分使用。如果手里有2张以上的信用卡，就可以利用各卡不同的结账日来拉长还款时间。白白用银行的钱买自己需要的东西，而自己的钱却可以在免息期内做投资或赚利息。也许有人会认为时间不长，收益不大，别忘了有句话叫“聚沙成塔”，你算过一个人一辈子会花费多少钱吗？由于你已经跟银行签订了到期全额还款的协议，所以银行从你手里根本赚不到透支利息。

3. 建立良好的个人信用

银行在发放较大额度的贷款时（如房贷、车贷等），首先考虑的是该客户的信用情况、还贷能力。所以，信用记录对个人是很重要的，而良好的信用记录不仅给自己带来了更高的信用额，而且在审批个人贷款时会比没有信用记录的人享受到更好的优惠和较简便的手续。个人在办理信用卡时，进行到期自动扣划还款的设定，将会帮助其在银行保持良好的信用记录。

4. 积分记录和收获

许多信用卡都是按消费额来计积分的，每消费一元就记一分，通过积分可以帮自己随时了解和调整日常开销，每年初还可以用积分兑换礼品。银行为了鼓励和挽留信用好的持卡人，不定期会有赠券发出，如免费美容月卡、咖啡券、电影票等。

（二）银行卡理财技巧

1. 立足于工资余额管理

现在有许多高收入者每个月的收入比较丰厚，但总是让工资在卡上睡觉。按照现在0.05%的活期存款利率，1万元1天才有0.14元的利息。如果将其放在货币基金里，一天1万元也有0.6元左右的收益，而且随时可以取出来，唯一的不足可能是要提前2到3天赎回。现在有很多通过网上直销的货币基金，只需要提前1个工作日上网赎回就可以，非常方便。每天相差3倍左右的利息收入，日积月累，会是一笔不小的财富。

2. 多用电话和网络

现在，人们非常繁忙，一看到排着长队，心里就发怵。其实，电话和网络是很好的帮手。发工资了，打个电话或上网，把闲钱买成货币基金，周三或周四打个电话赎回，周五钱就回到自己的借记卡里，十分方便。一些人担心网上理财的安全性，其实人们需要注意的是尽量少在网上输入自己的卡号和密码。比如像华安基金电子直销这样的“网上电话理财”，资金只能在你本人的借记卡和你本人的基金账户之间互相转移，不能转出去，只要你保管好借记卡，即使有人代你网上电话赎回，钱也只能回到你自己的借记卡上。而且整个电子委托过程都不需要输入银行卡号、银行密码，更可放心。

3. 给自己定规矩

人们的另一个问题是，往往判断很正确，“执行”却很随意。明明想好了到多少点位就赎回，真的到这个点位时却往往忘记执行。或者计划每月攒多少钱买车买房，却总在不经意间就把薪水花掉了。这时，不妨给自己定些规矩，甚至用电脑系统来强制执行，比如，定期定额投资，每月工资一发就自动把一定的金额先扣掉买成货币基金，只留一些零用钱，确认要消费前再赎回一定的金额，控制自己的非理性消费。

4. 巧用几张银行卡

现在，银行卡纷纷开始收费，过去因冲动办理的卡需要清理一下了。建议大家保留3张卡。一张是工资借记卡，虽然有的宣布要收年费，但对工资卡一般都有优惠。另外，可考虑在一家股份制银行办一套相互关联的信用卡和借记卡。股份制银行的卡一般都有特别的优惠政策。而且，多数股份制银行不收借记卡年费，信用卡年费的减免条件也非常容易达到。比如，一些选择民生银行卡的朋友办理了“银基通”，每个月把工资全部放到借记卡，网上电话买成货币基金，平时消费全部用信用卡，等到还款日前一两天再打电话赎回货币基金，资金到借记卡后就会自动偿还信用卡的费用，等于用银行的钱为自己赚钱。

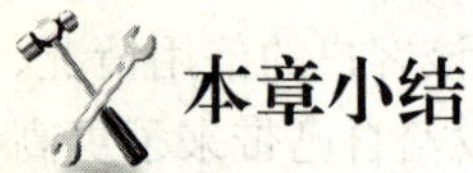

本章小结

本章主要介绍个人理财的现金、储蓄和消费问题。介绍了现金预算的编制和分析、储蓄存款的特点及类型、消费信贷的概念和特点，以及信用卡的特点和分类；详细分析了现金管理的作用、应急资金的管理、储蓄存款的技巧、消费信贷的流程和信用卡消费管理。

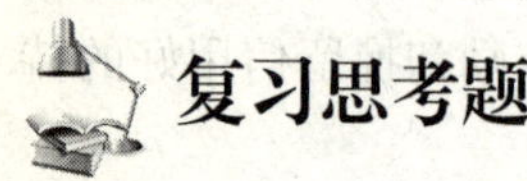

复习思考题

一、主要概念

现金预算　储蓄　活期储蓄　定期储蓄　零存整取　整存零取　存本取息　定活两便　结构性存款　通知储蓄　个人消费信贷　个人住房贷款　个人汽车贷款　个人综合消费贷款　信用卡

二、思考讨论题

1. 现金预算编制的程序是什么？
2. 现金管理有何作用？进行现金管理应考虑的基本因素有哪些？
3. 储蓄的特点有哪些？有什么类型？
4. 结构性存款有哪些种类？
5. 储蓄存款的技巧有哪些？
6. 个人消费信贷的特点有哪些？如何分类？
7. 信用卡的特点是什么？如何分类？
8. 消费信贷的流程是什么？如何选择合适的还款方式？
9. 如何利用信用卡理财？

三、案例讨论

小王是刚毕业参加工作的大学生，工作单位效益良好，当前收入和预期收入稳定，刚工作需要添置手机、笔记本、服装等。小王想通过分期付款的方式将这些消费品一次购齐，这样就可以将当前消费平摊至未来可以预期的时间内，减轻当前的还款压力，更好地投入工作和生活。

思考：

1. 小王的想法是否可行？当前有哪些金融工具可以帮助他实现消费需求？
2. 小王在选择分期付款方式时应注意哪些问题？

第四章

个人银行理财

李先生大学毕业后进入一家公司做管理工作。工作的前两年，他没有对自己的收入进行规划和管理，全部收入基本上用于消费，没有储蓄。从工作的第三年开始，李先生为防止自己继续成为“月光族”，就以零存整取的方式存钱。两年下来竟然积累了5万元的存款。如何管理这笔暂时闲置的钱呢？投资房产、实业——区区小钱，杯水车薪；投入股市——进进出出忙碌一年，非但可能白忙一场，说不定还会把本钱也赔进去不少；投资开放式基金——费用不低且有风险；买国债——时间不短，利息却不高；定期储蓄存款——利息太少。在李先生犹豫不定之时，恰逢某商业银行发售新型储蓄产品——收益递增型结构性存款产品，本金安全、存款期限合适、利率水平相对较高的产品特点以及年轻人对新事物的好奇，让李先生决定涉足这类新型储蓄产品。

本章将就个人银行理财的相关问题进行详细阐述。通过本章的学习，应了解银行理财产品及银行代理理财产品的种类，掌握其各自的特点、主要风险类型，以及个人银行理财的规划要点。

本章重点知识

1. 银行理财的内容及面临的风险。
2. 银行理财产品的种类及特点。
3. 银行代理理财产品的种类及特点。

第一节　银行理财概述

许多人面对银行提供的五花八门的理财产品和服务，总觉得千头万绪，不知从何下手。而且，一些银行理财产品专业性很强，个人投资者很难在短期内全面了解和熟悉其性能。事实上，个人银行理财是一个理财规划实现的过程。个人投资者需针对自身的短期、中期和长期投资需求及收益目标，梳理出一个清晰的理财框架和思路。在缺少专业知识的情况下，通常可借助银行提供的专业理财规划服务，使自己和家人的财富效能增加，最终实现人生各阶段的目标和理想。

一、银行理财的定义

银行理财是指个人或家庭利用商业银行提供的包括个人财务设计、投资理财、代理收付、代理保管、转账汇兑结算、资金融通、信息咨询等在内的全方位、综合性金融产品或服务来管理自己的财富，进而提高财富效能的活动。

二、银行理财的主要内容

银行理财的主要内容有如下三个方面。

（一）储蓄

理财的前提是有财可理，所以，个人理财的一个基础环节就是有效地进行财富积累，而切合实际的储蓄规划，是个人或家庭最稳妥、最便捷、最安全可靠的积累财产的途径。相对于其他资产，储蓄不仅同样具有获利性，而且变现性和安全性更为明显。此外，储蓄作为个人投资者的一种金融投资工具，操作简便易行。因此，对大多数普通老百姓来说，储蓄是积累财富最具操作性的方式。所以，如果用积极而主动的观念来思考，可以把储蓄当作个人理财规划的一个重要组成部分，即将储蓄作为财富积累的“蓄水池”，当“池水”即金钱积累到一定程度时，将它们用到收益更高的投资工具上。这部分内容我们在第三章中已经详细介绍，本章不再赘述。

（二）银行理财产品

截至 2011 年 12 月 1 日，我国加入世界贸易组织已经十年了。在这期间，外资银行纷纷进入我国设立分支机构，开展创新业务，抢夺高端客户。由于 2006 年年底前，我国居民的人民币业务尚未完全对外资银行开放，因此，外资银行在 2006 年年底前推出的理财产品主要是为了吸引国内居民的外汇储蓄存款而设计的外汇理财产品。从 2006 年 12 月 1 日开始，国内的人民币业务全面对外资银行开放，各个外资银行也纷纷推出了人民币理财产品，和国内的银行展开竞争。在我国理财市场需求迅速发展和外资银行竞争的推动下，国内的商业银行也纷纷推出各种个人理财产品，来满足客户的需求和银行自身的发展。国内商业银行当前在市场中推出的理财产品主要包括货币型理财产品、债券型理财产品、贷款类银行信托理财产品、新股申购类理财产品和结构性理财产品等。

（三）银行代理理财产品

随着近年来我国经济的持续发展，金融业持续深化改革，投资者对银行业务的需求日益多样化，商业银行业务更多地涉及代理销售投资产品及产品的售后服务，为投资者提供广阔的金融平台。近年来，我国商业银行代理服务业务发展迅猛，代理理财产品层出不穷，在满足个人理财需求方面起着举足轻重的作用。发展代理业务，不仅有利于完善银行的服务功能，为客户提供更多的金融产品、更好的服务，满足客户需求，稳定和扩大客户资源，同时也有利于充分利用银行的资源来发展中间业务，扩大收入来源。当前，我国各商业银行代理理财产品的种类主要包括基金、股票、保险、信托、国债、黄金等。

三、银行理财的特点

银行理财的特点主要有如下三个方面。

（一）收益稳定，风险较小

商业银行作为金融企业，长期以来以稳健的市场形象出现，遵循谨慎经营原则，其向个人理财者提供的多数理财产品收益较稳定，风险较小。

（二）同质性

银行的理财产品与一般物质经营企业的产品的根本区别就在于，银行个人理财产品本质上是一种服务。由于没有专利权，不受知识产权保护，这种服务很容易被竞争对手模仿。一家银行推出某种有市场潜力的理财产品，很快便会被其他银行模仿和改进。因而，银行理财产品具有同质性。

（三）综合性与多样性

个人理财产品常常集银行的转账、支付、咨询、存取等金融服务功能于一身，具有综合性的特点。而且，随着经济及金融的发展，理财产品越来越呈现出多样化的趋势和特点。例如，个人购买银行的信用卡理财产品，不仅能够取得存款利息收入，还可以享受银行提供的转账、支付、咨询、存取服务，以及购物消费中的打折优惠，同时可进行信用消费，在规定期限免交利息等。

四、银行理财的风险

个人投资者和商业银行是理财活动的主体。商业银行作为个人理财产品的直接供给方，是信息的最大拥有者。一般情况下，理财产品的风险是由购买产品的个人投资者来承担的。投资者对风险的识别、预测、控制能力越强，越能最大限度地保障其理财收益。但是，作为理财产品购买者的个人，相对拥有较少的信息，在商业银行自身利益与个人投资者利益不一致的情况下，不排除发生商业银行损害个人投资者利益的行为。因此，个人投资者在进行银行理财时，需要对其风险进行相应的识别和控制。

银行理财的风险按风险的来源划分，主要分为以下几类。

（一）信用风险

信用风险也称违约风险，指债务人不能按期偿还本息的可能性。对个人投资者来说，购买银行理财产品主要是出于对商业银行的信任。如果银行理财产品仅涉及个人和商业银行之间的债权债务关系，一般来说，商业银行从维护自身形象及监管部门的要求出发，违约风险极低。然而，个人银行理财产品常常是商业银行提供给个人的一项综合性的金融服务，在组合性理财产品中，往往体现为个人和几个经济主体的债权债务关系，如个人购买银行代销的债券、信托产品等，在这种情况下，个人银行理财产品面临较大的信用风险。此外，在银行面临破产等突发事件时，也不排除个人投资者收益受损的可能性。

（二）汇率风险

汇率风险指由于汇率变动而给个人投资者带来损失的可能性。对于购买银行外汇理财产品的投资者来说，汇率风险需特别关注。

（三）通货膨胀风险

通货膨胀风险指由于物价上涨使个人投资者实际投资收益下降的可能性。个人银行理财产品多数执行的是固定利率，当物价上涨率超过银行理财产品的税后收益率时，个人投资者产生实际损失。需要强调的是，由于我国目前的银行理财产品基本是以储蓄为基础的理财产品，不可预测的物价上涨对投资者的投资收益影响很大。

（四）政策风险

政策风险指由于国家货币政策、外汇管理政策、银行监管政策等一系列政策发生变化，影响相关个人银行理财产品的价格和收益而产生的风险。例如，中国人民银行宣布，自2005年7月21日起，我国开始实行以市场供求为基础、参考一篮子货币进行调节、有管理的浮动汇率制度。受此汇率政策变化影响，持有美元理财产品的个人投资者面临人民币兑美元汇率升值的汇率风险，进而影响其投资收益。

（五）道德风险

道德风险指在委托代理关系中，掌握信息多的代理人与掌握信息少的委托人之间存在着信息不对称，代理人有可能利用自身所拥有的信息优势，采取隐蔽行为，改变签订合同时约定的行为模式（如不努力工作、挪用委托人资金、误导委托人等），从中获取更大的利益，从而损害委托人或其他人利益。

第二节　银行理财产品

银行理财产品是商业银行在对潜在目标客户群分析研究的基础上，针对特定目标客户群开发设计并销售的资金投资和管理计划。在理财产品这种投资方式中，银行只是接受客户的授权管理资金，投资收益与风险由客户或客户与银行按照约定方式承担。国内商业银行当前在市场中推出的理财产品主要包括货币型理财产品、债券型理财产品、贷款类银行信托理财产品、新股申购类理财产品和结构性理财产品等。

一、货币型理财产品

货币型理财产品是投资于货币市场的银行理财产品。它主要投资于信用级别较高、流动性较好的金融工具，包括国债，金融债，中央银行票据，债券回购，高信用级别的企业债、公司债、短期融资券，以及法律法规允许投资的其他金融工具。

（一）特点

货币型理财产品具有投资期短，资金赎回灵活，本金、收益安全性高等特点。该类产品通常被作为活期存款的替代品。

（二）风险

由于货币型理财产品的投资方向是具有高信用级别的中短期金融工具，所以其信用风险低，流动性风险小。

（三）产品举例

货币型理财产品举例：W 银行“××理财计划”。

（四）产品投向

本理财产品投资于金融债，中央银行票据，债券回购，以及高信用级别的企业债、公司债、短期融资券等。

（五）产品的申购和赎回

投资者可根据资金状况在产品存续期内每个工作日的交易时间内随时申购或赎回。

（六）理财收益

本理财产品预期收益率超过银行 7 天通知存款利率，W 银行每个工作日根据实际投资运作的收益情况计算并公布产品当日年化收益率。

例如，某投资者在 4 月 21 日购买该类产品 100 万元，于 4 月 24 日工作时间卖出，4 月 21 日—4 月 24 日每天的 7 日年化收益率（已扣除管理费用）如表 4—1 所示。

表 4—1　　7 日年化收益率　　单位：%

4 月 21 日	4 月 22 日	4 月 23 日	4 月 24 日
2.15	2.20	2.10	2.15

此期间理财收益＝（2.15%＋2.20%＋2.10%）÷365×1 000 000＝176.71（元）

二、债券型理财产品

债券型理财产品是以国债、金融债和中央银行票据为主要投资对象的银行理财产品。

（一）特点

债券型理财产品的特点是产品结构简单、投资风险小、客户预期收益稳定。资金投向主要是银行间债券市场、国债市场和企业债市场，产品到期后向客户一次性归还本金和收益。债券型理财产品的市场认知度高，客户容易理解。基于上述基本特点，其目标客户主要为风险承受能力较低的投资者。

（二）风险

目前，商业银行推出的债券型理财产品的投资对象主要是国债、金融债和中央银行票据等信用等级高、流动性强、风险小的产品，因此其投资风险较低，收益也不高。对于投资者而言，购买债券型理财产品面临的最大风险是利率风险、汇率风险和流动性风险。利率风险主要来自人民币存款利率的变化；汇率风险在外币债券型理财产品中较为普遍，表现为本币和外币汇率的不可预测性；流动性风险，即目前国内银行业债券型理财产品通常不支持提前赎回，因此投资者的本金在一定时间内会固化在银行里。

（三）产品举例

债券型理财产品举例：W 银行人民币债券理财计划。

（四）产品投向

该理财产品主要投资于银行间债券市场中信用等级较高的债券。

（五）理财收益

W 银行人民币债券理财计划为 1 个月期理财产品，到期一次还本付息，根据本理财产品债券投资组合情况，预期本产品年收益率为 2.62%。

理财收益的计算公式如下：

理财收益＝理财金额×年收益率×实际理财天数÷365

（六）风险提示

风险提示如下：

(1) 市场风险。如果在理财期内，市场利率上升，该产品的收益率不随市场利率上升而上升。

(2) 流动性风险。投资者没有提前终止权。

(3) 其他风险。其他风险指由于自然灾害、战争等不可抗力因素的出现，将严重影响金融市场的正常运行，从而导致理财资产收益降低或损失，甚至影响理财计划的受理、投资、偿还等，进而影响理财计划的资金收益安全。

三、贷款类银行信托理财产品

贷款类银行信托理财产品通常是银行将募集来的客户资金投资于信托投资公司的信托计划，信托计划到期后由信托投资公司根据信托投资情况支付本金和收益。其产生背景是银行信贷规模的限制。信贷类银行信托理财产品投资的主要技术手段是通过收益的期限结构或者通过收益分层，分出优先级、次级受益人，由次级受益人承担风险，但是享受杠杆化收益。

（一）特点

贷款类银行信托理财产品是基于信托设计的理财产品，其特点依托于信托的特点，主要有如下几方面：财产权利主体与利益主体相分离；经营方式灵活，适应性强；信托财产具有独立性；信托管理具有连续性；受托人不承担无过失的损失风险；信托利益分配、损益计算遵循实绩原则等。

（二）风险

1. 信用风险

信托贷款对银行和信托公司而言，都属于表外业务，贷款的信用风险完全由购买理财产品的投资者承担。在此情形下，银行和信托公司对借款人一般不会进行授信尽职调查，对贷款用途也不会开展相关的监测工作，特别是贷款大部分在异地使用，就更缺乏有效的贷后管理。一旦用款单位出现还款风险，担保人又不能如期履行担保责任，将会给购买理财产品的投资者带来巨大风险，银行业与信托业虽然对此不负有偿还义务，但也将面临系统性的声誉风险。

2. 收益风险

该类产品收益来源于贷款利息，执行中国人民银行相关利率标准。这意味着委托人的收益上限是贷款利率，但信托公司可能对该收益提取以管理费用为名的抵扣。

3. 流动性风险

只有在信托借款人提前归还借款的情况下，贷款类银行信托理财产品计划才能提前终止，所以投资者必然面临着一定的流动性风险。

（三）产品举例

贷款类银行信托理财产品举例：W 银行人民币资金信托理财计划。

（四）产品投向

本理财产品投资对象为W银行××分行信贷资产单一资金信托产品，X信托投资有限责任公司以受托人名义向W银行××分行购买一笔信贷资产，信贷资产的借款人为××高速公路有限公司。借款人在W银行具有良好的企业信用记录，且在理财计划到期日，W银行为借款人提供后续贷款安排。

（五）理财收益

该产品理财期限为1年，预期年收益率为5.0%（高于同期1年期存款利率）。

（六）产品的申购和赎回

（1）在理财期间，如果本理财产品所投资的单一资金信托提前终止，与之相对应，本理财产品将提前终止。

（2）投资人无提前终止权。

四、新股申购类理财产品

由于我国新股发行制度的不完善和新股供应的稀缺性，我国资本市场的新股发行在一级市场到二级市场长期存在无风险收益。但是在目前制度的规定下，普通投资者无法参与网下新股配售，即使参与网上配售，受资金量限制也很难中签。所以，为了给普通投资者提供投资新股的平台和分享低风险收益的机会，各个银行普遍设计了通过信托计划将普通投资者资金集合起来集中申购新股的理财产品。

（一）特点

新股申购类理财产品的收益取决于新股中签率、新股上市首日平均涨幅和闲置资金的使用。新股中签率与股本大小成正比，与整个市场的申购资金规模成反比；新股上市首日平均涨幅与发行市盈率高低、股本大小成反比，与大盘走势成正比；新股发行间歇期的闲置资金可投资于债券、回购、贷款信托、票据信托等固定收益类产品，并获得一定的收益，从而产生了增强型新股申购理财产品。

（二）风险

1. 系统性风险

由于我国新股发行上市存在一定的供不应求现象，所以形成了新股申购的无风险套利。但是，一旦新股发行制度发生重要改革，或者资本市场的运行格局、资金的供给情况、新股发行速度和数量等系统性因素发生变化，就会给新股申购产品带来收益上的风险。

2. 网下申购的流动性风险

对于网上申购的股份，在股票上市首日即可上市交易；而对于机构投资者配售的网下申购部分，则要有3个月的锁定期，即在首日上市的3个月后，网下申购部分才可以上市交易。这一规定给网下申购部分的新股带来相当大的流动性风险以及收益风险。

（三）产品举例

新股申购类理财产品举例：W银行新股申购人民币资金信托理财计划。

（四）产品投向

本理财产品投资对象为W银行委托X信托投资有限公司设立的新股申购链式信托计

划。该链式信托主要投资于上海证券交易所和深圳证券交易所的首次公开发行股票、增发新股的网上和网下申购，所申购股票原则上于该股票上市首日出售；间歇资金投资于银行间市场、货币市场基金、银行存款等经委托人认可的投资领域，风险较低。

（五）理财收益

W 银行新股申购人民币资金信托理财计划预期年收益率高于同期存款利率。

（六）申购和赎回

（1）理财期内，经 W 银行同意，受托人有权根据市场情况提前终止链式信托，W 银行也相应提前终止理财计划。

（2）理财期内，投资人每月可在约定的理财合同提前终止申请日行使提前终止理财合同的权利。

（七）新股申购产品提前赎回的收益计算

某可提前赎回的新股申购产品在某个可赎回月之前实现的收益情况如表 4—2 所示。

表 4—2　　新股申购产品收益率

产品代码	产品简称	信托单位净值（元）	累计信托收益率（%）	信托年化收益率（%）	净值日期	信托网下参考年收益率（%）
001	新股 1 期	1.025 7	2.58	5.60	2011.04.30	8.71
001	新股 1 期	1.023 4	2.35	6.21	2011.03.31	7.03
001	新股 1 期	1.004 9	0.50	1.70	2011.02.28	11.18
001	新股 1 期	1.001 5	0.16	0.74	2011.01.31	13.10
001	新股 1 期	1.000 0	0.01	0.07	2010.12.31	33.28

根据产品说明书相关的说明，当信托计划年化收益率低于 7%时，无业绩报酬。而且由于网下申购部分尚未变现，所以信托网下申购部分的收益率不能计入可实现的收益水平。于是，投资者在 2011 年 5 月提前赎回该产品时，本金加收益为（假定投资者初始投资 100 万元）：

100×1.025 7＝102.57（万元）

五、结构性理财产品

结构性理财产品是运用金融工程技术，将存款、零息债券等固定收益产品与金融衍生品（如远期、期权、掉期等）组合在一起而形成的一种新型金融产品。目前，结构性理财产品已经成为当今国际金融市场上发展最迅速、最具潜力的业务之一。结构性理财产品的回报率通常取决于挂钩资产（即挂钩标的）的表现。根据挂钩资产的属性，结构性理财产品大致可以细分为外汇挂钩类、指数挂钩类、股票挂钩类和商品挂钩类等。

（一）外汇挂钩类理财产品

外汇挂钩类理财产品的回报率取决于一组或多组外汇的汇率走势，即挂钩标的是一组或多组外汇的汇率，如美元/日元、欧元/美元等。对于这样的产品，我们称之为外汇挂钩类理财产品。通常，挂钩的一组或多组外汇的汇率大都依据东京时间下午 3 时整在路透社或彭博社相应的外汇展示页中的价格而厘定。对于期权拆解，就目前外汇挂钩结构性理财产品的大多数结构形式而言，较为流行的是看好/看淡，或区间式投资。基本上都可以有一个或一个以上触及点。

1. 一触即付期权

一触即付期权，严格地说是指在一定期间内，若挂钩外汇在期末触碰或超过银行所预先设定的触及点，则买方将可获得当初双方所协定的回报率。

以外汇挂钩结构性理财产品中的看好式投资为例，如挂钩外汇走势方向最终符合投资者看好的预期，投资者将在投资期末获得既定潜在回报，否则投资者将获得最低回报（有时可能为零）。

假设 W 银行在市场上发行了一个投资期为 3 个月的看好美元/日元的产品。按照该产品的结构，银行将设定一个触发汇率，到期时，如最终汇率收盘价高于触发汇率，总回报＝保证投资金额×(1＋潜在回报率)；否则（即最终汇率低于触发汇率)，总回报＝保证投资金额×(1＋最低回报率)。

2. 双向不触发期权

双向不触发期权指在一定投资期间内，若挂钩外汇在整个期间未曾触及买方所预先设定的两个触及点，则买方将可获得当初双方所协定的回报率。

以外汇挂钩结构性理财产品中的区间投资为例，如挂钩外汇走势方向最终符合投资者在一个固定的区间内波动的预期，投资者将在投资期末获得既定潜在回报，否则投资者将获得最低回报（有时可能为零)。

假设 W 银行在市场上发行了一个投资期为 3 个月的区间投资产品，挂钩欧元/美元汇率。按照该产品的结构，银行将设定两个触发汇率，即触发汇率上限和触发汇率下限。在整个投资期内，如汇率收盘价高于触发汇率上限或低于触发汇率下限，总回报＝保证投资金额×(1＋最低回报率)；否则（即汇率收盘价始终在触发汇率上限和触发汇率下限区间内波动）总回报＝保证投资金额×(1＋潜在回报率)。

（二）利率/债券挂钩类理财产品

利率挂钩类理财产品与境内外货币的利率相挂钩，产品的收益取决于产品结构和利率的走势。债券挂钩类理财产品主要是指在货币市场和债券市场上进行交换和交易，并由银行发行的理财产品。其特点是收益不高，但非常稳定，一般投资期限固定，不得提前支取。

对于利率/债券挂钩类理财产品而言，挂钩标的必定将是一组或多组利率/债券，如 3 个月伦敦金融市场上银行之间相互拆借美元的利率。理财产品包括与利率正向挂钩产品、与利率反向挂钩产品、区间累积产品和达标赎回型产品。目前，市场上主要的挂钩标的有以下三种。

1. 伦敦银行同业拆放利率

伦敦银行同业拆放利率（London Interbank Offered Rate，LIBOR）是全球贷款方及债券发行人的普遍参考利率，是目前国际上最重要和最常用的市场基准利率。

该利率一般分为两个利率，即贷款利率和存款利率，两者之间的差额为银行利润。通常，报出的利率为隔夜（两个工作日)、7 天、1 个月、3 个月、6 个月和 1 年期的，超过 1 年以上的长期利率，则视对方的资信、信贷的金额和期限等情况另定。

参与伦敦金融市场借贷活动的其他银行和金融机构，均以这些报价银行的利率为基础，确定自己的利率。例如，一笔银团贷款利率确定为伦敦银行同业拆放利率加上

0.75%，如果当时伦敦银行同业拆放利率为10%，那么这笔银团贷款的利率便为10.75%。

2. 国库券

国库券是国家财政当局为弥补国库收支不平衡而发行的一种政府债券契约。国库券的债务人是国家，其还款保证是国家财政收入，所以它几乎不存在信用违约风险，是金融市场风险最小的信用工具。

中国国库券的期限最短为1年，而西方国家国库券品种较多，一般可分为3个月、6个月、9个月、1年期四种，其面额起点各国不一。

国库券利率是市场利率变动情况的集中反映。国库券利率与商业票据、存款证等有密切的关系，国库券期货可为其他凭证在收益波动时提供套期保值。

3. 公司债券

公司债券是股份制公司发行的一种债务契约，公司承诺在未来的特定日期偿还本金并按事先规定的利率支付利息。公司债券主要分为记名公司债券和不记名公司债券，可提前赎回公司债券和不可提前赎回公司债券。

（三）股票挂钩类理财产品

股票挂钩类理财产品，又称联动式投资产品，指通过金融工程技术，针对投资者对资本市场的不同预期，以拆解或组合衍生性金融产品（如股票、一篮子股票、指数、一篮子指数等）并搭配零息债券的方式组合而成的各种不同报酬形态的金融产品。

按是否保障本金划分，股票挂钩类理财产品可归纳为两大类：不保障本金理财产品和保障本金理财产品。其挂钩标的可分为两类：单只股票和股票篮子。单只股票理财产品只挂钩一只上市公司的股票；股票篮子理财产品挂钩于股票篮子。股票篮子是由多只不同股票所组成，用做一篮子认股权证的相关资产。通常，理财产品会以股票篮子里的所有股票或表现最差股票的表现作为收益回报的基准。

对于股票挂钩类理财产品的期权拆解，按结构来划分，其产品包括可自动赎回、价幅累积，及其他在上述二者基础上改进的结构。这些结构可以被分解为一系列的期权，如认沽期权、认购期权。

1. 认沽行使价

认沽期权赋予认沽权证持有人在到期日或之前，根据若干转换比率，以行使价出售相关股票或收取适当差额付款的权利。

2. 认购行使价

认购期权赋予投资者在到期日或之前，根据若干转换比率，以行使价买入相关股票或收取差额付款的权利。

3. 股票篮子关联性

在一篮子股票当中，所有或几只股票的市场价格、风险和回报都存在着一定相关的因素。负相关性指的是一只股票的涨幅（跌幅）有可能影响到篮子里的另一只股票的跌幅（涨幅）。正相关性指的是两只或两只以上的股票，当一只股票处于涨势（跌势），另一只有关联性的股票也会同时上涨（下跌）。

（四）QDII基金挂钩类理财产品

QDII即合格境内机构投资者，它是在一国境内设立，经中国有关部门批准从事境外证券市场的股票、债券等有价证券业务的证券投资基金。QDII 意味着将允许内地居民使用外汇投资境外资本市场，QDII 将通过中国政府认可的机构来实施。

QDII 基金挂钩类理财产品的挂钩标的包括两个：基金和交易所上市基金（Exchange Traded Fund，ETF）。

1. 基金

投资者通过基金将分散的资金集中起来，交由专业的托管人和管理人进行托管、管理，投资于股票、债券、外汇、货币、实业等领域，以尽可能地减少风险，获得收益，从而使资本得到增值。

2. 交易所上市基金

ETF 在本质上是开放式基金，与现有开放式基金没什么本质的区别。但其本身有三个鲜明特征：它可以在交易所挂牌买卖，投资者可以像交易单个股票、封闭式基金那样在证券交易所直接买卖 ETF 份额；ETF 基本是指数型开放式基金，但与现有的指数型开放式基金相比，其最大优势在于，它是在交易所挂牌的，交易非常便利；其申购赎回也有自己的特色，投资者只能用与指数对应的一篮子股票申购或者赎回 ETF，而不是现有开放式基金的以现金申购赎回。

（五）结构性理财产品的主要风险

1. 挂钩标的物的价格波动

由于结构性产品的浮动收益部分来源于其所挂钩的标的资产的价格变动，因此，影响标的资产价格的诸多因素都成为结构性理财产品的风险因素。

2. 本金风险

通常，结构性理财产品的保本率直接影响其最高收益率，因此，结构性理财产品的本金是有部分风险的。

3. 收益风险

由于结构性理财产品的收益发生必须完全符合其产品说明书所约定的条件，也就是其期权的执行是基于一定的标准的，所以结构性理财产品的收益实现通常是两点或者说点状分布的，这使得结构性理财产品的收益往往是有或无，而没有中间水平，这是结构性理财产品的又一风险所在。

4. 流动性风险

结构性理财产品通常是无法提前终止的，除非事先约定的条件发生，因此结构性理财产品的流动性不及其他的银行理财产品。

第三节　银行代理理财产品

银行代理服务类业务，简称代理业务，指不构成商业银行表内资产负债业务，给商业银行带来非利息收入的业务。发展代理业务，不仅有利于完善银行的服务功能，为客户提供更多的金融产品、更好的服务，满足客户需求，稳定和扩大客户资源，而且有利于充分利用银行的资源来发展中间业务，扩大收入来源。因此，近年来我国商业银行代理服务业务发展迅猛，代理理财产品层出不穷，在满足个人理财需求方面起着举足轻重的作用。目前，银行常见的代理理财产品有基金、股票、保险、信托、国债、黄金等。

一、基金

银行作为开放式基金销售代理人，代表基金管理人与基金投资人进行基金单位的买卖活动。个人可在大多数的银行柜台或网上银行办理基金开户、认购、申购、赎回、转换、修改分红方式和定额定投业务。

（一）基金开户

进行基金投资，投资者首先需要开立基金交易账户和基金 TA 账户。投资者使用银行卡办理基金交易账户后，才可以开立基金 TA 账户；购买不同基金公司发行的基金，需要开立不同的基金 TA 账户。

（二）基金认购

基金认购是指投资者在开放式基金募集期间、基金尚未成立时购买基金单位的过程。基金认购采用“金额认购、面额发行”的原则，即认购以金额申请，认购的有效份额按实际确认的认购金额在扣除相应的费用后，以基金份额面值为基准计算。在认购期内产生的利息以注册登记中心的记录为准，在基金成立时，自动转换为投资者的基金份额，即利息收入增加了投资者的认购份额。认购期一般按照基金面值 1 元钱购买基金，认购费率通常也要比申购费率优惠。投资者办理认购必须在基金份额发售公告规定的募集期限和规定时间内提交申请。认购申请一经成功受理，不得撤销。基金募集期内，基金注册与过户登记人对投资者的认购金额进行确认；在募集结束及达到基金合同生效条件时，基金注册与过户登记人为投资者计算认购份额并登记权益。

投资者进行基金认购需携带本人有效身份证件和基金账户卡或银行卡到银行营业网点，填写基金认（申）购申请表，柜台受理认（申）购申请，柜台处理完毕后，投资人查询结果并确认基金份额。

（三）基金申购

基金申购是指在基金成立后，投资者通过基金管理公司或其销售代理机构申请购买基金单位的过程。投资者在进行基金申购时可根据基金所开办的收费模式，选择申购前端收费份额类别或申购后端收费份额类别。前端收费指投资人在申购基金时缴纳申购费用。后端收费指投资人在赎回时缴纳申购费用。前端收费按投资金额划分费率，而后端收费按持有时间划分费率。某些基金甚至规定如果在持有基金超过一定期限后才卖出，后端收费的申购费可以完全免除。前端收费与后端收费都是针对申购费而言的，与赎回费无关。投资者于 T 日申购基金成功后，正常情况下，基金注册登记人于 T+1 日为投资者增加权益并办理注册登记手续，投资者于 T+2 日起可赎回该部分基金份额。基金申购采取“未知价”原则，投资者申购以申购日（T 日）的基金份额净值为基础计算申购份额。T 日的基金份额净值在当天收市后计算，并在 T+1 日公告。

定期定额申购是指投资者通过向开办此业务的销售机构申请，与销售机构约定每期扣款时间、扣款金额及扣款方式，由销售机构于每期约定扣款日在投资者指定银行账户内自动完成扣款及基金申购申请的一种投资方式。投资者在办理定期定额申购时，每次供款金额不得少于基金管理人规定的定期定额申购业务最低每期供款金额。

投资者进行基金申购需携带本人有效身份证件和基金账户卡或银行卡到银行营业网点，然后填写基金认（申）购申请表，柜台受理认（申）购申请，柜台处理完毕后，投资人查询结果并确认基金份额。

（四）基金赎回

投资者为变现其基金资产，将手持基金单位按一定价格卖给基金管理人，并收回现金的过程称为赎回。赎回后的剩余基金份额不能低于基金公司规定的最小剩余份额（一般最低要求持有 1 000 份）；基金管理人可以对基金账户在销售机构托管的每只基金份额类别的最低持有份额进行规定。如投资者赎回后该基金份额类别的份额余额低于基金管理人规定的最低余额，基金管理人有权将该基金份额类别的余额部分一并赎回。

对于赎回业务，注册登记人对份额明细的处理原则为"先进先出"，即份额注册日期在前的先赎回，份额注册日期在后的后赎回。依据基金合同，若发生巨额赎回，基金管理人可以根据基金当时的资产组合情况决定采用全额赎回或部分顺延赎回的方式。投资者在赎回基金时，须选择是否顺延赎回。如选择顺延赎回，在遇巨额赎回的情况时，则当日赎回不能全额成交部分，延续至下一交易日继续赎回；如选择非顺延赎回，则当日赎回不能全额成交部分，在下一交易日不再继续赎回；如投资者未做选择，则视同顺延赎回。

（五）基金转换

基金转换是指投资者在持有某基金公司发行的任一开放式基金后，可直接自由转换到该基金公司管理的其他开放式基金，而不需要先赎回已持有的基金单位，再申购目标基金。

基金注册与过户登记人以申请有效日为基金转换日（T 日），以 T 日的转出基金份额净值为基础，扣除转换费用后计算转出金额，同时，以 T 日转入基金的份额净值为基础，计算转入份额；投资者 T 日转换成功后，正常情况下，基金注册登记人于 T+1 日为投资者的转出及转入基金份额分别进行权益扣除和权益增加，转入的基金份额于 T+2 日可赎回。

（六）基金分红

基金分红是指基金将收益的一部分以现金形式派发给投资人，这部分收益原来就是基金单位净值的一部分。按照《证券投资基金管理暂行办法》的规定，基金管理公司必须以现金形式分配至少 90%的基金净收益，并且每年至少一次。基金分红分为现金分红和红利再投资两种形式。一般银行系统默认为现金分红。

（七）基金的流动性及收益情况

开放式基金通过申购和赎回实现转让，流动性强，但必须支付一定的手续费。货币市场基金有"活期储蓄"之称，客户可以随时申购、赎回，具备非常好的便利性和流通性。货币市场基金被称为准储蓄，它可以给中小投资者带来相对安全的增值收益，同时又与一般开放式基金一样有较好的流动性，几乎与银行的活期储蓄同样便利。

证券投资基金的收益主要有：证券买卖差价、红利收入、债券利息、存款利息收入等。基金收益水平取决于基金管理人管理运用基金资产的能力。影响基金类产品收益的因素主要来自两方面：一是基金的基础市场，即基金所投资的对象产品，如债券、股票、货币市场工具等。这些基础市场的行情波动对基金的收益有很大影响。二是基金自身的因素，如基金管理公司的资产管理与投资策略、基金管理人员的业务素质和道德水平、研究团队的研究实力、基金经理的投资管理能力、基金管理公司的整体业务运行情况等。

一般而言，各类基金的收益特征由高到低的排序依次是：股票型基金、混合型基金、债券型基金和货币市场型基金。其中，货币市场型基金由于其安全性和相对固定的收益，可被视为储蓄的替代品。

（八）基金的风险

基金的风险是指购买基金遭受损失的可能性。基金损失的可能性取决于基金资产的运作。投资基金的资产运作风险包括系统风险和非系统风险。尽管基金通过组合投资分散风险，但基金的资产运作无法消灭风险，并且可能由于基金管理人运作不当加剧亏损。

基金产品主要包括两种风险：价格波动风险和流动性风险。价格波动风险是指由于股票和债券的价格会有波动，基金的价格也会因此而发生波动。流动性风险是指封闭式基金在市场进行买卖时，购买者有可能会面临在一定的价格下无法出售的风险或不能及时出售的风险。开放式基金管理人遇到巨额赎回，有时会延长赎回时间，卖出股票和债券以变现资产，这个过程会对资产价值带来影响，从而造成持有人最终赎回金额的不确定。

二、股票

（一）银行代理股票的含义

目前，我国实行金融业的分业经营模式，银行不可经营证券业务。银行代理股票业务主要是指银行从事的第三方存管业务。

第三方存管是指证券公司客户的证券交易结算资金交由银行存管，由存管银行按照法律、法规的要求，遵循“券商管证券，银行管资金”的原则，将投资者的证券账户与证券保证金账户严格进行分离管理。

在第三方存管模式下，证券公司不再向客户提供交易结算资金存取服务，只负责客户证券交易、股份管理和清算交收等。存管银行负责管理客户交易结算资金管理账户和客户交易结算资金汇总账户，向客户提供交易结算资金存取服务，并为证券公司完成与登记结算公司和场外交收主体之间的法人资金交收提供结算支持。

（二）股票的流动性及收益情况

股票市场的成交往往比其他市场活跃，优质上市公司的股票的流通转让非常快捷，流动性较强。对于股价持续下跌并且未来市场预期不佳的股票，其转让成本常常很大或者无法卖出，使投资者遭受巨大损失。个股的流动性受到各种市场和人为因素的影响。整个股票市场的流动性和市场参与者的多少、资金规模、市场预期、投机行为、交易制度和政策法规等有密切关系。值得注意的是，金融衍生品如股指期货等可以为投资者提供对冲机制，从而提高股票市场的流动性。

股票的收益主要来源于股利和资本利得。股利来源于公司的税后净利润，决定于公司利润率和股利政策。资本利得是投资人在股票市场上利用价格波动低买高卖赚取的差价收入。获取资本利得是目前我国绝大部分个人股票投资者的主要目的。资本利得收入的高低和投资者买入卖出的时机有关。

（三）股票的风险

在基础性金融产品中，股票的风险最高。股票及股票市场的风险包括系统性风险和非系统性风险。系统性风险不能通过组合投资实现风险分散。非系统性风险通常可以通过组合投资不同程度地得到分散。个股风险属非系统性风险，可以通过投资组合进行分散。一般来说，周期性明显、固定成本高的行业风险较高，周期性不明显、价格成本弹性小的行业风险较低；大公司的风险相对较低，小公司的风险较高，但小公司也可能由于其运作的灵活性而降低自身风险；保守型公司的风险较低，激进型公司的风险较高；业绩好并且可以持续增长的公司风险较低，业绩差且波动大的公司风险较高。

投资者应当通过科学合理的基本面分析和个股技术分析等手段选择股票。投资者对个股的收益性和风险特性都要有充分的了解，结合自身的风险承受能力和理财目标，作出合理的投资决策。

三、保险

（一）银行代理保险的含义

银行代理保险是保险公司和商业银行采取相互协作的战略，充分利用和协同双方的优势资源，通过银行的销售渠道代理销售保险公司的产品，以一体化的经营方式来满足客户多元化金融需求的一种综合化的金融服务。

近年来，银行代理保险业务发展迅猛，已成为商业银行实现中间业务收入的一个重要渠道。银行可为保险公司代理的业务种类众多，内容涉及养老、意外伤害、个人信贷等。不过，目前银行的主流保险产品还是分红型和万能型。这些产品大部分设计比较简单，标准化程度较高，在提供一定保障的同时兼有储蓄的投资功能。

（二）银行代理保险的意义

一方面，我国保险业与国际保险业的差距很大，远未达到与我国经济总量及国际市场份额相适应的地步，保险业发展潜力巨大，且保险业的发展必然带动银行保险的发展。另一方面，近年来商业银行的个人资产业务发展很快，吸引和积聚了大量的优质个人客户，这为商业银行大力发展保险代理业务提供了基础和保障。代理保险业务也有利于充分利用银行的资源来发展中间业务，扩大收入来源。

（三）银行代理保险的范围

目前，银行主要代理的险种包括寿险和财险。占据着市场主流的三大险种全部来自寿险，包括分红险、万能险和投连险。财险也是目前各家银行大力发展的险种，主要包括房贷险、对公抵押物财产险、家庭财产险等。

（四）保险产品的特点

保险产品最显著的特点是具有其他投资理财工具不可替代的保障功能。在日常生活中，任何个人或家庭都会面临许许多多的风险，通过购买保险产品，可以将个人或家庭面临的风险进行分散和转移。一方面，人们可以通过投保消除风险的不确定性给个人或家庭带来的忧虑和恐惧，促使人们有计划地安排家庭生活；另一方面，一旦保险事故发生，个人或家庭可以及时得到保险公司的补偿或给付，迅速恢复安定的生活。

利用保险产品还可以合理避税。收入的增加意味着需要缴纳更多的税款，于是人们不断寻求在合法范围内既可取得收入又可减免税款的有效途径。欧美发达国家的保险实践表明，购买保险产品是有效的税收筹划方法。个人或家庭购买保险支出的保险费和所获得的保险赔偿（给付）金，根据相关法律规定，都可以享受不同程度的税收减免优惠。

（五）保险产品的风险

保险产品是具有法律效应的合同，具有长期性的特点，一旦签订保险合同，不能随意更改。投保人应当在购买保险时对保险产品的内容有足够的了解。否则，购买保险后很快退保，不但不能达到资产增值的目的，反而可能承受损失。投保人可以在专业人员的帮助下，分析判断自己的风险类别、风险发生概率和风险发生时可能造成损失的大小等，从而进行选择。由于同一个保险标的可能会面临多种风险，投保人应当进行合理的险种搭配。随着生命周期的变化，人身保险的最优保险品种也会发生变化，投保人应当根据实际需要适时地更换保险品种，达到收益最大、损失最小的目标。

四、国债

（一）银行代理国债的含义

国债即国家债券，是由中央政府发行的政府债券，其债务人为国家。我国的国债专指财政部代表中央政府发行的国家公债，由国家财政信誉作担保，信誉度非常高，历来有“金边债券”之称。

（二）银行代理国债的种类

目前，银行代理国债的种类有三种：凭证式国债、实物式国债、记账式国债。凭证式国债是一种国家储蓄债，可记名、挂失，以“凭证式国债收款凭证”记录债权，不能上市流通，从购买之日起计息。在持有期内，持券人如遇特殊情况需要提取现金，可以到购买网点提前兑取。提前兑取时，除偿还本金外，利息按实际持有天数及相应的利率档次计算，经办机构按兑付本金的2‰收取手续费。实物式（无记名）国债是一种实物债券，以实物券的形式记录债权，面值不等，不记名，不挂失，可上市流通。发行期内，投资者可直接在销售国债机构的柜台购买。在证券交易所设立账户的投资者，可委托证券公司通过交易系统申购。发行期结束后，实物券持有者可在柜台卖出，也可将实物券交证券交易所托管，再通过交易系统卖出。记账式国债以记账形式记录债权，通过证券交易所的交易系统发行和交易，可以记名、挂失。投资者进行记账式证券买卖，必须在证券交易所设立账户。由于记账式国债的发行和交易均无纸化，所以效率高、成本低、交易安全。

（三）国债的流动性及收益情况

国债往往到期才能够还本，即使如记账式国债在二级市场出售，债券市场的交易通常也没有股票市场活跃，因此，债券的流动性一般弱于股票。在债券产品中，国债的流动性高于公司债券，由国家财政信誉作担保，信誉度非常高，短期国债的流动性好于长期国债。

债券的收益主要来源于利息收益和价差收益。前者是债券投资者长期持有债券，按照债券票面利率定期获得的利息收入，如凭证式国债；后者是债券投资者买卖债券形成的价差收入或价差亏损，或在二级市场买入债券后一直持有到期，兑付实现的损益，如记账式国债。影响债券类产品收益的因素主要有债券期限、基础利率、市场利率、票面利率、债券的市场价格、流动性、债券信用等级、税收待遇以及宏观经济状况等。

（四）国债的风险

国债的风险包括价格风险、再投资风险、违约风险、提前偿付风险和通货膨胀风险。

价格风险也叫利率风险，是指市场利率变化对债券价格的影响。债券价格与利率变化成反比。当利率上涨时，债券价格下跌。对于在到期日前转让债券的投资者来说，利率上涨引起的债券价格下跌会减损投资者的资产收益。债券的到期时间越长，利率风险越大。在利率下降的情况下，债券的提前偿付则会使投资者面临再投资风险。再投资风险是指由于市场利率变化而使债券持有人面临的风险。当市场利率下降，短期债券的持有人若进行再投资，将无法获得原有的较高息票率，这就是再投资风险。利率风险和再投资风险是此消彼长的关系。投资者可以依据债券的这种价值特性制定投资策略。

违约风险又称信用风险，是债券发行者不能按照约定的期限和金额偿还本金和支付利息的风险。一般来说，国债的违约风险最低，公司债券的违约风险相对较高。公司债券的违约风险一般通过信用评级表标示。对于中长期债券而言，债券货币收益的购买力有可能随着物价的上涨而下降，从而使债券的实际收益率降低，这就是债券的通货膨胀风险。当发生通货膨胀时，投资者投资债券的利息收入和本金都会有不同程度的价值折损。

五、信托

（一）银行代理信托类产品的含义

银行代理信托类产品是指信托公司委托商业银行代为向合格投资者推介信托计划。信托公司推介信托计划时，可与商业银行签订信托资金代理收付协议。委托人以现金方式认购信托单位，可由商业银行代理收付。信托公司委托商业银行办理信托计划收付业务时，应明确界定双方的权利义务关系，商业银行只承担代理资金收付责任，不承担信托计划的投资风险。

（二）信托类产品的流动性及收益情况

由于信托产品是为满足客户的特定需求而设计的，缺少转让平台，流动性比较差。在通常情况下，信托资金不可以提前支取。但如果合同有约定，则在信托合约生效后几个月，委托人（受益人）可以转让信托受益权。转让时，转让人和受让人均应到信托公司办理转让手续，并缴纳手续费。

信托机构通过管理和处理信托财产而获得的收益，全部归受益人所有。同时，信托机构处理受托财产而发生的亏损全部由信托者承担。信托财产运作中产生的收益越多，受益人得到的回报就越多。信托产品的收益主要决定于信托资产管理人的信誉状况和投资运作水平。一般来说，拥有一批精通投资管理业务、经验丰富的理财专业人士的信托机构，利用专业知识和特有的信息优势，将使信托产品获得更大的收益。在一些信托协议中，信托资产的投资方向是由资产委托人决定的，受托人只是负责按协议行事。因此，资产收益率和委托人的投资决策相关。

（三）信托产品的风险

信托产品的风险包括投资项目风险、项目主体风险、信托公司风险和流动性风险。

投资项目风险主要是指项目的市场风险、财务风险、经营管理风险等；项目主体风险是指项目主体的经营管理水平、财务状况以及还款意愿（即道德风险）对信托产品的安全程度形成的影响；信托公司风险是指信托公司项目评估能力的高低和信托产品设计水平对信托产品风险高低的影响。流动性风险是指由于信托产品流动性差，缺少转让平台，存在较大的流动性风险。

六、黄金

（一）银行代理黄金业务种类

银行代理黄金业务种类主要有四种：条块现货、金币、黄金基金和纸黄金。

金币有两种：纯金币和纪念金币。纯金币可以收藏也可以流通，变现不难，价格也随国际金价波动。纪念金币的价值受主题和发行量的影响较大，因此和鉴赏能力、题材炒作等高度相关，和金价的关联度反而较小。

黄金基金是将资金委托专业经理人全权处理，用于投资黄金类产品，成败关键在于经理人的专业知识、操作技巧以及信誉，属于风险较高的投资方式，适合喜欢冒险的积极型投资人。

纸黄金是一种个人凭证式黄金，投资者按银行报价在账面上买卖“虚拟”黄金，个人通过把握国际金价走势低吸高抛，赚取黄金价格的波动差价。投资者的买卖交易记录只在个人预先开立的“黄金存折账户”上体现，不发生实体黄金的提取和交割。

（二）业务流程

买卖实物黄金的业务流程为：选择开办实物黄金的网点办理业务→填写实物黄金购买申请表→将申请表、身份证、现金或卡折提交柜员→收取或代保管黄金产品、成交单及发票。

对于买卖纸黄金的客户，持现金或在银行开立的储蓄卡折以及身份证等有效证件，即可按银行公布的价格进行纸黄金的购买。

（三）黄金的流动性及收益情况

对于投资者来说，黄金退出流通领域后，其流动性较其他证券类投资品差；且国内黄金市场不充分，变现相对困难，有流动性风险。收益方面，黄金和股票市场收益不相关甚至负相关，所以可以分散投资总风险，且价格会随着通货膨胀而提高，所以可以保值。

第四节　银行理财实务

一、个人银行理财规划步骤

（一）了解资产状况

个人投资者应尽可能详细了解自己的资产状况，包括存量资产和未来收入及支出的预期，知道有多少财可以理，这是最基本的前提。

（二）确定理财目标

梳理自己的理财目标，知道想要干什么，希望有一个什么样的生活目标，自己的理财和生活目标是否切合实际，操作性如何，这需要结合第一步的内容进行具体分析。

（三）风险评估

对个人风险偏好要有一个客观理性的评价，正确对待、识别、预测、控制自己的风险偏好，不要做不考虑任何客观情况的风险偏好的假设。应根据收入状况和消费需求决定如何分布个人或家庭资产，调整现金流以达到目标或修改不切实际的理财目标。例如，有的个人投资者因为急于积累资金，把每月有限收入的大部分都存入银行，而没有考虑到必要的生活消费需求，长此以往必然影响生活质量。由于家庭成员偏好有差异，如丈夫节约，对过度储蓄造成的生活质量下降可以忍受，而妻子更看重当前生活质量，则无法忍受，这样导致夫妻不和，结果偏离了理财所要达到的生活目标。

（四）考察银行理财产品

对相关银行理财产品进行考察，重点分析影响投资收益和投资风险的各种因素，在此基础上进行具体投资品种和投资时机的选择。

（五）个人银行理财业绩的评估

这项工作主要是定期评估理财规划实施的结果，即不仅要评估理财的收益，还要评估投资者实际承受的风险，以便总结经验，吸取教训。

（六）个人银行理财规划的修正

个人银行理财规划应是一个动态的过程，即随着时间的推移，个人投资者的投资目标可能会有所改变；或者随着理财市场的发展变化，发生了一些不利于原来指定的理财规划执行的情况；或是原来不具备吸引力的理财产品和服务变得有吸引力了，而另一些原来有吸引力的理财产品和服务则变得无吸引力了。这样，就要对理财规划进行修正。

二、银行理财产品的购买流程

首次购买理财产品需要投资者本人携带（本人）身份证到银行柜台办理。非首次购买可以通过网上银行来办理。具体购买步骤如下。

（一）风险测试

银行客户经理会给投资者一份个人风险测试问卷，投资者需根据自己的实际情况认真填写。这里需要投资者注意的是，不要让银行客户经理代为填写或者为了达到购买某款理财产品的风险等级而轻易修改风险测试内容。

（二）选择风险等级匹配的理财产品

问卷填写完毕，银行客户经理会帮投资者核算出其风险承受能力分值以及对应的风险等级。投资者应根据自己的风险等级来选择相匹配的理财产品（一般理财产品说明书中会注明理财产品的风险等级，比如低风险、中风险，或者用星级来表示风险）。

（三）详细阅读理财产品说明书

一般来说，理财产品说明书分为如下两部分：

第一部分是风险提示。按照银监会的规定，风险提示会出现在最明显的位置，一般为产品说明书首页上方。风险提示会揭示产品的风险，投资者要重点关注理财产品到期后本金及收益是否能够保证，以及保证的比例或金额。

第二部分是产品概述。产品概述包括如下内容：产品的名称、编码、产品风险等级描述、产品投资期限、投资收益币种、产品类型、认购募集期、产品规模、投资方向、产品起息日、到期日、到期兑付日、购买起点金额、理财产品的相关费用、收益支付频率、收益计算方法、提前终止说明、理财产品展期（理财产品投资期限延长）的说明、产品到期最好情况、产品到期最差情况、备注（包括一些名词解释等）。

在以上产品要素中，重点关注的是产品风险等级描述，用来检测是否和自己的风险承受能力相匹配。

产品投资期限：用来检测是否与自己期待的资金流动性以及预计的投资时间相匹配。

投资收益币种：大部分理财产品投资收益币种为人民币，也有部分理财产品投资收益币种为外币，如美元、欧元、澳币等。用外币作为投资收益币种的理财产品，是不能用人民币进行购买的。如果需要购买，只能先换汇再进行购买。进行换汇购买的投资者一定要考虑汇率风险。

产品类型：一般情况下，理财产品说明书中会按产品收益类型来标注产品类型，如保本保收益、保本浮动收益、非保本浮动收益。保本保收益产品风险较低，到期后投资者可以100%拿到本金以及预期收益。但是这类产品一般会比同期限、同投资方向的理财产品收益率低。保本浮动收益产品的风险在于，到期后投资者获得的收益部分具有不确定性。产品到期后会拿到的收益可以分为三种情况：零收益，预期收益，零收益至预期收益水平中间的收益。目前，市场上还出现一些保证最低收益率的产品，即产品到期后，最差情况下投资者可以获得最低收益。其他情况发生得到的收益要好于获得最低收益。非保本浮动收益产品风险比较高，产品到期后本金以及收益部分都不保证，投资者可能要承受本金或者收益亏损的风险。目前，市场上出现了部分保本的理财产品，比如90%保本，这类产品到期后最差的表现为投资者只能获得初始投资额90%的本金。

认购募集期：也就是理财产品发行的时间。在这段时间中，投资者的本金一般是按活期利息计算的。一般来说，如果已经购买了理财产品，在认购募集期内是不能撤单的。对资金投资期限不确定的投资者特别要关注认购募集期是否能够撤单这个条件的描述。理财产品有一定的发行规模，如果在募集期内提前到达募集额度，产品就会终止发行。所以市场上会出现一种情况，投资方向稳健、预期收益率较高的理财产品经常会遭到秒杀，产品刚发行1～2天可能就会售罄。但是，也不排除一些客户经理为了销售产品，用募集期接近尾声或者产品快售罄为名来催促消费者赶紧购买。如果遇到此种情况，消费者可以询问理财产品的募集规模、已售规模以及每日的募集规模来判断产品的销售进程，不要在时间紧迫氛围的压力下轻率购买理财产品。

产品规模：产品规模的关注有助于解决以上问题。如果产品的募集规模很大，募集期限很长，没有必要将资金早早地购买理财产品，在募集期吃活期利息。

投资方向：投资方向是阅读理财产品说明书的重点。它可以作为衡量理财产品风险的一个指标。如果投资方向中出现高风险资产（如股票、基金、大宗商品、汇率等），此款产品的收益不确定性会比较大。如果产品投资于国债、央行票据、金融债、银行拆借，产品到期获得预期收益率的几率相对较高。

到期兑付日：这项内容投资者需要注意，可以在第一时间了解资金到账情况、产品收益情况，从而为未来的投资做好时间准备。

购买起点金额：一般来说，理财产品的购买起点金额为 5 万元，风险等级较高的产品购买起点金额为 10 万元。对于同一款产品来说，购买起点金额不同，所对应的收益也不同。一般产品的收益分级为 5 万元、20 万元、50 万元、100 万元。

收益计算方法：理财产品到期后，投资者应该核对一下金额。部分银行会将产品到期实际收益率在官方网站上公布，投资者可以根据账户的金额，以及初始投资本金来核算产品到期的实际收益。不是所有的理财产品到期后就一定获得预期的收益率，银行不会对银行理财产品做担保。

产品到期最好情况：从中可以得知理财产品达到较高收益率需要的条件。

产品到期最差情况：从中可以得知产品表现最差时，投资者要承受的损失，以及发生最差情况的条件。

（四）进行决策

在对银行理财产品的情况进行仔细的了解和对自身财务状况进行分析衡量后，决定是否购买理财产品。

（五）填写理财产品购买确认书

在银行客户经理的帮助下填写理财产品购买确认书。

（六）抄写风险确认书

投资者本人需亲笔抄写风险确认书。

三、网上银行购买理财产品的流程

我们以中国建设银行为例，介绍通过网上银行购买和赎回理财产品的流程。

（一）通过网上银行购买理财产品

（1）登录网上银行，如图 4—1 所示。

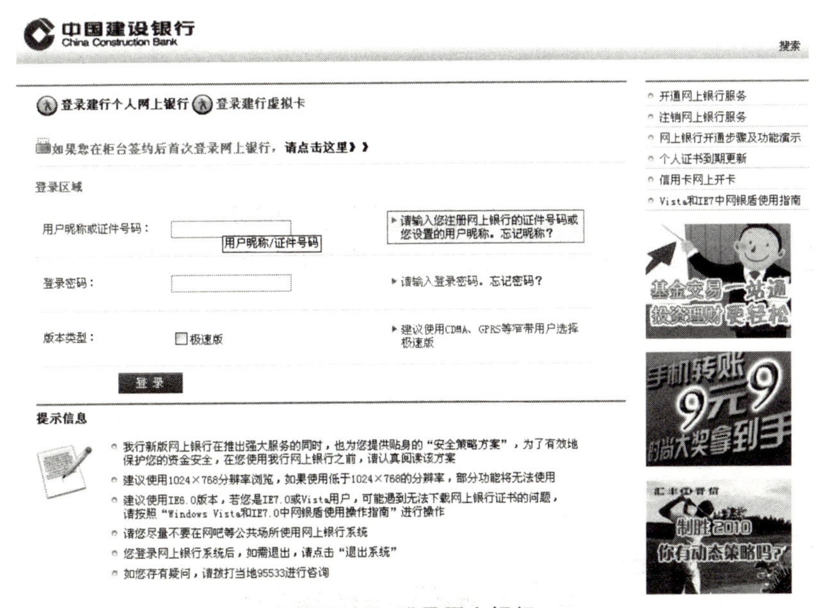

图 4—1　登录网上银行

（2）选择“投资理财”下方的“理财产品”菜单中的“理财产品首页”，如图 4—2 所示。

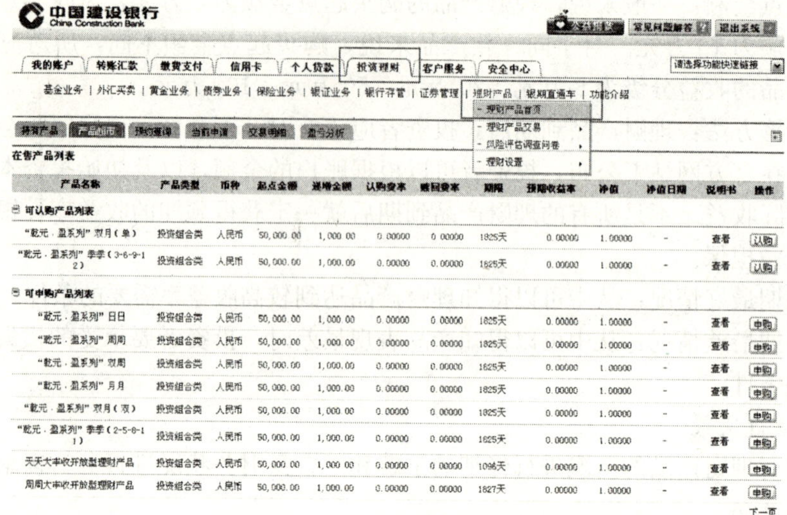

图 4—2　选择“理财产品首页”

（3）查看所需购买的理财产品，单击“认购”或“申购”按钮，如图 4—3 所示。

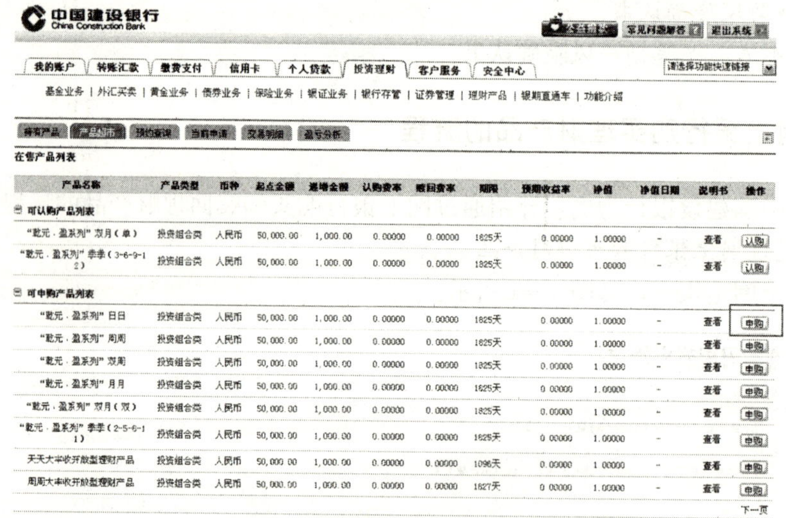

图 4—3　查看所需购买的理财产品

（4）选择网上银行签约账户，请注意账户内余额，如图 4—4 所示。

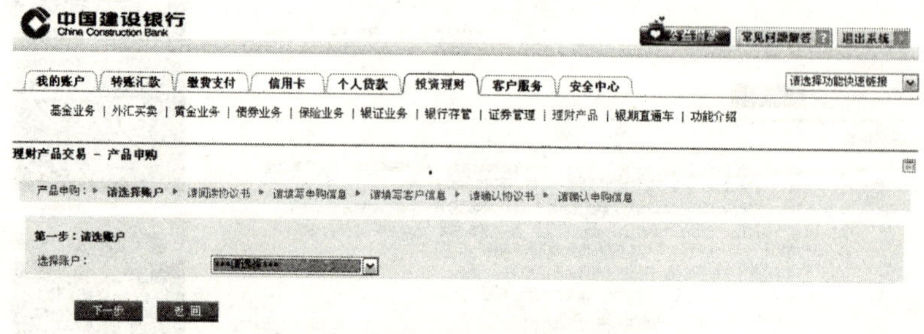

图 4—4　选择网上银行签约账户

（5）阅读协议书，确认后单击“同意该协议”，如图 4—5 所示。

图 4—5　协议书

（6）输入购买金额，单击“下一步”，如图 4—6 所示。

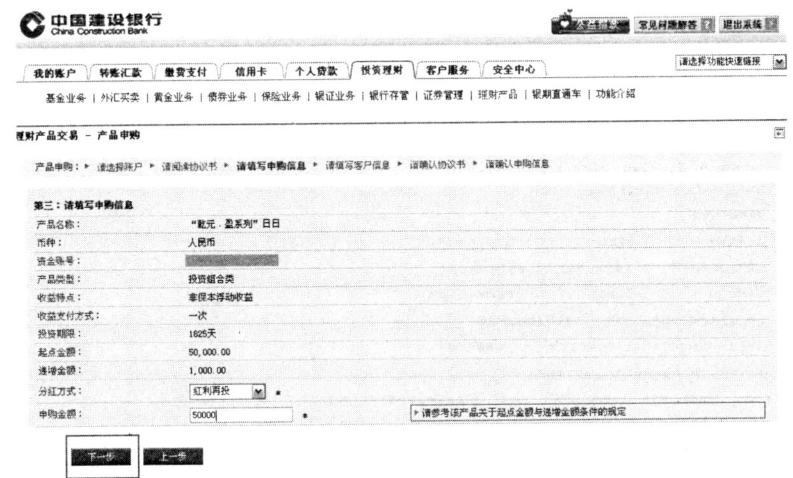

图 4—6　输入购买金额

（7）如果是首次购买理财产品，先进行风险评级，如图 4—7 所示。

（8）完成风险评估问卷，如图 4—8 所示。

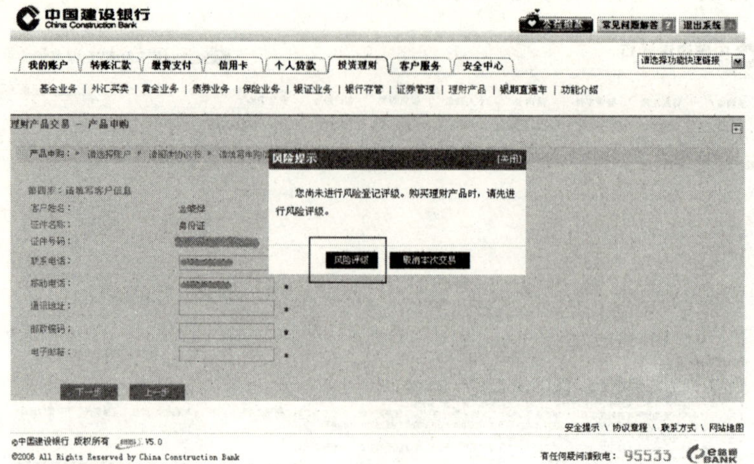

图 4—7　风险评级

图 4—8　风险评估问卷

(9) 确认购买信息，如图 4—9 所示。

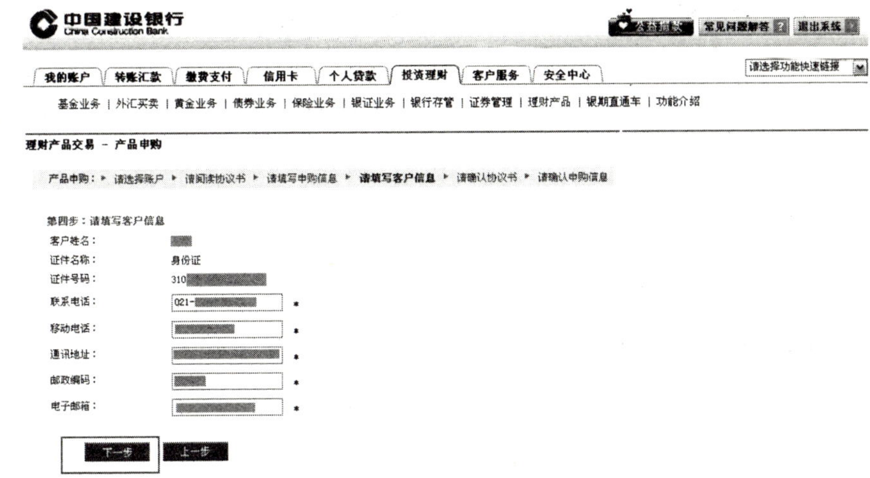

图 4—9 确认购买信息

(10) 确认理财产品协议书，如图 4—10 所示。

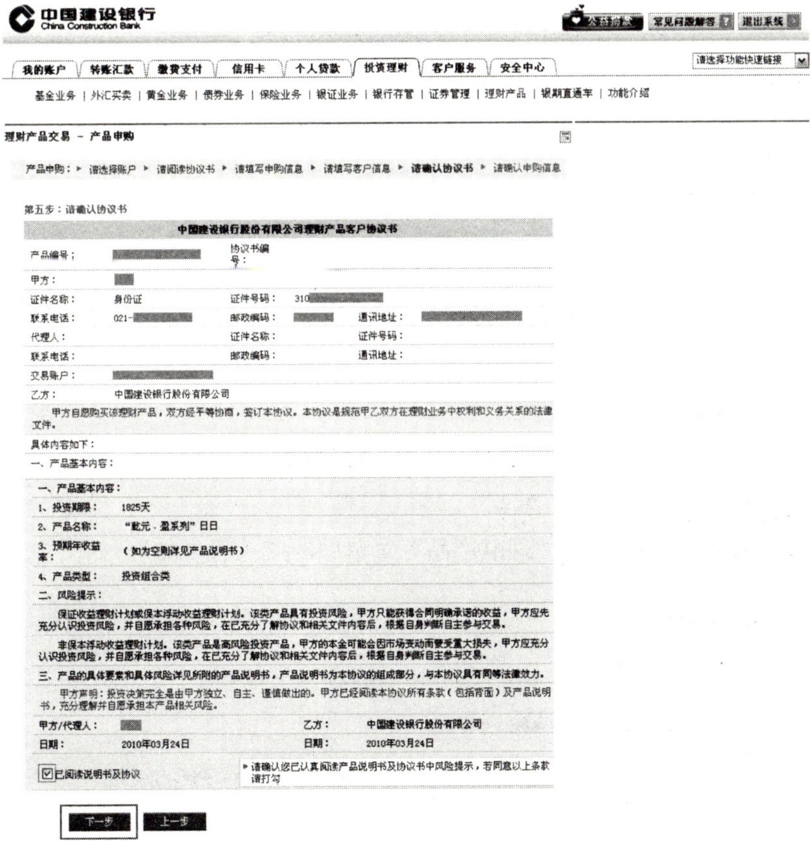

中国建设银行
China Construction Bank

我的账户 | 转账汇款 | 缴费支付 | 信用卡 | 个人贷款 | 投资理财 | 客户服务 | 安全中心

基金业务 | 外汇买卖 | 黄金业务 | 债券业务 | 保险业务 | 银证业务 | 银行存管 | 证券管理 | 理财产品 | 银期直通车 | 功能介绍

理财产品交易 – 产品申购

产品申购：▸ 请选择账户 ▸ 请阅读协议书 ▸ 请填写申购信息 ▸ 请填写客户信息 ▸ 请确认协议书 ▸ 请确认申购信息

第五步：请确认协议书

中国建设银行股份有限公司理财产品客户协议书

产品编号： 协议书编号：

甲方：

证件名称：身份证 证件号码：310

联系电话：021- 邮政编码： 通讯地址：

代理人： 证件名称： 证件号码：

联系电话： 邮政编码： 通讯地址：

交易账户：

乙方：中国建设银行股份有限公司

甲方自愿购买该理财产品，双方经平等协商，签订本协议。本协议是规范甲乙双方在理财业务中权利和义务关系的法律文件。

具体内容如下：

一、产品基本内容：

一、产品基本内容：

1、投资期限：1825天

2、产品名称：“乾元 · 盈系列”日日

3、预期年收益率：（如为空则详见产品说明书）

4、产品类型：投资组合类

二、风险提示：

保证收益理财计划或保本浮动收益理财计划。该类产品具有投资风险，甲方只能获得合同明确承诺的收益，甲方应先充分认识投资风险，并自愿承担各种风险，在已充分了解协议和相关文件内容后，根据自身判断自主参与交易。

非保本浮动收益理财计划。该类产品是高风险投资产品，甲方的本金可能会因市场变动而蒙受重大损失，甲方应充分认识投资风险，并自愿承担各种风险，在已充分了解协议和相关文件内容后，根据自身判断自主参与交易。

三、产品的具体要素和具体风险详见所附的产品说明书，产品说明书为本协议的组成部分，与本协议具有同等法律效力。

甲方声明：投资决策完全是由甲方独立、自主、谨慎做出的。甲方已经阅读本协议所有条款（包括背面）及产品说明书，充分理解并自愿承担本产品相关风险。

甲方/代理人： 乙方：中国建设银行股份有限公司

日期：2010年03月24日 日期：2010年03月24日

☑已阅读说明书及协议 ▸ 请确认您已认真阅读产品说明书及协议书中风险提示，若同意以上条款请打勾

下一步 上一步

图 4—10 理财产品协议书

(11) 确认理财产品购买信息，如图 4—11 所示。

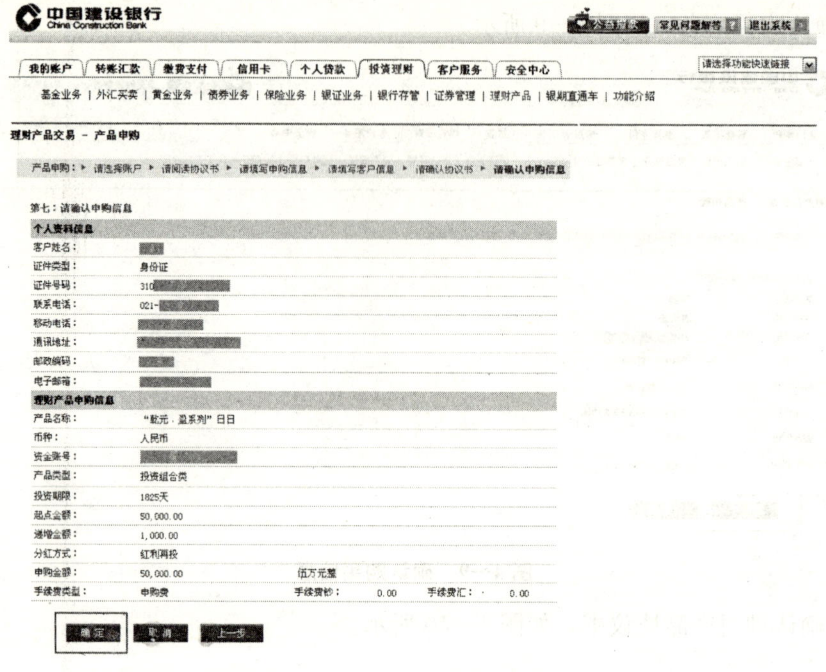

图 4—11　理财产品购买信息

（12）网上购买成功，如图 4—12 所示。

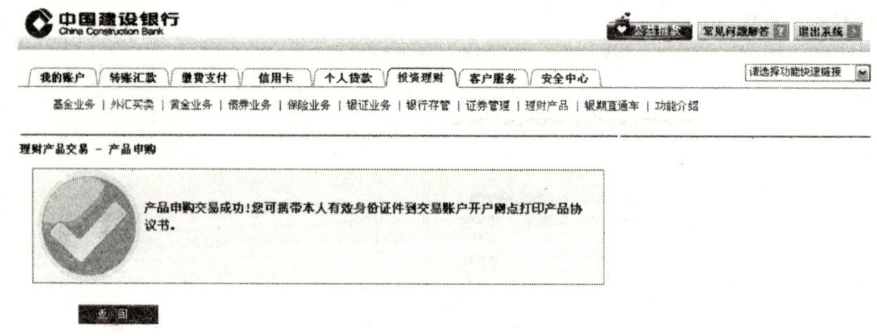

图 4—12　网上购买成功

（二）通过网上银行赎回理财产品

（1）选择“投资理财”下方“理财产品”菜单中的“持有产品”，如图 4—13 所示。

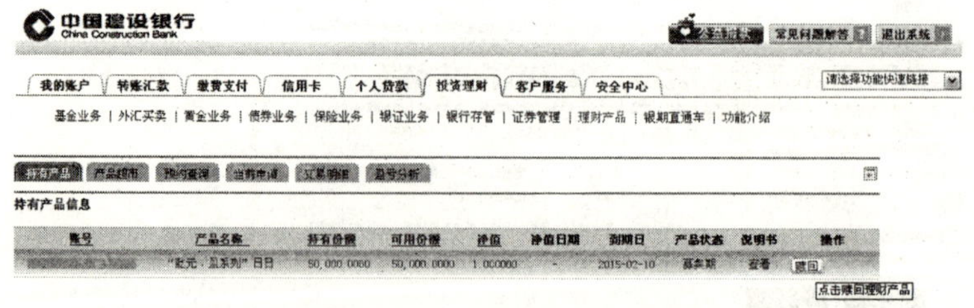

图 4—13　选择“持有产品”

（2）单击“赎回”后可以选择“全部赎回”或“部分赎回”，如图 4—14 所示。

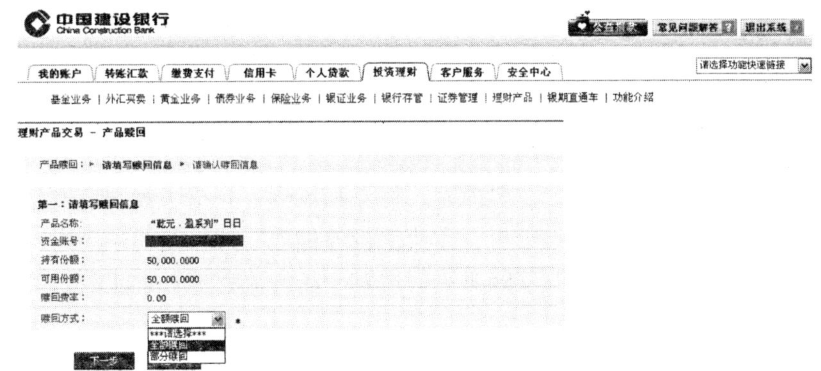

图 4—14　选择“全部赎回”或“部分赎回”

（3）确认赎回信息，如图 4—15 所示。

图 4—15　确认赎回信息

（4）理财产品赎回成功，如图 4—16 所示。

图 4—16　赎回成功

本章小结

本章介绍了银行理财的定义、主要内容、特点和风险；介绍了我国商业银行几种主要的理财产品和代理理财产品；详细分析了商业银行各种理财产品及代理理财产品的内容和特点，揭示了其中存在的风险，并就购买银行理财产品的流程进行了演示。

复习思考题

一、主要概念

银行理财　信用风险　汇率风险　道德风险　银行理财产品　货币型理财产品　债券型理财产品　贷款类银行信托理财产品　新股申购类理财产品　结构性理财产品

二、思考讨论题

1. 银行理财的主要内容和特点是什么？
2. 银行理财的风险有哪些？
3. 商业银行当前在市场中推出的理财产品主要有哪些？各有什么特点？
4. 银行代理理财产品有哪些种类？各有什么特点？
5. 个人银行理财规划的步骤是什么？
6. 银行理财产品的购买流程是什么？

三、案例讨论

张先生是一名医生，每月税后收入 15 000 元，太太董女士在一家私营企业工作，每月税后收入 7 000 元，两人单位都缴“四金”。夫妇俩有一个孩子正在读高三，每年学费支出 6 000 元。家庭每月生活支出 4 000 元，每年的美容、健身、旅游等费用 20 000 元。张先生夫妇有一套房产，目前房贷余额约 25 万元，期限还有 10 年，月供 3 000 元左右。夫妇俩的金融资产有 20 万元人民币银行理财产品、5 万元人民币活期存款和 1 万美元定期存款。

最近几个月以来，董女士明显感觉买东西越来越贵，家庭日常开支越来越高。夫妇俩都清楚地感受到通货膨胀来临了，面对家庭资产不断“被缩水”，他们希望能有更好的应对之策。

思考：

1. 指出该家庭目前的资产配置中存在的问题。如果想让其资产组合跑赢 CPI，需要对其作出什么样的调整？
2. 分析该家庭的财务状况和抗风险能力，根据分析结果为其制定一份理财方案。

第五章

个人保险规划

引导案例

张先生今年40岁，在一家IT公司做部门经理；妻子38岁，是一名小学教师；他们的女儿11岁，上小学六年级。这是一个温馨的三口之家，家庭年收入20万元左右，但收入的大部分来源于张先生。张先生除了有正常的企业保险外，没有再为自己和家人购买其他的商业保险，张先生认为自己的家庭责任重大，想购买一些保障与投资理财兼顾的保险产品，这样一方面可以保障家人稳定的生活，以避免自己因意外事故发生使家庭陷入经济困境；另一方面，也希望自己在退休时能够积累一笔资金以保障夫妻二人晚年的安逸生活。张先生如何对自己家庭的保险进行规划才能实现上述目标？

本章将就个人理财保险规划的主要内容进行详细论述。通过本章的学习，应了解保险的定义和功能、个人保险理财产品的概念、个人保险规划的基本流程和风险；掌握保险的类型、个人保险理财产品的种类、个人保险规划的原则；重点掌握不同类型保险的特点、寿险类个人保险理财产品的特点和个人保险规划的主要内容。

本章重点知识

1. 保险的功能和类型。
2. 不同类型保险的特点。
3. 寿险类和非寿险类个人保险理财产品的种类及特点。
4. 个人保险规划的主要内容、基本流程和风险。
5. 人生各阶段保险规划的重点内容及保险金额的确定。

第一节　保险基础知识

加入世贸组织以来，我国的经济、科学技术取得巨大进步，个人或家庭的社会财富得以快速积累，而与此同时，更加开放的经济也使得每个人或家庭所面临的自然的、经济的和社会的风险日益增加。尤其在我国目前经济转轨的过程中，各种风险逐渐涌现，过去由政府承担的一些风险现如今由家庭和个人承担。如何转嫁和分散风险、保证财富安全、满足财富增长需要，越来越成为绝大多数家庭和个人不得不面对的问题。学习保险知识，通过保险规划来分散和转嫁风险，逐渐成为人们生活中的一项重要内容。

一、保险的定义

保险是指投保人根据合同约定，向保险人支付保险费，保险人对于合同约定的可能发生的事故因其发生所造成的财产损失承担赔偿保险金责任，或者当被保险人死亡、伤残、疾病或者达到合同约定的年龄、期限时承担给付保险金责任的商业保险行为。

保险是最古老的风险管理方法之一。保险合约中，被保险人支付一个固定金额（保费）给保险人，前者获得保证：在指定时期内，后者对特定事件或事件组造成的任何损失给予一定补偿。从经济角度来看，保险是一种损失分摊方法，以多数单位和个人缴纳保费建立保险基金，使少数成员的损失由全体被保险人分担。它所揭示的是保险的属性，是保险的本质性的东西。从法律意义上说，保险是一种合同行为，即通过签订保险合同，明确双方当事人的权利与义务，被保险人以缴纳保费获取保险合同规定范围内的赔偿，保险人则有收取保费的权利和提供赔偿的义务。由此可见，保险是经济关系与法律关系的统一。

二、保险的功能

保险具有经济补偿、资金融通和社会管理功能，这三大功能是一个有机联系的整体。经济补偿功能是基本的功能，也是保险区别于其他行业的最鲜明的特征。资金融通功能是在经济补偿功能的基础上发展起来的，社会管理功能是保险业发展到一定程度并深入到社会生活诸多层面之后产生的一项重要功能，它只有在经济补偿功能和资金融通功能实现以后才能发挥作用。

（一）经济补偿功能

经济补偿功能是保险的立业之基，最能体现保险业的特色和核心竞争力，具体体现为如下两个方面。

1. 财产保险的补偿

保险是在特定灾害事故发生时，在保险的有效期和保险合同约定的责任范围以及保险金额内，按其实际损失金额给予补偿。通过补偿使得已经存在的社会财富因灾害事故所致的实际损失在价值上得到补偿，在使用价值上得以恢复，从而使社会再生产过程得以连续进行。这种补偿既包括对被保险人因自然灾害或意外事故造成的经济损失的补偿，也包括对被保险人依法应对第三者承担的经济赔偿责任的经济补偿，还包括对商业信用中违约行为造成经济损失的补偿。

2. 人身保险的给付

人身保险的保险数额是由投保人根据被保险人对人身保险的需要程度和投保人的缴费能力，在法律允许的情况下，与被保险人双方协商后确定的。

（二）资金融通功能

资金融通功能是指将形成的保险资金中的闲置的部分重新投入到社会再生产过程中。

保险人为了使保险经营稳定，必须保证保险资金的增值与保值，这就要求保险人对保险资金进行运用。保险资金的运用不仅有其必要性，而且也是可能的。一方面，保险保费收入与赔付支出之间存在时间差；另一方面，保险事故的发生不都是同时的，保险人收取的保险费不可能一次全部赔付出去，也就是保险人收取的保险费与赔付支出之间存在数量差，这些都为保险资金的融通提供了可能。保险资金融通要坚持合法性、流动性、安全性、效益性的原则。

（三）社会管理功能

社会管理是指对整个社会及各个环节进行调节和控制的过程。其目的在于正常发挥各系统、各部门、各环节的功能，从而实现社会关系和谐、整个社会良性运行和有效管理的目标。其功能主要表现在下述四个方面。

1. 社会保障管理

保险作为社会保障体系的有效组成部分，在完善社会保障体系方面发挥着重要作用。一方面，保险通过为没有参与社会保险的人群提供保险保障，扩大社会保障的覆盖面；另一方面，保险通过灵活多样的产品，为社会提供多层次的保障服务。

2. 社会风险管理

保险公司具有风险管理的专业知识、大量的风险损失资料，为社会风险管理提供了有力的数据支持。同时，保险公司大力宣传培养投保人的风险防范意识；帮助投保人识别和控制风险，指导其加强风险管理；进行安全检查，督促投保人及时采取措施消除隐患；提取防灾资金，资助防灾设施的添置和灾害防治的研究。

3. 社会关系管理

通过保险应对灾害损失，不仅可以根据保险合同约定对损失进行合理补充，而且可以提高事故处理效率，减少当事人可能出现的事故纠纷。由于保险介入灾害处理的全过程，参与到社会关系的管理中，改变了社会主体的行为模式，为维护良好的社会关系创造了有利条件。

4. 社会信用管理

保险以最大诚信原则为其经营的基本原则之一，而保险产品实质上是一种以信用为基础的承诺，对保险双方当事人而言，信用至关重要。保险合同履行的过程实际上为社会信用体系的建立和管理提供了大量重要的信息来源，实现了社会信息资源的共享。

三、保险的类型

保险的分类标准很多，根据不同的标准，可以将其分为若干类型。

（一）财产保险与人身保险

根据保险的标的不同，保险可分为财产保险和人身保险。

1. 财产保险

财产保险是指投保人根据合同约定，向保险人交付保险费，保险人按保险合同的约定对所承保的财产及其有关利益因自然灾害或意外事故造成的损失承担赔偿责任的保险。

财产保险业务包括财产损失保险、责任保险、信用保险等保险业务。可保财产包括物质形态和非物质形态的财产及其相关利益。以物质形态的财产及其相关利益作为保险标的的，通常称为财产损失保险，如飞机、卫星、电厂、大型工程、汽车、船舶、厂房、设备以及家庭财产保险等；以非物质形态的财产及其相关利益作为保险标的的，通常指各种责任保险、信用保险等，如公众责任保险、产品责任保险、雇主责任保险、职业责任保险、出口信用保险、投资风险保险等。但是，并非所有的财产及其相关利益都可以作为财产保险的保险标的。只有根据法律规定，符合财产保险合同要求的财产及其相关利益，才能成为财产保险的保险标的。

财产保险的核心原则是损失补偿原则。损失补偿原则是指在财产保险中，当保险事故发生导致被保险人经济损失时，保险公司给予被保险人经济损失赔偿，使其恢复到遭受保险事故前的经济状况。简单地说，损失补偿原则包括两层含义：一是“有损失，有补偿”；二是“损失多少，补偿多少”。在实施损失补偿时，保险公司的赔偿金额将以实际损失为限、以保险金额为限、以保险利益为限，三者不一样时以低者为限。坚持损失补偿原则，一方面可以保障被保险人的利益，另一方面可以防止被保险人通过赔偿而得到额外利益，从而避免道德风险的发生。

损失补偿原则常派生出来的两条重要原则：重复保险分摊原则和代位求偿原则。重复保险是指投保人就同一保险标的、同一保险利益、同一保险事故分别向两个以上保险人订立保险合同的保险。重复保险的投保人应当将重复保险的有关情况通知各保险人。在重复保险的情况下，当重复保险的保险金额总和超过保险价值，而被保险人因发生保险事故向数家保险公司提出索赔时，其损失赔偿必须在保险人之间进行分摊，被保险人所得赔偿总额不得超过其保险价值。实行重复保险分摊原则，一方面可以防止被保险人恶意利用重复保险，在保险公司之间进行多次索赔，以获得额外利益；另一方面可以保持保险公司应有的权利与义务的对等。常用的分摊方式有保险金额比例责任制、赔款限额比例责任制和顺序责任制。除合同另有约定外，各保险公司一般按照其保险金额与保险金额总和的比例承担赔偿责任。

保险代位权，又称“权益转让”，它是指由于第三者的过错致使保险标的发生保险责任范围内的损失的，保险人按照保险合同给付了保险金后，有权把自己置于被保险人的地位，获得被保险人有关该项损失的一切权利和补偿。保险人可以用被保险人的名义向第三者直接索赔或提起索赔诉讼，保险人的这种行为，就称为代位求偿；其所享有的权利，称为“代位求偿权”。保险代位权是各国保险法基于保险利益原则，为防止被保险人获得双重利益而公认的一种债权移转制度。

2. 人身保险

人身保险是以人的寿命和身体为保险标的的保险。当人们遭受不幸事故或因疾病、年老以致丧失工作能力、伤残、死亡或年老退休时，根据保险合同的约定，保险人对被保险人或受益人给付保险金或年金，以解决其因病、残、老、死所造成的经济困难。

人身保险包括人寿保险、健康保险、意外伤害保险等。人寿保险简称寿险，是以人的生死为保险标的，被保险人在保险责任期内生存或死亡，由保险人根据契约规定给付保险金的保险；健康保险也叫疾病保险，是以人的身体为保险标的，以非意外伤害而由被保险人本身疾病导致的伤残、死亡为保险条件的保险；人身意外伤害保险，是以人的身体为保险标的，以人的身体遭受意外伤害为保险条件的保险。

当被保险人遭受保险合同范围内的保险事件，并由此导致死亡、伤残、疾病、丧失工作能力或保险期满、年老退休时，保险人根据保险合同的有关条款，向被保险人或受益人给付保险金。

人身保险与财产保险相比较具有一定的特殊性，主要表现在以下几个方面：

(1) 保险金额的确定。

人身保险的保险标的是人的生命和身体，而人的生命和身体不是商品，不能用货币衡量其实际价值大小，因此保险金额确定不能用财产保险的方法衡量。一般情况下，保险金额由投保人和保险人共同约定，其确定取决于投保人的设计需要和交费能力。

(2) 保险金的给付。

人身保险属于定额给付性保险（个别险种除外，如医疗保险，可以是补偿性保险），保险事故发生时，被保险人既可以有经济上的损失，也可以没有经济上的损失，即使有经济上的损失，也不一定能用货币来衡量。因此，人身保险不适用补偿原则，也不存在财产保险中比例分摊和代位求偿原则的问题。被保险人可同时持有若干份相同的有效保单，保险事故发生后，可从若干保单同时获得保险金。如果保险事故由第三方造成，并依法应由第三方承担赔偿责任，那么被保险人可以同时获得保险人支付的保险金和第三方支付的赔偿金，保险人不能向第三方代位求偿。

(3) 保险利益的确定。

人身保险的保险利益不同于财产保险。一方面，在财产保险中，保险利益具有量的规定性；而在人身保险中，人的生命和身体是无价的，保险利益不能用货币估算。因此，人身保险没有金额上的限制。另一方面，财产保险的被保险人在保险事故发生时，对保险标的应当具有保险利益；人身保险的投保人在保险合同订立时，对被保险人应当具有保险利益。两者在保险利益成立的时间上不一致。

(4) 长期性。

财产保险如火险等保险期间大多为一年，而人身保险大都为长期性保险，长则十几年、几十年甚至人的一生。

(5) 储蓄性。

财产保险的保险期间一般较短，根据大数法则，在保险期间内（有些情况例外，如保险期间内无法确定损失程度等），保险人向同一保单的所有投保人收取的纯保费等于保险人的赔付总额。因此，保险人无法将纯保费用于长期投资，财产保险不具有储蓄性。人身保险，尤其是人寿保险，具有明显的储蓄性。一般而言，人寿保险期间较长，采取了不同于自然保费的均衡保费交费方法，这使得在投保后的一定时期内，投保人缴付的纯保费大于自然纯保费，对于投保人早期缴付的纯保费大于自然纯保费的部分，保险人可以充分利用，并且获得投资收益。被保险人或投保人在保单生效的一定时间后，就可以对其保单享有一定的储蓄利益，如保单贷款、领取退保金或其他选择。

(二) 个人保险与团体保险

根据承保方式的不同，保险可分为个人保险和团体保险。

个人保险是为了满足个人和家庭的人身与财产保险保障的需要，以个人作为承保对象的保险。

团体保险一般用于人身保险，它是用一份总的保险合同，向一个团体中的众多成员提供人身保险保障的保险。在团体保险中，投保人是“团体组织”，如机关、社会团体、企事业单位等独立核算的单位组织，被保险人是团体中的在职人员。已退休、退职的人员不属于团体的被保险人。它不是一个具体的险种，而是一种承保方式。团体保险包括团体人寿保险、团体年金保险、团体人身意外伤害保险、团体健康保险等。

团体保险与个人保险相比具有如下特点。

1. 团体保险的危险选择的对象基于团体

团体保险的保险人在承保时选择的对象是团体而不是个人。因此，进行对象选择的重点是审查团体的合法性和团体成员的比例。投保团体必须是依法成立的合法组织，如各种企业、国家机关、事业单位等。投保团体中参加保险的人数，与团体中具有参加资格的总人数的比例，必须达到保险人规定的比例。通常规定，如果团体负担全体保险费，符合条件的人必须全部参加；如果团体与个人共同负担保险费，投保人数必须达到合格人数的75%以上。

2. 团体保险的被保险人不需体检

对投保团体进行选择后，可以确保承保团体的死亡率符合正常水平，对个别具体的被保险人就不需体检了。由此，既方便了被保险人，也节省了成本费用。

3. 团体保险的保险费率低

由于团体保险的保险手续简化，节约了大量的费用，从而降低了附加保费，毛保费自然降低。而且，团体保险的死亡率比较稳定，与个人保险的死亡率基本一致，甚至低于个人保险的死亡率，这使得团体保险的费率低于个人保险的费率。

4. 团体保险采用经验费率

由于针对团体设定保险费率，其团体的死亡率随团体人员的工作性质不同而不同，因此，不同行业类别的团体适用不同的费率。

5. 团体保险使用团体保险单

团体保险以集体的名义投保，投保人是组织，其使用的保险单为团体保险单，即一份总的保险单，被保险人团体成员只可以获得保险凭证，而不像个人保单那样，通常针对单个的被保险人分别开立保险合同。在团险的保险单中要明确投保人和保险人的权利与义务关系，其变更等合同行为在投保人与保险人之间进行。通常，被保险人的保险金给付通过投保人或专门的账户进行，不直接面对单个的被保险人。

6. 团体保险的保险计划具有灵活性

团体保险的投保人是单位团体，保单使用团体保单，保费统一缴纳，因此，保险人对于团体保险给予了一定的灵活性。如在保险期限上，可以是定期、终身、定期与终身相结合等多种方式；在保费缴纳上，投保人可以选择趸缴、分期缴纳、趸缴与分期缴纳相结合等多种缴费方式；在被保险人方面，被保险人可以是确定的个人，也同以是约定条件下不确定的个人；在保险金的给付上，可以是定额给付，也可以是根据被保险人不同而采取不同的非定额给付。

（三）强制保险与自愿保险

根据实施形式的不同，保险可分为强制保险和自愿保险。

强制保险又称法定保险，它是国家通过法律或行政手段强制实施的保险。强制保险的保险关系虽然也是产生于投保人与保险人之间的合同行为，但是，合同的订立受制于国家或政府的法律规定。强制保险的实施方式有两种选择：一是保险标的与保险人均由法律规定；二是保险标的由法律规定，但投保人可以自由选择保险人。强制保险具有全面性与统一性的特征，例如，交通事故责任强制保险、雇主责任保险、损害责任险等都属于强制保险。

自愿保险是在自愿的原则下，投保人与保险人双方在平等的基础上，通过订立保险合同而建立的保险关系。投保人根据自身需要可以自主决定是否投保、向谁投保、中途是否退保等，也可以自由选择保险金额、保障范围、保障程度和保险期限等；保险人可以根据情况自愿决定是否承保、怎样承保。

（四）原保险与再保险

根据业务承保方式的不同，保险可分为原保险和再保险。

原保险是指保险人对被保险人因保险事故所致的损失承担直接的、原始的赔偿责任的保险。

再保险是原保险人以其所承担的风险，再向其他保险人进行投保，与之共担风险的保险。

原保险与再保险的区别有以下几点：

（1）合同当事人不同。原保险合同的双方当事人是投保人和保险人；再保险合同的双方当事人都是保险人，即分出人与分入人，与原投保人无关。

（2）保险标的不同。原保险合同的保险标的是被保险人的财产或人身，也就是被保险人的财产及相关利益或者人的寿命和身体；而再保险合同的保险标的是原保险人分出的责任，分出人将原保险的保险业务部分地转移给分入人。

（3）保险合同的性质不同。原保险合同具有经济补偿性或者保险金给付性；而再保险合同具有责任分摊性或补充性。其直接目的是要对原保险人的承保责任进行分摊。

（4）再保险合同是以原保险合同为基础的合同，但它又是脱离原保险合同的独立合同。主要表现在：再保险合同有自己独立的当事人，即原保险人和再保险人；一般情况下，再保险人不得请求原投保人缴付保险费，原保险的被保险人也不得向再保险人提出赔偿要求；不论再保险人是否履行再保险赔偿义务，原保险人都应对原被保险人履行赔偿义务；当原保险人因破产或其他原因未履行赔偿原被保险人的义务时，再保险人不得因此而免除对原保险人履行的再保险赔偿义务。

（五）商业保险与社会保险

根据是否盈利，保险可分为商业保险和社会保险。

商业保险是指通过订立保险合同运营，以盈利为目的的保险形式，由专门的保险企业经营。商业保险关系是由当事人自愿缔结的合同关系，投保人根据合同约定，向保险公司支付保险费，保险公司根据合同约定的可能发生的事故，因其发生所造成的财产损失承担赔偿保险金责任，或者当被保险人死亡、伤残、疾病或达到约定的年龄、期限时，承担给付保险金责任。

社会保险是指收取保险费，形成社会保险基金，用来对其中因年老、疾病、生育、伤残、死亡和失业而丧失劳动能力或失去工作机会的成员提供基本生活保障的一种社会保障制度。社会保险是不以盈利为目的的保险。

商业保险与社会保险的主要区别有以下几点：

（1）商业保险是一种经营行为，保险经营者以追求利润为目的，独立核算、自主经营、自负盈亏；社会保险是国家社会保障制度的一种，目的是为人民提供基本的生活保障，以国家财政支持为后盾。

(2) 商业保险依照平等自愿的原则，是否建立保险关系完全由保险双方当事人自主决定；社会保险具有强制性，凡是符合法定条件的公民或劳动者，其缴纳保险费用、接受保障，都是由国家立法直接规定的。

(3) 商业保险的保障范围由投保人、被保险人与保险公司协商确定，不同的保险合同项下，不同的险种，被保险人所受的保障范围和水平是不同的；社会保险的保障范围一般由国家事先规定，风险保障范围比较窄，保障的水平也比较低，这是由它的社会保障性质所决定的。

第二节 保险理财产品

一、个人保险理财产品的概念

个人保险理财产品，通常是指适合以个人或家庭作为投保人或被保险人并且能够满足其风险保障和投资需要的保险产品（险种）。投保人或被保险人通过缴纳保险费，与保险人（保险公司）签订保险合同，当约定的保险事故发生时，保险人（保险公司）就要按照保险合同的规定承担给付保险金的义务。

个人保险理财产品分为寿险和非寿险两大类。目前，我国保险市场上常见的寿险产品主要有分红保险、投资连接保险、万能人寿保险、投资型家庭财产保险等。

保险理财产品是相对于传统的保险产品而言的。与传统型产品相比，保险理财产品是传统保险产品与其他金融产品充分、巧妙结合的产物，它的突出特点是既有保障的功能，又有投资的功能，因此，成为众多客户的新宠，也成为保险公司重要的业务增长点。

二、个人保险理财产品的特点

与普通的保险产品相比，个人保险理财产品主要有以下几方面的特点。

（一）具有风险保障和投资双重功能

个人保险理财产品最显著的特点是具有风险保障和投资双重功能。投保人或被保险人购买了保险产品，当发生死亡、年老、疾病等约定的保险事故时，由保险人给付保险金，提供经济保障。同时，由于大部分个人保险理财产品的保险费中都含有投资保费，这部分保费进入投资账户，由保险人的投资专家进行运作，收益归客户所有，因此，保单持有人还可以根据资金运用情况享受分红。

（二）投资收益水平不确定

个人保险理财产品给付的保险金由两部分组成：一部分是风险保障金，即当合同规定的保险事故发生时，保险公司按照事先约定标准给付保险金；另一部分是投资收益，收益水平取决于投资账户中投资单位价值总额的高低，这部分的保障水平通常无法事先确定，具有不确定性。

（三）保险合同列明分红条款

个人保险理财产品的保险合同，除了包含保险法规定的基本内容外，还有投资分红条款，用书面形式确定分红分配方案和红利领取方式。

三、寿险类个人保险理财产品的种类

（一）分红保险

分红保险是指保险公司在每一个会计年度结束后，将本年度由死差益、利差益、费差益所产生的可分配盈余，按照一定的比例以现金红利或增值红利的方式分配给被保险人的一种人寿保险产品。投保人或被保险人在赎买分红保险按期缴纳保费后，不仅可以享受到一般的保险保障，当保险公司经营出现盈利时，还可以定期获得保险公司的利润分红。

分红保险起源于18世纪的英国，当时是为了抵御通货膨胀和利率波动风险而设计推出的。如今，它已成为世界寿险市场上的主流产品。

分红保险具有下面几个方面的特征。

1. 分红保险充分体现了保险双方公平性原则

保险合同属于双务合同，保险双方当事人相互承担义务并享受权利。投保人承担按约定向保险人缴纳保险费的义务，当保险事故发生时，被保险人有获得保险人赔偿或给付的权利；同样，保险人具有按约定向投保人收取保险费的权利，当保险事故发生时，保险人就要履行赔偿或给付的义务。根据权利义务公平原则，投保人或被保险人支出的保险费与其获得的保险保障相对等，而保险人收取的保险费也要与其承担的赔偿或给付的义务相对等。

人寿保险的保险费是基于预定生存（死亡）率、预定利息率、预定费用率，通过统计计算得来的。人寿保险的保险期限往往都比较长，所以实际发生的生存（死亡）率、利息率、费用率就与预期的数值产生差异。当实际发生的数值低于预期的数值时，保险公司的经营就会出现盈余。从另一个角度来看，也就意味着保险公司收取的保险费高于其承担的赔偿或给付的义务。保险公司将这部分盈余以红利的方式返还给被保险人，恰恰体现出保险双方权利义务公平对等原则。

2. 分红保险是保险双方风险与收益相结合的一种保险产品

分红保险实际上是一种被保险人不仅可以将风险转嫁给保险公司，而且还拥有分享保险公司经营成果分配权的寿险产品。保险公司提供给被保险人的保险保障与传统人寿保险没有差别，如身故保障、生存保险金给付等，其保障内容、保险金额、保单的现金价值、保险费等都是投保时在保险合同中明确规定的。不论经营状况如何，一旦保险事故发生或保险期届满，保险公司都要履行该义务。当保险公司经营出现盈余时，由保险双方共同分享。盈余大部分来源于保险费预定值与实际发生值之间的差异，以及保险资金运用的收益，而且是和保险公司控制经营成本、提高经营管理水平分不开的。被保险人获得的红利与保险公司的经营情况挂钩。保险公司盈利高，被保险人的收益随之增加；保险公司盈利低，被保险人的收益也随之降低。因此，分红保险使保险人与被保险人双方形成了一个利益共同体。

3. 分红保险可以有效降低通货膨胀的不利影响

在通货膨胀条件下，尽管名义利率不变，实际利率却大大降低，甚至有可能出现负利率，使长期性寿险合同原保险金额的保障水平下降，损害被保险人的利益。所以在通货膨胀条件下，大部分的投保人或被保险人会选择退保以减少贬值损失，而许多潜在的保险消费需求者也会改变资金的使用方向，把准备用来购买保险的资金挪作他用。这些情况的发生势必导致保险业务的萎缩。分红保险的出现，解决了因通货膨胀、货币贬值所造成的被保险人实际保障水平下降的问题。

由众多投保人或被保险人缴纳的保险费形成巨大的保险资金，保险公司通过资金运用获得较高收益，并将其中一部分以红利形式返还给被保险人。这解决了由于通货膨胀造成的实际保障水平下降的问题，不但留住了老客户，还吸引了那些潜在的保险消费需求者投保。

4. 分红保险的灵活性较差

分红保险在产品设计上与非分红的传统寿险产品极为相似，险种结构简单，客户容易理解，但灵活性较差，在保费缴纳、保额选择等方面不具有选择性。投保人与保险人一旦签订了保险合同，就不能再作更改。

此外，分红保险的预定利息率是固定预定利息率。受此限制，分红保险的资金运用更注重安全性，一般都采用比较保守的投资策略，利差空间受到很大限制。因此，分红保险的分红率不高。

（二）投资连接保险

投资连接保险是一种寿险与投资基金相结合的产品。保险公司预先设立一个或若干个相互独立的基金，每一个基金划分为金额相等的单位，投保人每期所缴保费，扣除保险公司的管理费用、向推销员支付的佣金以及承担保险责任所需费用后，用于购买基金单位，保险公司定期按基金实际持有资产的市场价值评估基金单位的价格。

投资连接保险是以通货膨胀为背景，为保持保险金额的实际价值而开发的，20 世纪 50 年代首先在荷兰诞生。投资连接保险在不同的国家和地区有不同的叫法：在美国称为“变额寿险”、“万能变额寿险”；在英国称为“基金连锁产品”；在德国和加拿大称为“投资连结保险”；在新加坡称为“投资连结产品”；在我国香港地区称为“挂钩保单”。虽然名称有别，但它们都属于同一类保险产品。

投资连接保险具有下面几个方面的特征。

1. 设置独立投资账户

传统寿险只设立一个综合性账户，所有的保费收入、保险金给付以及其他的资金往来都通过这个综合性账户进行。投资连接保险除了设置综合性账户之外，还要设置独立的投资账户，用来进行投资运作。大多数保险公司所推出的投资连接保险还依风险大小和可能获得收益的大小，将投资账户再分立几个账户，以满足不同客户的投资偏好。

2. 投资回报取决于投资业绩

投资账户的价值增减取决于投资业绩的好坏，保险单的死亡（生存）保险金和现金价值也依赖于投资账户中资金运用的情况。但是无论投资账户的业绩如何，一旦发生保险事故，保险公司给付被保险人的保险金都不会低于约定的保险金额。保险公司的投资业绩受多种因素制约，政治环境、经济环境、经济周期、货币政策、资本市场的运行情况以及保险公司的投资决策和投资技能等，都会影响投资回报率。

3. 具有保障和投资双重功能

传统寿险产品的主要作用是为被保险人提供保险保障，而投资连接保险是保险保障功能与投资功能的高度统一。保险公司将投保人或被保险人缴纳的保险费的一部分作为普通保费用于为被保险人提供保险保障，当被保险人在保险期限内发生约定保险事故时，保险人给付保险金。投保人或被保险人缴纳的另一部分保费则进入投资账户，由保险公司的投资专家以利润最大化为目标进行运作，产生的收益在扣除必要费用后全部归被保险人所有。

4. 由保险人与被保险人分别承担不同的风险责任

传统寿险产品在签订保险合同之前，就事先确定了预定利息率、预定死亡（生存）率、预定费用率，并依此计算保险费，所以保险人承担了实际利率下降风险、实际死亡率提高风险和费用增加风险，而投保人或被保险人只要履行了缴纳保费的义务，到期就可以按合同约定领取固定的保险金，保险公司盈亏与他们无关。在投资连接保险中，保险公司在风险保障部分承担着与传统寿险同样的风险责任；在投资部分盈亏风险则完全由被保险人承担。

5. 可有效地消除通货膨胀的影响

传统寿险的长期性特点和定额给付的特点，使其面临着通货膨胀的威胁。通货膨胀的直接结果就是被保险人获得的实际保障水平下降。而购买投资连接产品则可在一定程度上消除通货膨胀带来的负面影响。因为保险公司的理财专家根据形势的变化，采取灵活机动的资金运用方式，获得较高的投资回报返还给被保险人，能在一定程度上抵消通货膨胀带来的冲击。

6. 具有很高的透明度

保险公司将定期向客户公布有关信息，包括投资账户的设置及资金投向，投资收益率，投资单位价格，各项费用的收取比例、收取金额以及收取的依据，投资账户转移的操作方法，投资单位的计价频率等。年末，客户还会收到年度报告，说明保单的各个项目、各分立账户的投资收益、现金价值以及保单的财务状况、投资组合等。而投保人或被保险人也可以随时通过查询系统查询其保险单的保险成本、费用支出、账户的资产价值，使投保人或被保险人明明白白地消费，确保客户利益。

（三）万能人寿保险

万能人寿保险是一种缴费灵活、保险金额可以调整、非约束性（保单现金价值与保险金额分别计算）的创新型寿险产品。该产品可以为被保险人提供终身保障，也可以提供一段时期的保障，通常最短的期限为10年，从而能灵活地适应被保险人的需求。投保人或被保险人可以在投保时选择一个死亡给付金额，并在一定的限度内，选择一个他们能够承受的保险费缴付额。保险合同生效后，死亡给付金额与所缴纳的保险费成同方向变动。根据投保人所缴纳的保费与对保障的需求程度，保险合同可以在终身寿险和定期寿险之间转化。在一定的期限内，随着保险费的增加或减少，保险期限也可以随之延长或缩短，加上分离账户的收益变动，其保险金给付额也会与投保时的基本保证有较大差异。保险公司为万能寿险设立独立账户，并提供一个最低保证利率，结算利率不能低于保证利率。对保险公司来说，开办万能寿险承担的利率风险较大，对公司的资产负债管理要求也比较高。所以，目前我国保险市场上此类产品并不多见。

和其他寿险产品相比，万能人寿保险最显著的特点是保费可变、保额可变、分别列示各种定价因素。

1. 保费可变

投保人或被保险人可以在一定限度内选择首期保费和续期保费的缴付额，保险公司规定了首期保险费和续期保险费的最高限额，同时也规定了首期保费的最低水平。投保人或被保险人支付了首期保险费之后，只要其现金价值能够支持应负担的成本与保障费用，续期保费可以跳过不缴。换句话说，投保人或被保险人可以在他们希望的任何时候以任何金额（在规定限额之内）缴费。

2. 保额可变

投保人或被保险人可以自行确定保险金额，而且可以提高或降低保险金额。提高保险金额时，通常要提供可保证明，目的是防止健康欠佳的人增加保额，使保险公司承保的标的风险加大。降低保险金额时，不需要提供可保证明。

有一些万能寿险保险合同带有生活成本调整附约和可保选择权，供投保人或被保险人选择。生活成本调整附约，是指被保险人获得的死亡给付金，随着物价指数的上升而提高；可保选择权，则允许投保人或被保险人在未来某一年龄或某件事情发生时，不必出示可保证明即可增加保险金额。

除此之外，投保人或被保险人还可以决定死亡保险金是固定不变还是随着保单的现金价值的改变而改变。万能人寿保险通常有两种保险合同可供选择，即A型保险合同和B型保险合同。A型保险合同的死亡保险金固定不变，且始终等于保险金额，净风险保额随着现金增加而递减；B型保险合同的死亡保险金随着保单的现金价值变化，等于保险金额与保单现金价值之和，净风险保额始终等于保险金额。

3. 分别列示各种定价因素

保险公司在万能寿险保单中分别列示三个定价因素：死亡费用、现金价值和经营费用。

死亡费用是保险公司保障死亡风险的成本，即保险公司承担被保险人死亡给付责任所收取的相应费用，也就是死亡保费。每一张万能寿险合同中都规定每月收取的死亡费用，其金额根据被保险人的风险等级而定，并随着被保险人年龄的增长而提高。每月死亡费用是根据保单净风险保额乘以适用费率求得的，保单净风险保额等于死亡保险金与保单的现金价值之差。净风险保额越大，说明保险公司承担的风险越大，给付成本越大。

现金价值是投保人或被保险人缴纳的保险费，是扣除死亡给付成本和经营费用后，加上其运用收益的累计值。万能寿险保单现金价值的大小，主要取决于利息率的高低，通常万能寿险保单都保证其每年不低于一定的利率为现金价值计息，这对保单所有人来说，是具有长期收益保证的。此外，万能寿险保单也允许保单所有人以其保单的现金价值为担保，以现金价值的一定比例取得保单贷款，并规定只对用来担保保单贷款的现金价值部分收取利息，利率以契约上的保证利率或低于市场利率的水平为准。

经营费用主要包括：

(1) 用来支付营销和签发保单的费用，这种费用在第一个保单年度按缴纳保险费的一定比例收取。

(2) 按年缴保费的一定比例收取的业务费用。

(3) 依个人账户余额按月或按季度收取的管理费用。

(4) 以千元保额收取一定金额（如10元）的解约费用。在任何情况下，解约费用在前几个保单年度较高，以后逐渐下降。

分别列示各种定价因素使万能寿险的死亡保障和投资区分开来，保险公司定期向投保人或被保险人发送财务报告，反映当前保单的现金价值和保险金的相关信息，包括当前保额、现金价值、现金价值的利息收入、退保金、当前死亡保障成本、各项管理费用、已缴保费等内容。

可变保额和可变保费，使投保人或被保险人无论在投保时还是在保单持有期间，都享有极大的灵活性；而分别列示各种定价因素，则使万能人寿保险具有高度透明性。

（四）年金保险

年金保险是指保险人在约定的期限内或在指定人的生存期内，按照一定的周期给付年金领取者一定数额保险金的一种传统人寿保险产品。年金保险是生存保险中一类特殊的险别，其虽然是一种传统人寿保险产品，但是由于其具有高度储蓄性，所以至今仍然受到青睐，在保险市场中占有重要地位。

生存保险的保险金可以一次性给付，也可以分期给付。如果保险金按事先约定的周期分期给付，就是年金保险。年金保险的给付周期可以是一年、半年、季或月，但多数是按月给付。年金保险的保险责任与生存保险相同。当被保险人在约定的保险期内生存时，保险人给付保险金；如果被保险人在约定的保险期内死亡，保险人不给付保险金。投保人或被保险人投保年金保险，一般是为了保障年金领取者晚年的经济生活。在年金保险中，保费可以采用一次缴清及趸缴方式，也可以采取按月或按年分期缴费方式。但不论采取何种方式，在开始领取年金以前，投保人必须缴清所有的保费，年金领取日往往就是缴费截止日。

年金保险具有以下特征。

1. 高度储蓄性，具有养老保障功能

随着生活质量的不断改善和医疗技术的日益进步，人们的预期寿命不断延长，人口老龄化已成为世界性的问题。寿命的延长意味着一个人年老退休后生存的时间更长了，所需的养老费用也就更多了。年金保险就是为避免寿命提高、生存时间较长者的经济收入的损失而进行的经济储备。投保人或被保险人在工作期间缴纳保险费，当生存至合同约定年龄时就可以领取保险金直至领取人死亡为止，免除了晚年生活的后顾之忧。

2. 给付条件为年金领取人的生存

年金保险的给付条件就是，被保险人或指定年金领取人在合同约定的年龄时生存。年金保险的给付周期可以是一年、半年、一个季度或一个月。只要被保险人或指定年金领取人生存，保险人就给付保险金；如果其死亡，则停止给付。

3. 保险期限由累计期和给付期组成

通常死亡险或生存险的保险期限只有一段，若在规定的时间段内死亡或在保险期间届满时仍生存，被保险人获得保险金，保险合同终止。年金保险的保险期限分两段，即累计期和给付期。累计期是投保人或被保险人从购买年金保险之日起到开始领取年金之日止这段时间。在此期间，保险人将投保人或被保险人缴纳的保险费加以运用，使其形成积累价值。给付期是保险人从开始给付年金到给付终止这段时间。保险人利用积累价值定期给付年金，直至被保险人或指定年金领取人死亡。

四、非寿险类个人保险理财产品的种类

非寿险类个人保险理财产品是指由财产保险（非寿险）公司面向个人消费者开发和经营的、具有保险保障和投资储蓄功能的新型非寿险保险产品，是保险公司为适应新的市场需求、增加产品竞争力而面向个人客户开发的一系列新型保险产品，具有保险保障、投资价值或储蓄功能。

（一）非寿险类个人保险理财产品的主要种类

我国新开发的投资型非寿险类个人保险理财产品均为家庭财产保险产品，这是由家庭对保险标的持有时间具有长期性；家庭结构相对稳定，保险标的比较分散，风险相对稳定；保险标的金额较小，单一标的的全损对整个保险行业影响不大等因素决定的。2001年以来，我国各家保险公司纷纷推出了具有投资功能的家庭财产保险，主要包括人保的"金牛家财险"、"金娃意外险"，太平洋保险的"安居理财综合保险"，华安的"金龙家财险"，华泰的"理财一号意外险"，天安的"幸福家财综合保险"等。

（二）非寿险类个人保险理财产品的特点

1. 兼具保险保障与投资功效

同其他理财产品相比，投资型非寿险产品的特点非常鲜明，除了具有一般金融产品保值增值、资金融通等功能，还具有保险保障的特别功效，这是一般金融产品所望尘莫及的。由于风险水平不同，一般金融产品适用的人群都有局限性，如风险规避型人群不适宜购买股票等高风险产品。近年来，人们对家庭财产保险、人身意外保险的需求日益迫切，这种需求无论对于风险偏好型还是风险规避型人群都普遍存在，使得投资型非寿险产品的适用面和发展前景更加广阔，在社会生活中扮演愈来愈重要的角色。

2. 投资风险相对较低

高收益与高风险相辅相成，从银行定期存款、债券、基金到股票，风险水平依次升高。消费者在选择金融产品时，必须考虑自身的风险承受能力、时间等因素，在风险与收益之间取得平衡。投资高风险产品，消费者的收益水平较多地依赖于投资能力以及运作时机，呈现出较大的不稳定性。选择投资型非寿险产品，收益率水平有固定保障，且高于同期银行存款利率，对风险承受能力低、有稳健理财需求的客户尤其适合。

3. 投资起点低

除投资收益率波动性较大外，人民币理财、外汇投资产品等的投资起点均较高。如工商银行推出的"稳得利"人民币理财产品一年期产品认购金额最低5万元，预期投资收益率2.15%，而目前市场上的投资型非寿险产品投资起点普遍较低，如人保财险的金牛三年期产品最低投资金额为5 000元，年收益率3.14%。较低的投资起点使得投资型非寿险成为更加平易近人的投资选择。

4. 流动性不高

值得注意的是，同定期存款、人民币理财产品类似，保险产品的流动性弱于股票等金融产品，提前退保一般仅能获得银行同期活期存款利息的80%，直接导致投资收益的减少。因此，投资型非寿险产品更适合客户使用空闲资金进行投资。

总体而言，虽然非寿险个人保险理财产品有诸多优点且发展前景向好，但与发达国家相

比，目前我国的该类产品还很不成熟，产品的涵盖面还较单一，市场规模也很小，技术支持比较落后，还处于初创阶段。所有这些不足，需要国内的财产险公司努力加以改进和完善。

第三节　保险规划流程

保险是指投保人根据合同约定，向保险人支付保险费，保险人对于合同约定的可能发生的事故因其发生而造成的财产损失承担赔偿保险金责任，或者当被保险人死亡、伤残和达到合同约定的年龄、期限时承担给付保险金责任的商业保险行为。从法律角度看，保险是一种合同行为。投保人向保险人缴纳保费，保险人在被保险人发生合同规定的损失时给予补偿。

所谓个人保险规划，就是针对人生中各个阶段所面临的风险，定量分析财务保障需求额度，并利用保险方式作出适当的财务安排，以避免风险发生时给生活带来的冲击，从而拥有高品质生活的一种财务筹划活动。保险规划具有风险转移和合理避税的功能。

一、个人保险规划的主要内容

一个完整的个人保险理财规划，应该包括以下内容。

（一）个人理财的基本目标

人们购买个人保险理财产品要实现的目标主要有两个，一是为了个人或家庭生活的经济安全与稳定，将某些重大的风险转移给保险公司，以便在发生保险事故时获得充足的经济保障；二是为了获得投资收益。因此，在选择个人保险理财产品时，通常需要从如下两个方面考虑：

首先，是转移风险的目的。投资人或被保险人购买保险都是为了转移风险，在发生保险事故时可以按约定从保险公司获得经济补偿。因此，任何人在投保之前必须全面系统分析自身或家庭所面临的各种风险，明确将哪些风险转移给保险公司。

其次，是投资人或被保险人的投资偏好。投资连结保险风险大，但收益高；分红保险风险小，收益也相对较少；而万能保险以高弹性著称，适合于收入变动性较大的人。投资人或被保险人可以根据自己对风险的喜好程度对各种保险理财产品进行选择。

个人的保险理财目标并不是一成不变的，而是随着收入水平、消费水平、年龄、国家政策、理财观念等因素的变化而变化。因此，在不同的时间段，个人保险理财的目标也会有所不同。

（二）个人的投资能力

保险是一种经济行为，投资人必须付出一定的代价即保费，才能获得相应的保险保障。投保险种越多，保险金额越高，保险期限越长，所需要的保险费就越高，因此，购买个人保险理财产品时，一定要充分考虑个人和家庭的财务状况，尽量以最少量的保费支出获得最大的安全保障，防止保险过度或保险不足。

（三）保险理财产品品种

投资人或被保险人必须了解所面临的风险及其性质、特征。一般而言，投资者个人或家庭面临的风险多种多样，应在确定保险理财产品需求后考虑相应的保险险种。同时，投保人或被保险人还要了解当前保险市场的供给状况。例如，保险公司及其出售的保险理财产品的种类、性质及责任范围。

（四）保险理财产品期限

保险理财产品期限关系到投资人缴纳保险费的期限与方式，也关系到保险理财产品的投资收益。因此，在保险理财产品规划中要明确保险理财产品期限。

（五）保险机构

作为投资人或被保险人，要对各保险公司的信誉、实力、服务质量、投资管理水平等进行考察，然后确定购买哪家保险公司的理财产品，并在理财规划中加以明确。此外，对于保险代理人、经纪人，投资人也要慎重选择，并视其业务水平、服务质量而定。

（六）推敲保险理财产品条款

保险理财产品条款载明保险有关各方的权利和义务，投资人要认真、仔细推敲，弄清其真实含义。一般说来，首先，要明确保险责任，即保险人承诺承担财产损失补偿和人身保险金给付的责任范围。保险责任既是保险人承担给付保险金责任的前提和范围，也是被保险人索赔的依据。其次，要充分了解保险合同中的权利和义务，特别是关于投资收益方面的权利及自身应承担的义务。只有这样，投资人才能切实履行自己的义务，保障自身的合法权益。要防止由于自己没有履行义务而丧失本来可以具有的权益。

二、个人保险规划的基本流程

个人保险规划的基本流程如下。

（一）确定保险标的

制定保险规划的首要任务，就是确定保险标的。保险标的是指作为保险对象的财产及其有关利益，或者人的寿命和身体。

一般来说，各国保险法律都规定，只有对保险标的有可保利益才能为其投保，否则，这种投保行为是无效的。所谓可保利益，是指投保人对保险标的具有的法律上承认的利益。可保利益应该符合三个要求：一是必须是法律认可的利益。如果投保人投保的利益的取得或者保留不合法甚至违法，那么这种利益不能成为可保利益。二是必须是客观存在的利益。如果投保人投保的利益不确定，或者仅仅只是一种预期，就不能成为一种可保利益。三是必须是可以衡量的利益。这样才能确定保险标的的大小，并以此来确定保险金额。

对于财产保险，可保利益是比较容易确定的，财产所有人、经营管理人、抵押权人、承担经济责任的保管人都具有可保利益。人寿保险可保利益的确定要复杂一些，因为人的生命和健康的价值是很难用经济手段来加以衡量的。所以，衡量投保人对被保险人是否具有可保利益，就要看投保人与被保险人之间是否存在合法的经济利益关系，比如投保人是否会因为被保险人的人身风险发生而遭受损失。在通常情况下，投保人对自己以及与自己具有血缘关系的家人或者亲人，或者具有其他密切关系的人都具有可保利益。

（二）选定保险产品

人们在生活中面临的风险主要为人身风险、财产风险和责任风险。而同一个保险标的，会面临多种风险。所以，在确定客户保险需求和保险标的之后，就应该选择准备投保的具体险种。比如对人身保险的被保险人而言，其既面临意外伤害风险，又面临疾病风险，还有死亡风险等。所以，在选择保险产品时就应当选择意外伤害保险、健康保险或人寿保险等。而对于财产保险而言，同一项家庭财产也会面临着不同方面的风险。比如汽车面临着意外损毁或者失窃的风险，这时可以相应地选择车辆损失保险、全车盗抢保险，或者是二者的组合。

在确定购买保险产品时，还应该注意合理搭配险种。投保人身保险可以在保险项目上进行组合，如购买一至两个主险附加意外伤害、重大疾病保险，使人得到全面保障。但是在全面考虑所有需要投保的项目时，还需要进行综合安排，应避免重复投保，使用于投保的资金得到最有效的运用。这就是说，如果投保人准备购买多项保险，那么就应当尽量以综合的方式投保，因为这样可以避免各个单独保单之间可能出现的重复，从而节省保险费，得到较大的费率优惠。

（三）确定保险金额

在确定保险产品的种类之后，就需要确定保险金额。保险金额是当保险标的的保险事故发生时，保险公司所赔付的最高金额。一般来说，保险金额的确定应该以财产的实际价值和人身的评估价值为依据。

财产的价值比较容易计算。对一般财产，如家用电器、自行车等财产保险的保险金额由投保人根据可保财产的实际价值自行确定，也可以按照重置价值即重新购买同样财产所需的价值确定。对特殊财产，如古董、珍藏等，则要请专家评估。购买财产保险时可以选择足额投保，也可以选择不足额投保，由于保险公司的赔偿是按实际损失程度进行赔偿的，所以一般不会出现超额投保或者重复投保。一般来说，投保人会选择足额投保，因为只有这样，当万一发生意外灾难时，才能获得足额的赔偿。如果是不足额投保，一旦发生损失，保险公司只会按照比例赔偿损失。比如价值 20 万元的财产只投保了 10 万元，那么如果发生了财产损失，保险公司只会赔偿实际损失的 50%。也就是说，如果实际财产损失是 10 万元，投保人所获得的最高赔偿额只能是 5 万元，这样会使自己得不到充分的补偿，因而不能从购买保险产品中得到足够的保障。

理论上，个人的价值是无法估量的，因为个人精神的内涵超过了其物质的内涵。但是，仅从保险的角度，可以根据诸如性别、年龄、配偶的年龄、月收入、月消费、需抚养子女的年龄、需赡养父母的年龄、银行存款或其他投资项目、银行的年利率、通货膨胀率、贷款等，计算虚拟的“人的价值”。

在保险行业，对“人的价值”存在着一些常用的评估方法，如生命价值法、财务需求法、资产保存法等。需要注意的是，这些方法都需要每年重新计算一次，以便调整保额。因为人的年龄每年都在增大，如果其他因素不变，那么他的生命价值和家庭的财务需求每年都在变小，其保险就会从足额投保逐渐变为超额投保。如果他的收入和消费每年都在增长，而其他因素不变，那么其价值会逐渐增大，原有保险就会变成不足额投保。所以，根据个人或家庭情况的变化，定期对保险规划的内容进行检查和更新是十分必要的。

（四）明确保险期限

在确定保险金额后，就需要确定保险期限，因为这涉及投保人预期缴纳保险费的多少与频率，所以与投保人未来的预期收入联系尤为紧密。

财产保险、意外伤害保险、健康保险等保险品种一般多为中短期保险合同，如半年或者一年，在保险期满之后可以选择续保或者停止投保。人寿保险的保险期限一般较长，比如 15 年甚至到被保险人死亡为止。在制定保险规划时，应该将长短期险种结合起来综合考虑。

三、个人保险规划的风险

在进行保险规划时，会面临很多风险。这些风险可能来自投保人所提供的资料不准确、不完全，或者来自对保险产品的了解不够充分。保险规划风险体现在下面几个方面。

（一）未充分保险的风险

这种风险既可能体现在对财产的保险上，也可能体现在对人身的保险上。比如，如果对财产进行的保险是不足额保险，当损失发生时所获得的保险金赔偿不足，未能完全规避风险；如果对人身进行保险时保险金额太小或保险期限太短，一旦保险事故发生，不能获得较为充分的补偿。

（二）过分保险的风险

这种风险可能发生在财产保险和人身保险上。比如，对财产的超额保险或重复保险。由于保险公司在赔偿时是根据实际损失来支付保险赔偿金的，这种超额保险或者重复保险并没有起到真正的保障作用，反而浪费保费。

这种风险还可能发生在制定保险产品组合计划时。因为各个保险公司所提供的不同保险产品虽然主要保险合同不一样，但是可能存在某些保险内容的重叠，造成保险过度或者重叠，而有些保险内容却可能发生遗漏，形成保险空白。

（三）不必要保险的风险

有些风险可以通过自保险或者风险保留来解决，比如对平时由于感冒或牙痛等类似的小灾小病所需的医疗费用支出，人们自己承担风险这种处理办法反而更为方便和简单，还可以节省费用，取得资金运用收益。对于应该自己保留的风险进行保险，是不必要的，也会增加机会成本，造成资金的浪费。

此外，一般来说，保险市场上的保险产品种类多样、名目繁杂，保险费率的计算和保险金额的确定都比较复杂，这也增加了保险策划的难度。所以，制定一份恰当而有效的保险计划，应该在相关专业人士的帮助和指导下进行。

四、个人保险规划的原则

个人或家庭参加保险是为了其生活的安全、稳定。从这个目的出发，在进行保险规划时主要应掌握以下原则。

（一）转移风险的原则

投保是为了转移风险，在发生保险事故时可以获得经济补偿。从这个原则出发，必须首先分析个人或家庭的主要风险是什么，怎样合理地把这些风险通过保险规划进行转移。

（二）量力而行的原则

保险是一种契约行为，属于经济活动范畴，投保人购买保险产品必须支付一定的费用，即以保险费来获得保险保障。投保的险种越多，保障范围越大。但保险金额越高，保险期限越长，需支付的保险费也就越多。因此，在进行保险规划时，要根据个人或家庭的经济实力量力而行。

（三）满足保险需要原则

在制定保险规划前应考虑三个因素：一是适应性，即根据个人或家庭需要保障的范围来考虑购买的险种；二是经济支付能力，保险规划的内容应在个人或家庭的支付能力之内；三是选择性，在有限的经济能力下，为成人投保比为儿女投保更实际，对家庭的“经济支柱”来讲更是如此。

五、个人保险规划的实施

当个人或家庭的保险理财规划确定之后，就可以通过保险中介或直接向保险公司购买相应的保险产品了，这就是保险理财规划的实施。一般有四个步骤：一是与保险中介或保险公司建立联系；二是向保险中介或保险公司表明自己的保险理财目标或者保险期望；三是在现有的财务条件下与保险中介或保险公司制定合理可行的保险方案；四是执行保险方案。

另外，应注意的是，社会经济、政策法规等诸多因素的变化可能会对保险理财规划的实施结果产生影响，所以在保险理财规划的实施过程中，个人或家庭与保险中介或保险公司应保持良好的沟通和交流，以便在必要时能对保险理财规划进行适当的调整。

第四节　保险规划实务

本节我们将通过案例的方式，来具体分析个人保险理财规划的流程，明确在制定和执行个人保险理财规划时，应当注意的诸如如何确定合理的保险金额，个人保险规划的详细步骤及注意事项，个人及家庭不同阶段的保险规划，购买商业保险的技巧和方法等内容。

一、个人保险规划案例

（一）案例一

邹先生，24 岁，月薪 2 000 元，单身，有社会医疗保险，无家庭负担，自己想存钱但自我控制能力不强，而且朋友较多，花销较大，往往存不下钱。所以，他想通过购买某种或者某些保险，强迫自己储蓄一部分钱，以备不时之需，同时取得一定的经济保障。

根据邹先生的情况，其购买保险的需求主要是储蓄性需求，所以应该选择人身保险，且以寿险为主。其具体保险规划如表 5—1 所示。

表 5—1　　　　　　　　　**邹先生的保险规划（1）**　　　　　　　　　单位：元

投保险种	缴费期	每年保险费	保险金额
终身人寿保险	10 年	504.0	50 000
意外伤害保险	每年	172.4	40 000
每年总缴保险费 676.4 元，基本保险金额为 9 万元			

通过购买这种保险产品组合，邹先生获得的具体保障如下：

（1）如果客户退保，客户可取回人寿保险的现金价值，而取回的金额是根据保证金额和红利的总和计算的，其具体保险规划如表 5—2 所示。

表 5—2　　　　　　　　　**邹先生的保险规划（2）**　　　　　　　　　单位：元

已供年限	保证价值	预期价值（红利）（假设回报约 5%）	总值
10 年	4 945	4 038	8 983
20 年	9 890	12 132	22 022
40 年	17 980	45 554	63 534

（2）如果意外死亡或高度残疾，可最少获得保险金 9 万元给付；如果部分残疾，可以按比例获得保险金给付，最高为 4 万元。在这种保险规划下，邹先生每年大约要花 676.4 元买保险，这无形中养成了强迫储蓄的习惯。

（二）案例二

王先生，30 岁，年收入 20 万元左右，拥有温馨的三口之家。他想购买高额保障型保险产品，以保障家人的稳定生活。此外，王先生也希望在年轻时能够持续储蓄，退休时累积一笔数额不小的资金安度晚年。

根据王先生的保险理财目标，为其制定的保险规划如表 5—3 所示。

表 5—3　　　　　　　　　**王先生的保险规划**

投保险种	万能型终身寿险	附加男性重大疾病保险	附加住院费用医疗保险	附加意外伤害保险	附加意外伤害医疗保险	合计
保额	30 万元，51 岁开始为 20 万元	20 万元	住院费用报销比例 80%	20 万元	1 万元	
保险期限	终身	20 年	1 年	1 年	1 年	
缴费期限	计划 20 年	20 年	一年一缴	一年一缴	一年一缴	
年缴保费	10 000 元	1 120 元	404 元	460 元	78 元	12 062 元

保险利益如下：

（1）王先生自 30 周岁开始即可享受保额为 30 万元的终身寿险，51 岁开始保额降为 20 万元，30～50 周岁期间还拥有 20 万元的意外身故保障及 20 万元的疾病身故保障。此外，在缴费期内王先生还拥有男性 25 种重大疾病保险、住院医疗费用保险、意外伤害保险、意外医疗保险等多个保障项目。

（2）王先生 20 年内共缴纳万能型终身寿险保险费 20 万元，计划 60 岁退休。满期时至少可以一次性领回 25.9 万元（根据万能型终身寿险保险利益测算表计算）作为退休生活费用。若投资收益好，可享有更高获利空间。

二、个人保险规划保险金额的确定

对于家庭财产来说，所需要的保险额度主要依据家庭财产价值的多少和个人收入的多少确定。家庭财产价值和个人收入都是比较容易计量的，所以所需要的保险额度一般比较容易确定。但是对于人寿保险来说，由于人的价值是无法计量的，所以，人寿保险的保险金额一般应根据实际需要来确定。一般来说，人们在确定保险金额时可以考虑疾病医疗费、子女教育金、退休养老金、丧葬费、遗属生活费等。同时还要考虑各自的生活标准、社会及工作地位、家庭负担等因素。一个家庭究竟能有多少资金来购买保险，并不完全在于个人收入的数额，更重要的在于个人的生活方式和对家庭、他人的责任感，在于个人如何来平衡现有生活的维持和风险的预防这两者之间的关系。

一般家庭所需的保险金额，大约是5年的生活费加上负债金额，如房屋贷款等，减去现有资产。计算公式如下：

保险金额＝每年生活费用×5＋负债金额－资产

也就是说，当家庭的收入来源突然中断时，保险金额可以使这一家人在往后5年仍然拥有同样的生活水平，并借此计划未来，重新出发。

三、购买保险和索赔的步骤

（一）了解自身的保险需求

个人在对保险进行规划时，首先要了解自己面临的风险状况，确认自己有哪方面的保险需求；其次是了解自己的财务状况，确认自己可以支出多少保费；最后是了解当前市场上有哪些能满足自己需要的保险品种。

（二）选择适合自身的保险

个人在对自身的保险需求和相关的保险产品进行初步了解后，应根据自身的财务状况确定可负担的保费水平和适合自己风险保障的保险品种；并选择值得信赖的保险代理人和保险公司。

（三）签订保险合同

1. 填写投保单

投保单是投保人向保险公司的保险要约。所以，填写投保单时一定要认真。特别是填写投保单时，针对保险代理人的询问，一定要如实告知，并注意投保人、被保险人以及受益人的相关资料是否正确，确认投保书上产品内容与你所需购买的无误。

2. 付费

付费也就是投保人向保险公司缴付保费。投保人可以亲自前往保险公司营业厅或指定的银行缴费，也可以委托保险代理人代缴。

3. 签单

签单即保险公司向你（投保人）签发保险单。要注意：第一，在拿到保单且签了保险单签收单之后开始算起，投保人可以有一定的反悔期，如7天；第二，以后每年或者你的生活遇到重大改变时要检视一次保单，看看是否有需要调整的地方。

（四）理赔

签订保险合同后，保险人和投保人都应根据保险合同的约定，履行相应的责任和义务。当被保险人或被保险标的等个人资料发生变动时，投保人应当及时通知保险公司；如果发生保险事故，投保人也应当及时通知保险公司，保险公司经过查勘，确认保险事故和保险责任后，向受益人理赔。

四、人生各阶段保险规划的重点内容

人的一生中所处的时期不同，面临的风险不一样；所处的环境（生活环境、工作环境等）不同，面临的风险也不一样。因此，选择险种时，重点要考虑的便是个人所处的人生阶段与环境。

人生每个阶段面临着不同的风险。从保险规划的角度，我们可以将人生分为成年之前、单身阶段、二人世界、为人父母和退休养老五大阶段。

（一）成年之前

参考年龄段为 0～18 周岁。这是由父母替孩子买保险的阶段。一般来说，保险买得越早，费率越低，孩子也越早获得保障。目前保险市场上，儿童保险基本上可以分为三类：意外伤害险、健康医疗险和教育储蓄险。儿童自控能力差，活泼好动，发生意外的可能性大。因此，意外伤害险必不可少。这类保险一般是消费型的，一年仅需几百元。同时，可以考虑买点健康医疗险，防止重大疾病给家庭造成沉重的经济负担。重大疾病险投保年龄越小，保费越便宜。教育储蓄险主要解决孩子未来上学或者出国留学的学费问题。以购买保险的形式来为子女筹措教育费用，类似于一种强制性储蓄，积少成多，孩子长大后就可获得一笔可观的教育金。

（二）单身阶段

参考年龄段为 18～30 周岁。这段时期的年轻人收入较低且不稳定，但花销较大，保险的需求应以自身保障为主。由于年轻人喜欢户外运动、旅游，追求刺激，风险主要来自意外伤害，所以意外险是必不可少的。可以选择定期寿险附加意外伤害保险和意外伤害医疗保险的组合。万一发生意外，可以得到充分的赔偿用于治疗和度过受伤后的难关，万一身故，也可为父母提供抚恤金用于晚年的生活费。当然，虽然年轻人身体健康，发生疾病的概率相对较小，但如果资金预算充裕，也别忘购买重大疾病保险，万一得了重大疾病，可分担一部分庞大的医疗费用。

（三）二人世界

参考年龄段为 28～35 周岁。相爱的两个人结合，风险不会因为爱情的美好而离开，所以，除了对自己父母负责之外，还要对爱人负责。由于家庭负担变重，购买保险时应考虑到整个家庭的风险和责任。建议夫妻双方选择保障性高的终身寿险，附加上定期寿险、意外险、重大疾病险和医疗保险。另外，可以购买适量的两全保险来储备将来有孩子以后的教育经费以及自己年老以后的养老金。一般来讲，夫妻双方的保险总额应达到家庭年收入的 5～8 倍，保费支出应控制在家庭年收入的 10%以内，因此调整好储蓄型和保障型险种的比例比较重要。如果预算有限，这一时期保险规划的设计原则是以家庭收入贡献较大者为主。这一阶段可适当选择适合长期投资、保费和保险金额灵活可变的万能寿险。

（四）为人父母

参考年龄段为35～45周岁。这是人生最辛苦的“上有老，下有小”的“夹心”时代，要面面俱到，可选择家庭保险套餐。针对这段时间的三口之家、四口之家的特点，目前部分寿险公司推出适合全家投保的家庭保障计划。只要一人投保了储蓄性质较重的主险，其他家庭成员即可投保保障性较强的附加险，获得高额的保障，从而可以有效解决保费预算不足的问题。要优先为家庭经济支柱做好保险保障。另外，这段时期家庭设施越来越齐全，不妨每年投保一份家财险，以减少发生意外事故或失窃以后给家庭财产带来的损失。

（五）退休养老

参考年龄段为45～60周岁。主打险种为养老保险。随着现代人平均寿命的延长，退休后的生活保障在迈向人口老龄化的今天显得十分重要。提前为自己安排好老年生活是关系未来生活保障的一件大事，也能在一定程度上减轻子女的经济负担。在这一年龄阶段，原先压在身上的抚养子女、赡养老人的担子逐渐移除，收入水平也逐渐发展到最高点，但距离退休的日子也越来越近了，为自己做好养老规划是必须的。因此，在前几个年龄阶段延续下来的人身、意外、医疗保障都比较充分的情况下，此时购买保险，要以年金型养老保险为主。在制定保险规划时，最好将日后的交际费用与疾病医疗费用都列入计算范围。45岁后购买养老保险，有强迫储蓄的功能，为了维持契约的持续有效，会督促自己按时缴纳保费。

本章小结

本章介绍了保险的定义、功能和根据不同标准分类的保险类型及相应的特点；列举了目前我国保险市场上常见的寿险和非寿险个人保险理财产品，并分析了各自的特点；说明了个人保险规划的主要内容、基本流程、风险和原则。最后从实务角度，对保险金额的确定、保险规划制定和实施的步骤、人生各阶段保险规划的重点内容等方面进行了详细的分析。

复习思考题

一、主要概念

保险　财产保险　人身保险　个人保险　团体保险　强制保险　自愿保险　商业保险　社会保险　个人保险理财产品　分红保险　投资连接保险　万能人寿保险　年金保险　非寿险类个人保险理财产品　个人保险规划

二、思考讨论题

1. 保险具有哪些功能？
2. 保险的社会管理的功能主要表现在哪几个方面？
3. 财产保险和人身保险分别包括哪些险种？

4. 保险的分类标准有哪些？按不同的标准，分别有哪些分类？

5. 人身保险与财产保险相比，具有哪些特殊性？

6. 团体保险与个人保险相比，具有哪些特点？

7. 原保险与再保险之间有什么区别？

8. 商业保险与社会保险的主要区别有哪些？

9. 个人保险理财产品具有哪些特点？

10. 分红保险、投资连接保险、万能人寿保险和年金保险分别具有什么特征？

11. 非寿险类个人保险理财产品有哪些特点？

12. 个人保险规划的主要内容有哪些？

13. 个人保险规划的基本流程是什么？

14. 个人保险规划的风险有哪些？

15. 个人保险规划的原则是什么？

三、案例讨论

李先生今年32岁，年收入7万元，妻子年收入3万元，二人均有社保，但是没有商业保险，上有年近古稀的父母，下有嗷嗷待哺的儿子，最近，作为家庭顶梁柱的李先生深深感觉到了生活的压力。为了解除后顾之忧，李先生决定为一家人做一份详细的保险规划，但不知道该选择什么样的保险，请为李先生制定一份家庭保险规划。

思考：

1. 李先生应该为夫妻二人、老人和孩子分别购买什么保险？保险金额如何确定？

2. 李先生的家庭结构及保险需求在我国很具有代表性，从这个案例中你得到什么启示（关于我国类似家庭的保险规划）？

第六章

债券投资理财

2004年6月，张先生在股市被深度套牢，卖出股票，亏损了2万元，资产净值由6万元变为4万元，张先生觉得股票投资风险太高自己无法承受，而债券这种投资产品的收益比较实在，至少持有到期后能拿到票面利率，不至于亏损本金，于是买进了4万元04国债（7)。到2005年7月，张先生还没有抛出，虽然现价距离最高价已有所回落，但包括国债利息在内，资产净值为4.6万元，已经实现了15%的收益。

我们从中可以看出，债券投资可以获取固定的利息收入，也可以在市场买卖中赚差价。投资债券看似简单，也存在投资风险，特别是利率的升降，投资者依照债券投资操作策略、操作技巧，扬长避短，回避风险，才能获取最大收益。

本章将就债券投资理财的主要内容进行详细论述。通过本章的学习，应掌握债券投资理财的基础知识，了解债券的特征、种类及债券市场，明确债券投资理财产品的风险、费用与收益。对债券产品投资，应依照债券投资理财规划的原则、操作策略和操作技巧，根据债券市场情况制定具体的债券投资理财规划，并据其进行债券投资理财的实际操作。

本章重点知识

1. 债券的含义、特征及种类。
2. 债券的发行方式与发行价格、债券交易。
3. 债券投资分析及影响债券价格的主要因素。
4. 债券投资时机的选择及国债投资策略。

第一节　债券基础知识

一、债券的含义和性质

（一）债券的含义

债券是国家或地区政府、金融机构、企业等机构直接向社会借债筹措资金时，向投资者发行，并且承诺按特定利率支付利息并按约定条件偿还本金的债权债务凭证。债券上一般均载有发行单位、面额、利率、偿还期限等内容。它有四个方面的含义：

（1）发行人是借入资金的经济主体。

（2）投资者是出借资金的经济主体。

（3）发行人需要在一定时期还本付息。

（4）债券反映了发行人和投资者之间的债权债务关系，而且是这一关系的法律凭证。

（二）债券的性质

1. 债券属于有价证券

一方面，债券反映和代表一定的价值。债券本身有一定的面值，通常它是债券投资者投入资金的量化表现。同时，持有债券可按期取得利息，利息也是债券投资者收益的价值表现。另一方面，债券与其代表的权利联系在一起，拥有债券也就拥有了债券所代表的权利，转让债券也就将债券代表的权利一并转移。

2. 债券是一种虚拟资本

尽管债券有面值，代表了一定的财产价值，但它只是一种虚拟资本，而非真实资本。因为债券的本质是证明债权债务关系的证书，在债权债务关系建立时所投入的资金已被债务人占用，因此，债券是实际运用的真实资本的证书。债券的流动并不意味着它所代表的实际资本也同样流动，且债券是独立于实际资本之外的。

3. 债券是债权的表现

债券代表债券投资者的权利，这种权利不是直接支配财产，也不以资产所有权表现，而是一种债权。拥有债券的人是债权人，债权人不同于财产所有人。以公司为例，在某种意义上，财产所有人可以视作公司的内部构成分子，而债权人是与公司相对立的。债权人除了按期取得本息外，对债务人不能做其他任何干预。

二、债券的票面要素和特征

（一）债券的票面要素

债券是发行人依照法定程序发行的、约定在一定期限向债券持有人还本付息的有价证券。债券是一种债务凭证，反映了发行人与购买者之间的债权债务关系。债券尽管种类多种多样，但是在内容上都要包含一些基本的要素。这些要素是指发行的债券上必须载明的基本内容，这是明确债权人和债务人权利与义务的主要约定，具体包括如下几方面。

1. 债券面值

债券面值是指债券的票面价值，是发行人对债券持有人在债券到期后应偿还的本金数额，也是企业向债券持有人按期支付利息的计算依据。债券面值与债券实际的发行价格并不一定是一致的，发行价格大于面值称为溢价发行，小于面值称为折价发行。

债券的票面价值要标明的内容主要有币种和票面金额。票面金额大小不同，可以适应不同的投资对象，同时也会产生不同的发行成本。票面金额定得较小，有利于小额投资者，购买持有者分布面广，但债券本身的印刷及发行工作量大，费用可能较高；票面金额定得较大，有利于少数大额投资者认购，且印刷费用等也会相应减少，但使小额投资者无法参与。因此，债券票面金额的确定要根据债券的发行对象、市场资金供给情况及债券发行费用等因素综合考虑。

2. 票面利率

债券的票面利率是指债券利息与债券面值的比率，是发行人承诺以后一定时期支付给债券持有人报酬的计算标准。债券票面利率的确定主要受到银行利率、发行者的资信状况、偿还期限和利息计算方法以及当时资金市场上资金供求情况等因素的影响。一般来说，期限较长的债券流动性差，风险相对较大，票面利率应该定得高一些；而期限较短的债券流动性强，风险相对较小，票面利率就可以定得低一些。

3. 付息期

债券的付息期是指企业发行债券后利息支付的时间。它可以是到期一次支付，或1年、半年或者3个月支付一次。在考虑货币时间价值和通货膨胀因素的情况下，付息期对债券投资者的实际收益有很大影响。到期一次付息的债券，其利息通常是按单利计算的；而年内分期付息的债券，其利息是按复利计算的。

4. 偿还期

债券偿还期是指企业债券上载明的偿还债券本金的期限，即债券发行日至到期日之间的时间间隔。公司要结合自身资金周转状况及外部资本市场的各种影响因素来确定公司债券的偿还期。一般来说，当未来市场利率趋于下降时，应发行期限较短的债券；而当未来市场利率趋于上升时，应发行期限较长的债券，这样有利于降低筹资者的利息负担。

（二）债券的特征

1. 偿还性

偿还性，即债券有规定的偿还期限，债务人必须按期向债权人支付利息和偿还本金。这一特征与股票的永久性有很大的区别。

2. 流动性

流动性，即债券持有人可按需要和市场的实际状况，灵活地转让债券，以提前收回本金和实现投资收益。流动性首先取决于市场为转让所提供的便利程度；其次取决于债券在迅速转变为货币时，是否在以货币计算的价值上蒙受损失。

3. 安全性

安全性，即债券的投资风险较小，还款有保证。一般来说，具有高度流动性的债券同时也是较安全的，因为它不仅可以迅速地转换为货币，而且还可以按一个较稳定的价格转换。

4. 收益性

收益性，即债券能为投资者带来一定的收益。在实际经济活动中，债券收益可以表现为三种形式：一是利息收入；二是资本损益，即债权人到期收回的本金与买入债券或中途卖出债券与买入债券之间的价差收入；三是再投资收益。

三、债券的种类

（一）按债券的发行主体分类

按债券的发行主体，可以分为国家债券、地方债券、金融债券和企业债券。

1. 国家债券

国家债券简称国债，是由中央政府发行的政府债券，其债务人为国家。目前，我国发行的国债可分为凭证式国债、无记名（实物）国债和记账式国债三种。

（1）凭证式国债，类似于大额的储蓄存单，可记名、挂失，并以“凭证式国债收款凭证”来记录债权，但不能上市流通，从购买之日起计息，可以提前支取。国债销售网点按投资者实际持有时间和相应的利率为投资者办理还本付息。

（2）无记名国债即实物国债，以实物券的形式出现，我国在20世纪80年代恢复发行国债后发行了大量实物国债。实物国债不记名、不挂失，可以上市流通。投资者既可在国债发行网点进行购买，也可以开立证券账户后通过证券公司在沪、深交易所进行购买。

（3）记账式国债则没有实物券，是以记账形式出现的，通过证券交易所发行和交易，可以记名、挂失。投资者在证券交易所开立账户后即可进行记账式国债的买卖，其方式与买卖股票方式相同。

（4）记账式国债与凭证式国债的区别如下：

1）在发行方式上，记账式国债通过电脑记账，无纸化发行；而凭证式国债通过纸质记账凭证发行。

2）在流通转让方面，记账式国债可自由买卖，流通转让也较方便、快捷；凭证式国债只能提前兑取，不可流通转让，提前兑取还要支付手续费。

3）在还本付息方面，记账式国债每年付息，可当日通过电脑系统自动到账；凭证式国债是到期后一次性支付利息，客户需到银行办理。

4）在收益性方面，记账式国债要略好于凭证式国债，多数情况下记账式国债的票面利率略高于相同期限的凭证式国债。

2. 地方政府债券

地方政府债券是由省、市、自治区及其他地方政府所发行的债券，其债务人为地方政府。我国地方债目前大部分由中央财政代办发行，个别试点省允许自行发行。自2009年中央政府为地方政府代理发行地方债券以来，经过两三年的运作，2011年11月15日，上海市率先自行发行地方政府债券（简称地方债），随后，浙江省、广东省、深圳市相继自行发行地方债。

3. 金融债券

金融债券是指银行和非银行金融机构为筹集资金而发行的债券，其债务人为发行债券的金融机构。例如，1994年，国家开发银行、中国进出口银行和中国农业发展银行三家政策性银行相继成立，这三家政策性银行的资本金和信贷资金开始由国家财政拨付，但是由于财政困难不能完全满足这三家银行的资本金和信贷资金的需求，国务院批准它们可以在银行间债券市场面向金融机构发行特种金融债券。

4. 企业债券

企业债券又称为公司债券，是企业发行的债券，其债务人为发行债券的企业。较上述三种债券而言，其信誉要低一些，风险相对较高，但利率也相对较高。另外，可转换债券也属于企业债券，是可以在一定时间内和一定条件下转换成公司股票的公司债券。投资者认购发行公司所发行的可转换债券后，如果一直持有该债券而不转换成股票，那么债券到期时，公司按照发行时所约定的利率对投资者进行还本付息，双方是债权和债务关系，与普通的公司债券相同。持有可转换债券的投资者还拥有将可转换债券转换成股票的权利，投资者可以在持有债券和股票之间作出选择，投资者一旦按约定的条件将可转换债券转换成股票，就不能再转回债券，同时投资者的身份也从债权人变成了公司的股东，其所享有的权利和义务与公司的其他股东完全相同。例如，目前在沪市上市的南化转债（100001），在深市上市的丝绸转债（5301）。

（二）按债券的偿还期限的长短分类

按债券的偿还期限的长短，可分为短期债券、中期债券和长期债券。

通常，期限在 1 年以下的债券称为短期债券，期限为 1～5 年的债券称为中期债券，期限在 5 年以上的债券称为长期债券。

（三）按债券的发行方式分类

按债券的发行方式，可分为公募债券和私募债券。

公募债券是指向社会公开发行，任何投资者均可购买的债券。私募债券是指向特定的投资者发行的债券，其发行和转让均有一定的局限性。

四、债券和股票的区别

股票和债券虽然都是有价证券，都可以作为筹资的手段和投资工具，但两者却有明显的区别。

（一）发行主体不同

作为筹资手段，无论是国家、地方公共团体还是企业，都可以发行债券，而股票则只有股份制企业可以发行。

（二）收益稳定性不同

从收益方面看，债券在购买之前，利率已定，到期就可以获得固定利息，而不管发行债券的公司经营获利与否。股票一般在购买之前不定股息率，股息收入随股份公司的盈利情况变动而变动，盈利多就多得，盈利少就少得，无盈利则不得。

（三）保本能力不同

从本金方面看，债券到期可回收本金，也就是说连本带利都能得到，如同放债一样。股票则无到期之说。股票本金一旦交给公司，就不能再收回，只要公司存在，就永远归公司支配。公司一旦破产，还要看公司剩余资产清盘状况，那时甚至连本金都会蚀尽，小股东特别有此可能。

（四）经济利益关系不同

上述本利情况表明，债券和股票实质上是两种性质不同的有价证券，二者反映着不同的经济利益关系。债券所表示的只是对公司的一种债权，而股票所表示的则是对公司的所有权。权属关系不同，就决定了债券持有者无权过问公司的经营管理，而股票持有者则有权直接或间接地参与公司的经营管理。

（五）风险性不同

债券只是一般的投资对象，其交易转让的周转率比股票较低，风险相比股票较低；股票是金融市场上的主要投资对象，其交易转让的周转率高，市场价格变动幅度大，可以暴涨暴跌，安全性低，风险大，但能获得很高的预期收入，因而能够吸引不少人投进股票交易中来。

此外，在公司缴纳所得税时，公司债券的利息已作为费用从收益中减除，在所得税前列支。而公司股票的股息属于净收益的分配，不属于费用，在所得税后列支。这一点对公司的筹资决策影响较大，在决定要发行股票或发行债券时，常以此作为选择的决定性因素。

第二节　债券市场

一、债券市场概述

（一）债券市场的含义和种类

1. 债券市场的含义

债券市场是发行、认购和买卖债券的场所，是金融市场的一个重要组成部分，主要由发行市场（一级市场）和流通市场（二级市场）构成。债券市场是一国金融体系中不可或缺的部分。一个统一、成熟的债券市场可以为全社会的投资者和筹资者提供低风险的投融资工具，债券的收益率曲线是社会经济中一切金融商品收益水平的基准，因此债券市场是传导中央银行货币政策的重要载体。可以说，统一、成熟的债券市场构成了一个国家金融市场的基础。

2. 债券市场的种类

根据不同的分类标准，债券市场可分为不同的类别。最常见的分类有以下几种：

(1) 根据债券的运行过程和市场的基本功能，可将债券市场分为发行市场和流通市场。

发行市场，又称一级市场，是发行单位初次出售新债券的市场。发行市场的作用是将政府、金融机构以及工商企业等为筹集资金向社会发行的债券，分散发行到投资者手中。流通市场，又称二级市场，指已发行债券买卖转让的市场。债券一经认购，即确立了一定期限的债权债务关系，但通过债券流通市场，投资者可以转让债权，把债券变现。

发行市场和流通市场相辅相成，是互相依存的整体。发行市场是整个债券市场的源头，是流通市场的前提和基础。发达的流通市场是发行市场的重要支撑，流通市场发达是发行市场扩大的必要条件。

根据市场组织形式，流通市场又可进一步分为场内交易市场和场外交易市场。

证券交易所是专门进行证券买卖的场所，如我国的上海证券交易所和深圳证券交易所。在证券交易所内买卖债券所形成的市场，就是场内交易市场，这种市场组织形式是债券流通市场较为规范的形式。交易所作为债券交易的组织者，本身不参加债券的买卖和价格的决定，只为债券买卖双方创造条件、提供服务，并进行监管。

场外交易市场是在证券交易所以外进行证券交易的市场。柜台市场为场外交易市场的主体。许多证券经营机构都设有专门的证券柜台，通过柜台进行债券买卖。在柜台交易市场中，证券经营机构既是交易的组织者，又是交易的参与者。此外，场外交易市场还包括银行间交易市场，以及一些机构投资者通过电话、电脑等通讯手段形成的市场等。目前，我国债券流通市场由三部分组成，即沪深证券交易所市场、银行间交易市场和证券经营机构柜台交易市场。

(2) 根据债券发行地点的不同，债券市场可以划分为国内债券市场和国际债券市场。

国内债券市场的发行者和发行地点同属一个国家，而国际债券市场的发行者和发行地点不属于同一个国家。

（二）债券市场的作用

1. 筹资者筹集资金的重要渠道

无论是国家要集中相当部分的社会资金以满足各方面的资金需要，还是企业为解决扩大再生产资金之不足，都可以通过发行债券达到目的。通过债券的发行，将社会上的一部分潜在资金转化为现实资金，分散、短期的资金转化为集中、长期的资金。与银行贷款相比，发行债券可为筹资者提供更为长期和稳定的资金来源。

2. 为投资者提供较为有利的投资场所

一般说来，投资者购买债券能够获得比期限相同的银行储蓄存款更多的利息，到期还本付息，投资风险小，能够取得比购买股票更有保障的收益。特别是政府债券信誉高，安全性、流动性和盈利性强，在发达国家中是最有吸引力的投资对象。

3. 促进社会资金的合理流动与有效配置

债券市场具有灵敏反映资金供求的价格机制和广泛灵通的经济信息，因而能够引导资金的流向和流量，推动社会资金向经营好、效益高的企业和有前途的产业集中。

4. 宏观调控功能

公开市场业务是中央银行执行国家货币政策，控制利率和货币供应量，从而实行宏观金融调节的三大货币政策工具之一。这一活动主要是通过买卖国库券等政府债券进行的，因而，债券市场在宏观调控方面处于举足轻重的地位。

（三）债券市场监管体系

中国债券市场的监管，根据市场、债券类别和业务环节不同进行分别监管。

1. 不同市场的监管

不同市场的监管，如表 6—1 所示。

表 6—1　　不同市场的监管

市场类别	监管机构
银行间债券市场	中国人民银行
交易所债券市场	证监会

作为中国债券市场的总托管人，中央结算公司接受三方监管，在业务上受央行和财政部监管；在资产与财务管理上受财政部监管；在人事和组织机构上受银监会领导，并接受其定期审计。此外，如参与集中性交易市场业务，根据《中华人民共和国证券法》（以下简称《证券法》）还受证监会管辖。

2. 不同债券类别的监管

不同债券类别的监管，如表 6—2 所示。

表 6—2　　　　　　　　　　　　　不同债券类别的监管

<table>
<tr><th colspan="3">债券类别</th><th>监管机构</th></tr>
<tr><td colspan="3">政府债券</td><td>中国人民银行、财政部、证监会</td></tr>
<tr><td colspan="3">中央银行债券</td><td>中国人民银行</td></tr>
<tr><td rowspan="7">金融债券</td><td colspan="2">政策性银行债券</td><td>中国人民银行</td></tr>
<tr><td rowspan="2">商业银行债券</td><td>普通债</td><td>银监会、中国人民银行</td></tr>
<tr><td>次级债</td><td>银监会、中国人民银行</td></tr>
<tr><td colspan="2">特种金融债券</td><td>中国人民银行</td></tr>
<tr><td colspan="2">非银行金融机构债券</td><td>中国人民银行</td></tr>
<tr><td colspan="2">证券公司债券</td><td>中国人民银行、证监会</td></tr>
<tr><td colspan="2">证券公司短期融资券</td><td>中国人民银行、证监会</td></tr>
<tr><td colspan="3">短期融资券</td><td>中国人民银行</td></tr>
<tr><td colspan="3">资产支持证券</td><td>银监会、中国人民银行</td></tr>
<tr><td colspan="3">企业债券</td><td>国家发改委、中国人民银行、证监会</td></tr>
<tr><td colspan="3">国际机构债券</td><td>中国人民银行、财政部、国家发改委、证监会</td></tr>
<tr><td colspan="3">可转换债券</td><td>中国人民银行、证监会</td></tr>
</table>

（四）市场参与者

我国债券市场的投资者如下：

（1）特殊结算成员，包括中国人民银行、财政部、政策性银行、交易所、中央国债公司和中国证券登记结算有限责任公司等机构。

（2）商业银行，包括四大国有银行和其他商业银行。

（3）信用社。

（4）非银行金融机构，包括信托投资公司、财务公司、租赁公司和汽车金融公司、邮政局等金融机构。

（5）证券公司。

（6）保险机构。

（7）基金。

（8）非金融机构。

（9）个人投资者。

（10）其他市场参与者，包括信用评级公司、财务公司、货币中介等。

在银行间债券市场，所有在中央结算公司登记注册的市场投资者称作“市场成员”，可以通过中国债券信息网的成员资料查询功能，进行成员属性、成员资格、所属地区和注册时间段的组合查询，获得更详细的银行间债券市场成员资料。同时还可获得所有债券发行的承销团名单、成员变更通知和成员招聘启事。

二、债券发行市场

（一）债券发行市场的含义

债券发行市场又称一级市场，是发行单位初次出售新债券的市场。债券发行是发行人以借贷资金为目的，依照法律规定的程序向投资人要约发行代表一定债权和兑付条件的债券的法律行为，债券发行是证券发行的重要形式之一。

（二）债券发行方式

1. 债券发行方式的含义

债券发行方式指的是在债券发行市场上，企业债券经销的方法。各个国家社会形态、经济发展水平、金融制度、经济体制、金融市场管理都有差异，所以债券发行方式也不同。

2. 债券发行方式分类

（1）根据企业发行债券对象不同，可分为公募发行和私募发行。

1）公募发行也叫公开发行，是发行者没有特定对象，向社会大众公开推销债券的集资方式。公募发行的特点：一是发行要求严格，发行者要向管理机关提交发行注册申请，公开企业财务状况，接受证券评级机构资信评定；二是发行成本高，发行期限长；三是通过债券发行，能加强发行者的社会知名度；四是流动性高，容易进行交易转让；五是发行中不需要提供优惠条件。

2）私募发行也叫私下发行，是债券发行者只对特定的投资者发行债券的集资方式。一般把与债券发行者有某种关系的投资者作为发行对象。一类是个人投资者，如使用发行单位产品的用户或发行单位的内部职工；另一类是单位投资，如金融机构、与发行者有密切交往关系的企业等。私募发行的特点：一是节约发行费用，降低发行成本；二是节省发行时间，不需要到管理机关办理发行注册手续；三是不能上市公开转让；四是发行条件优惠；五是发行者经营管理易受投资者干涉；六是发行顺利，不易失败。

目前，公募发行已成为一种主要发行方式固定下来。采用私募发行的有两种情况，一是信誉度和知名度低，在证券市场上竞争力差的中小企业；二是名声显赫的大企业，有把握实现大额发行，可节省发行成本。

（2）按是否有中介机构参加，划分为直接发行和间接发行。

1）直接发行是指债券发行者不委托专门的证券发行机构，直接向投资者推销债券。其特点是：第一，可以节约发行费用，集资成本较低；第二，发行数量少，适宜小额发行；第三，发行手续复杂，需要专门人才，只有信誉极高的企业才采用这种方法发行债券。

2）间接发行是指发行者通过中介机构发行债券。其包括如下三种形式：

代销，债券发行人把销售债券的事务委托承销商去代办，发行人承担发行中的风险。承销商是发行人的代销人，发行价格要按发行者意愿，能销多少就销多少，发行期满推销不完可退给发行者，发行的风险承销商不担保，由发行人完全负责。

余额包销，债券发行人就债券发行业务与承销商两方签订承销合同，合同书上要写明当承销商不能全部销售的时候，剩余部分要由承销商全部买下。这种方式的好处在于把一部分债券发行的风险转移给了承销商，也降低了发行费用。余额包销的方式多为西方国家所采用。

包销，其具体操作程序是承销商先对发行债券进行资信调查，当认为其各方面条件适合自己业务需要时，与发行企业签订包销合同，承销商以自己名义买下全部发行的债券，并垫支相当于债券发行价格的全部资金，等待有利机会，将债券上市出售。一般承销商先是以较低价格从发行者手中购入，再以略高价格向外发售，买价与售价间的差额是承销商收入，这个收入再减去发行中的一切费用，余额就是承销商的包销利润。包销方式的优越性是发行者不必承担发行债券风险，并且可一次性得到全部资金，但这种发行方式也有不尽如人意之处，对发行者说，卖给承销商时价格较低，实质上是支付了较多的发行成本，且不可能获得溢价发行的好处。

(3) 根据发行条件和投资者的决定方式，可分为招标发行和非招标发行。

1) 招标发行，发行者先提出发行债券的内容和销售条件，由承销商（中介机构）投标，在规定的开标日期开标，出价最高的获总经销权，又叫“公募招标”。

2) 非招标发行，也叫协商议价发行，发行者与承销者直接协商发行条件，以适应企业需要和市场状况。

(三) 债券的发行价格概述

1. 债券的发行价格

债券的发行价格是指债券原始投资者购入债券时应支付的市场价格，它与债券的面值可能一致，也可能不一致。理论上，债券发行价格是债券的面值和要支付的年利息按发行当时的市场利率折现所得到的现值。

从资金时间价值来考虑，债券的发行价格由两部分组成：债券到期还本面额的现值；债券各期利息的年金现值。计算公式如下：

$$\text{债券售价}=\frac{\text{债券面值}}{(1+\text{市场利率})}+\sum \text{债券面值}\times\text{债券利率}\div(1+\text{市场利率})$$

2. 影响债券发行价格的因素

(1) 债券面值。

债券面值即债券市面上标出的金额，企业可根据不同认购者的需要，使债券面值多样化，既有大额面值，也有小额面值。

(2) 票面利率。

票面利率可分为固定利率和浮动利率两种。一般地，企业应根据自身资信情况、公司承受能力、利率变化趋势、债券期限的长短等决定选择何种利率形式与利率的高低。

(3) 市场利率。

市场利率是衡量债券票面利率高低的参照系，也是债券按面值发行还是溢价或折价发行的决定因素。

(4) 债券期限。

期限越长，债权人的风险越大，其所要求的利息报酬就越高，其发行价格就可能较低。

3. 债券发行价格形式

债券发行价格有以下三种形式：

(1) 平价发行，即债券发行价格与票面名义价值相同。

(2) 溢价发行，即发行价格高于债券的票面名义价值。

(3) 折价发行，即发行价格低于债券的票面名义价值。

三、债券流通市场

(一) 债券流通市场的含义与种类

1. 债券流通市场的含义

债券流通市场又称二级市场，指已发行债券买卖转让的市场。债券一经认购，即确立了一定期限的债权债务关系，但通过债券流通市场，投资者可以转让债权，把债券变现。

2. 债券流通市场的种类

根据市场组织形式，债券流通市场又可进一步分为场内交易市场和场外交易市场。

（二）债券交易

1. 银行间债券市场交易

（1）账户开立。银行间债券市场账户结构如图 6—1 所示。

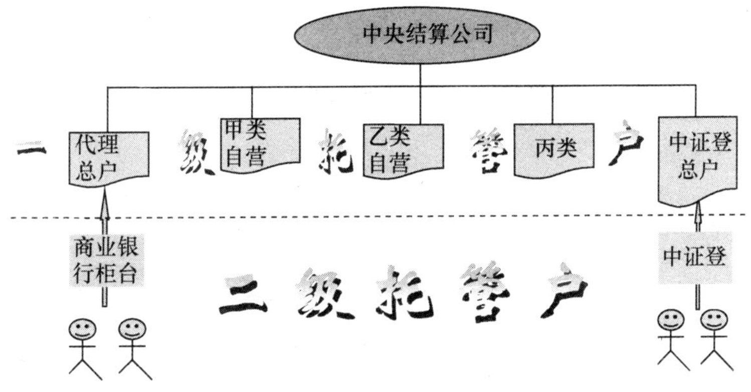

图 6—1　银行间债券市场账户结构

金融机构投资者可选择在中央结算公司开立甲类或乙类托管账户，或通过债券结算代理人开立丙类托管账户；其他机构投资者可通过债券结算代理人在中央结算公司开立丙类托管账户。

（2）一级市场认购流程，如图 6—2 所示。

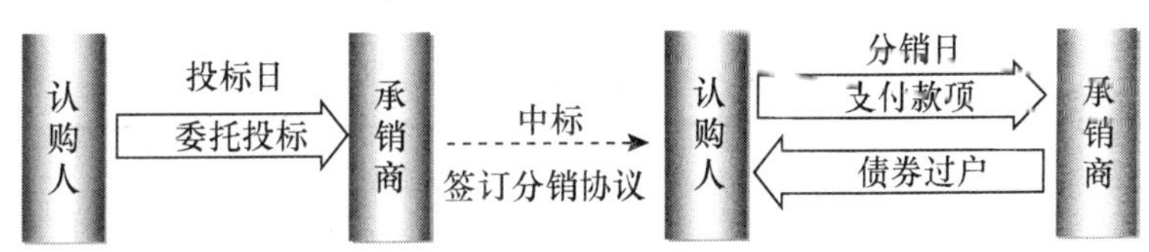

图 6—2　一级市场认购流程

（3）现券交易流程，如图 6—3 所示。

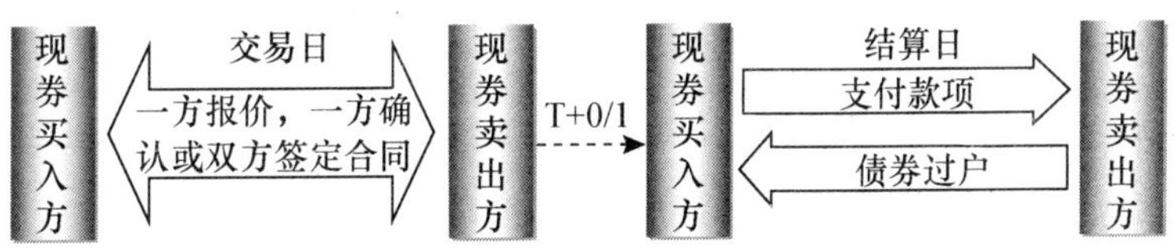

图 6—3　现券交易流程

（4）回购交易流程，如图 6—4 所示。

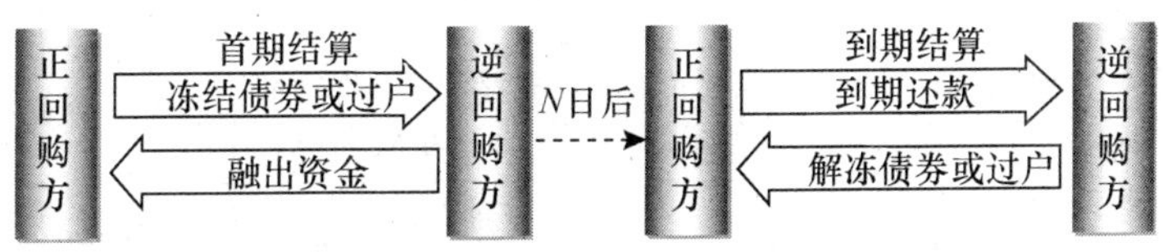

图 6—4　回购交易流程

(5) 远期交易流程，如图 6—5 所示。

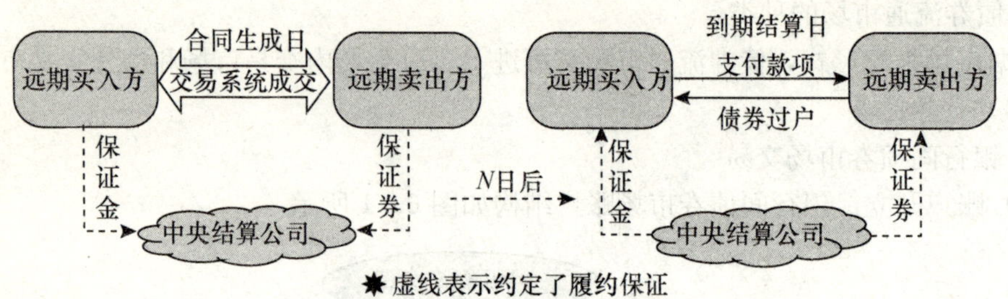

图 6—5　远期交易流程

2. 交易所债券市场交易

(1) 账户开立。交易所债券交易采用深沪证券账户，无需单独开立账户。未开户者可参照股票开户程序去证券经营机构任一营业部办理开户手续。

(2) 国债、企业债现券交易，如表 6—3 所示。

表 6—3　国债、企业债现券交易

交易方法	国债实行净价交易，企业债实行全价交易	交易单位	以“手”为单位（1 手为 1 000 元面值）
计价单位	每百元面值债券的价格	申报价格最小变动单位	0.01 元
交易方式	T+0 回转交易，即当天买入的债券可在当日卖出	交易清算	债券结算按 T+1 方式进行

(3) 国债、企业债质押式回购交易，如表 6—4 所示。

表 6—4　国债、企业债质押式回购交易

申报账户	国债按证券账户申报，企业债按席位申报	申报办法	融资方按“买入”申报，融券方按“卖出”申报
申报单位	以“手”为单位（1 手为 1 000 元面值）	申报数量	申报 100 手或其整数倍，不超过 1 万手
计价单位	每百元资金到期年收益	申报价格最小变动单位	0.005 元
交易方式	当日购买的债券，当日可用于质押券申报，并可进行相应的债券回购交易	交易清算	一次交易，两次结算，清算交收 T+1

(4) 国债买断式回购交易，如表 6—5 所示。

表 6—5　国债买断式回购交易

申报账户	按证券账户申报	申报办法	融资方按“买入”申报，融券方按“卖出”申报
申报单位和数量	以“手”为单位（1 手为 1 000 元面值），申报数量为 1 000 手或其整数倍，不超过 5 万手	申报价格最小变动单位	0.01 元或其整数倍
申报价格	每百元面值债券到期购回净价	交易清算	一次交易，两次结算，清算交收 T+1

（5）可转换债券交易。

1）普通可转换债券的买卖交易同国债和企业债。

2）行权，即在规定的转换期间内，投资者可按照约定的价格和比例将普通可转换债转换为股票。

3）可分离交易的可转换债券纯债部分的买卖交易同国债和企业债；认股权的买卖交易和行权同权证。

（6）一级市场申购。

1）国债和网上发行系统发行的企业债，申购方法同现券买入交易。

2）可转换债券，申购方法同新股申购。

3）安排柜台零售的企业债，在安排零售的网点柜台系统开立账户认购，债券托管在证券公司的代理总户下，待债券在交易所上市后可以由售出债券的证券公司协助将认购债券转托管到个人投资者的深沪证券账户下。

3. 银行间柜台债券市场交易

（1）凭证式国债。

个人投资者在每期凭证式国债发行期间去各凭证式国债承销团成员（40 家商业银行）的营业网点购买，购买手续类似定期存款，采取实名制，不可转让，可提前支付，但承受一定利息损失。

（2）记账式国债。

目前，记账式柜台交易系统仅四大国有商业银行试点。记账式国债不是每期都安排银行柜台系统发行。仅在有安排柜台系统发行时，个人投资者可在发行期间去四大商业银行指定网点认购记账式国债。待国债上市后，商业银行会根据每天全国银行间债券市场交易的行情，在营业网点柜台挂出国债买入和卖出价，个人投资者则根据柜台挂出的价格买卖国债。

4. 债券交易方式

目前，世界各国常用的交易方式有：现货交易、期货交易、期权交易、信用交易等。

（1）现货交易是指交易双方在成交后立即交割，或在极短的期限内交割的交易方式。

（2）期货交易是指交易双方在成交后按照期货协议规定条件远期交割的交易方式，其交易过程分为预约成交和定期交割两个步骤。

（3）期权交易又称选择权交易。投资者在给付一定的期权费后，取得一种可按约定价格在规定期限内买进或卖出一定数量的金融资产或商品的权利，买卖这一权利的交易即为期权交易。

（4）信用交易又称垫头交易，是指交易人凭自己的信誉，通过缴纳一定数额的保证金取得经纪人信用进行债券买卖的交易方式。信用交易可分为保证金买长和保证金卖短两种。

1）保证金买长是指当某种证券行市看涨时，交易人通过缴纳一定数额的保证金，由经纪人垫款代其购入证券的交易方式。

2）保证金卖短是指当某种证券行市看跌时，交易人通过缴纳一定数额的保证金，由经纪人贷券向市场抛售的交易方式。

（5）购回协议交易，即在卖出（或买入）债券的时候，事先约定到一定时期后按规定的价格再买回（或卖出）同一品牌的债券。其实质与同业拆借一样，是一种短期资金的借贷交易，债券在此充当担保。

5. 债券交易费率

债券交易费率如表6—6所示。

表6—6 债券交易费率

收费项目	国债	储蓄国债	企业债券	可转换债券
印花税	无	无	无	无
所得税	无	无	20%	20%
佣金	1‰	1‰	1‰	1‰
过户费	无	无	无	无
委托费	无	无	无	无

四、债券开户

目前，我国的债券市场由银行间债券市场、交易所债券市场和银行柜台债券市场三个部分组成，这三个市场相互独立，各有侧重点。这里我们主要介绍交易所债券市场开户手续。投资者可以通过在深、沪证券交易所各地证券登记机构开设的"证券账户"或"基金账户"，进行上市债券的认购、交易和兑付，并指定一个证券商办理委托买卖手续。开立"证券账户"或"基金账户"，可到证券登记结算公司深、沪分公司及其在各地的代理机构及证券商办理。办理证券账户手续如下。

（一）办理深圳、上海证券账户卡

1. 深圳证券账户卡

投资者可以通过所在地的证券营业部或证券登记机构办理，需提供本人有效身份证件及复印件，委托他人代办的，还需提供代办人身份证件及复印件，开户费用为每个账户50元。

2. 上海证券账户卡

投资者可以到证券中央登记结算公司上海分公司在各地的开户代理机构处，办理有关申请开立证券账户手续，带齐有效身份证件和复印件。委托他人代办的，还需提供代办人身份证件及复印件和委托人的授权委托书。开户费用纸卡40元，磁卡本地每个账户40元，异地每个账户70元。

（二）证券营业部开户

投资者办理深、沪证券账户卡后，到证券营业部买卖证券前，需首先在证券营业部开户（主要在证券公司营业部营业柜台或指定银行代开户网点），然后才可以买卖证券。证券营业部开户程序如下：

(1) 个人开户需提供身份证原件及复印件，深、沪证券账户卡原件及复印件。若是代理人，还需与委托人同时临柜签署授权委托书，并提供代理人的身份证原件和复印件。

(2) 填写开户资料并与证券营业部签订证券买卖委托合同（或证券委托交易协议书），同时签订有关沪市的指定交易协议书。

（3）证券营业部为投资者开设资金账户。

（4）需开通证券营业部银证转账业务功能的投资者，注意查阅证券营业部有关此类业务功能的使用说明。

第三节　债券投资分析

债券投资可以获取固定的利息收入，也可以在市场买卖中赚差价。随着利率的升降，投资者如果能适时地买进卖出，就可获取较大收益。

一、债券投资分析

（一）投资债券的收益率分析

债券的投资收益包括利息、价差和利息再投资所得的利息收入。这仅是名义收益，其计算公式为：

投资债券的名义收益＝面值×持有年数×债券年利率＋价差＋利息再投资收入

但实际上，收益是一个社会范畴的概念，它必须综合考虑物价水平的变化，所以，在计算实际收益时，还必须剔除通货膨胀率或价格指数，即：

实际收益＝名义收益÷价格指数

收益率的计算可分为以下几种情况。

1. 名义收益率

名义收益率的计算公式为：

名义收益率＝年利息收入÷债券面值×100％

从中可以看出，只有在债券发行价格和债券面值保持相同时，它的名义收益率才会等于实际收益率。

2. 即期收益率

即期收益率也称现行收益率，它是指投资者当时所获得的收益与投资支出的比率。其计算公式为：

即期收益率＝年利息收入÷投资支出×100％

如某债券面值为100元，票面年利率为6％，发行时以95元出售，那么在购买的那一年投资人的收益率（即期收益率）为6.32％（100×6％÷95×100％）。

3. 持有期收益率

由于债券可以在发行以后买进，也可以不等到偿还到期就卖出，所以就产生了计算这个债券拥有期的收益率问题。其计算公式为：

$$\text{持有期收益率}=[\text{年利息}+(\text{卖出价格}-\text{买入价格})\div\text{持有年数}]\div\text{买入价格}\times 100\%$$

如某债券面值为 100 元，年利率为 6%，期限 5 年，以 95 元买进，预计 2 年后回涨到 98 元并在那时卖出，则持有期收益率为 7.89% {[100×6%+(98－95)÷2]÷95×100%}。

4. 认购者收益率

从债券新发行就买进，持有到偿还期到期还本付息，这期间的收益率就为认购者收益率。其计算公式为：

$$\text{认购者收益率}=[\text{年利息收入}+(\text{面额}-\text{发行价格})\div\text{偿还期限}]\div\text{发行价格}\times 100\%$$

如某债券面值为 100 元，年利率为 6%，期限 5 年，以 99 元买进，则认购者收益率为 6.26% {[100×6%+(100－99)÷5]÷99×100%}。

5. 到期收益率

到期收益率是指投资者在二级市场上买入已经发行的债券并持有到期满为止的这个期限内的年平均收益率。

（1）附息债券的到期收益率计算。其计算公式为：

$$\text{单利计息法：到期收益率}=\left[\text{每年利息收入}+(\text{面值}-\text{购买价})\div\text{距离到期的年数}\right]\div\text{购买价}\times 100\%$$

$$\text{复利计息法：}P=C\div r\times\{[(1+r)n-1]\div(1+r)n\}+R\div(1+r)n$$

式中，P 代表购买价，r 代表复利到期收益率，R 代表面值，n 代表距离到期的年数，C 代表年利息。

（2）贴现债券的到期收益率计算。其计算公式为：

$$\text{单利计息法：到期收益率}=[(\text{面值}-\text{购买价})\div\text{购买价}]\times\text{距离到期的年数}\times 100\%$$

$$\text{复利计息法：}r=[(R\div P)1/\,n-1]\times 100\%$$

式中，P 代表购买价，R 代表面值，n 代表距离到期的年数，r 代表复利到期收益率。

最后需要说明的是，这些计算只是停留在理论上的计算，在实际操作过程当中，除了要考虑购买成本、交易成本和通货膨胀因素之外，还要考虑在收益额中扣除税收成本。

如某债券面值为 100 元，年利率为 5%，期限为 5 年，若在债券发行后的第 4 年初以 99.5 元的价格买进，税率为 20%，则税后到期收益率为：

$$[100\times 10\%\times(1-20\%)+(100-99.5)\div 2]\div 99.5\times 100\%=8.29\%$$

（二）债券的资信等级与风险分析

债券投资的风险是指我们债券投资者不能获得预期收益的可能性。投资者可以根据投资的债券资信等级预计其风险大小。凡是向社会公开发行的债券，需要由中国人民银行指定的资信评估机构进行评估。我国证券交易规则规定，企业信用 A 级以上，才有资格向社会公开发行债券。目前，国际通用的资信等级如表 6—7 所示。

表 6—7 国际通用的资信等级

等级	主要内容
AAA	最高级，保证偿还本息
AA	高级，还本付息能力高
A	中上级，具备较高的还本付息能力，但与上面的相比，易受经济变化的影响
BBB	中级，具备一定还本付息能力，但需一定保护措施，一旦有变，偿还能力削弱
BB	中下级，有投机性，不能认为将来有保证，对本息的保证是有限的
B	下级，不具备理想投资条件，还本付息保证极小，有投资因素
CCC	信誉不好，可能违约，危及本息安全
CC	高度投机性，经常违约，有明显缺点
C	等级最低，经常违约，根本不能做真正的投资

资信等级越高的债券发行者，其发行的债券的风险就越小，投资者收益就越有保障；资信等级越低的债券发行者，其发行的债券的风险就越大，但它的利率会相对高一点。

（三）风险因素分析及防范原则

任何投资都是有风险的，风险不仅存在于价格变化之中，也可能存在于信用之中。因此，正确评估债券投资风险，明确未来可能遭受的损失，是投资者在投资决策之前必须进行的工作。对投资债券来说，存在的风险大致有如下几方面。

1. 利率风险

利率风险是指由利率的可能性变化给投资者带来收益损失的可能性。毫无疑问，利率是影响债券价格的重要因素之一：当利率提高时，债券的价格就降低；当利率降低时，债券的价格就会上升。由于债券价格会随利率变动，所以即便是没有违约风险的国债也会存在利率风险。

2. 价格变动风险

由于债券的市场价格常常变化，难以预料，若它的变化与投资者预测的一致，会给投资者带来资本增值；如果不一致，投资者的资本必将遭到损失。

3. 通货膨胀风险

投资债券的实际收益率＝名义收益率÷通货膨胀率（价格指数）。当通货膨胀发生时，货币的实际购买能力下降，虽然有时候我们的投资收益在量上增加，但在市场上能购买的东西却相对减少。通货膨胀期间，投资者实际利率应该是票面利率扣除通货膨胀率。若债券利率为 10%，通货膨胀率为 8%，则实际的收益率只有 2%。

4. 企业经营风险

企业的经营是一个动态过程，不可能对它评了级，它就一直是这个级，有可能它的经营每况愈下，它的资信等级就会降到不可信的地步，这种情况就会给我们投资者带来损失的可能。

5. 违约风险

违约风险是指发行债券的借款人不能按时支付债券利息或偿还本金，而给债券投资者带来损失的风险。就算企业经营状况非常良好，也不能排除它财务状况不佳的可能性，若真有这种可能，该企业的还本付息能力就会下降，甚至不能按约定偿还本息，这就是企业的违约风险。在所有债券之中，财政部发行的国债，由于有政府作担保，往往被市场认为是金边债券，所以没有违约风险。但除中央政府以外的地方政府和公司发行的债券则或多或少存在违约风险。因此，信用评级机构要对债券进行评价，以反映其违约风险。一般来说，如果市场认为一种债券的违约风险相对较高，那么就会要求债券的收益率较高，从而弥补可能承受的损失。

6. 转让风险

当投资者急于将手中的债券转让出去，有时候不得不在价格上打点折扣，或是要支付一定的佣金，因这种付出所带来的收益变动的风险就叫转让风险。

7. 回收性风险

具体到有回收性条款的债券，因为它常常有强制收回的可能，而这种可能又常常是市场利率下降、投资者按券面上的名义利率收取实际增额利息的时候，如此投资者的预期收益就会遭受损失，这就叫回收性风险。

8. 可转换风险

这种风险是具体指可转换债券的，如果是一张债权凭证，到期企业肯定会支付本息，但如突然转成股票，股息不是固定的，股价的变动比起债券来频繁而不可测，投资者的投资收益相对于债券就显得损失的可能性会更大一些。

以上八种风险中，价格变动风险、利率风险和通货膨胀风险统称为系统性风险，其他的都归属于非系统性风险。

风险防范的原则是：对系统性风险的防范，要针对不同的风险类别采取相应的防范措施，最大限度避免风险对债券价格的不利影响；对非系统性风险的防范，一方面要通过投资分散化来减少风险，另一方面要尽力关注企业的发展状况，充分利用各信息、资料，正确分析，适时购进或抛出债券，以避免这种风险。

二、影响债券价格的主要因素

根据债券投资收益率的计算公式：

$$R=[M\ (1+rN)-P]/Pn$$

可得债券价格 P 的计算公式：

$$P=M\ (1+rN)/(1+Rn)$$

其中，M 是债券的面值，r 为债券的票面利率，N 为债券的期限，n 为待偿期，R 为买方的获利预期收益，M 和 N 是常数。可见，影响债券价格的主要因素有待偿期、票面利率、转让时的收益率。

（一）待偿期

债券的待偿期越短，债券的价格就越接近其终值（兑换价格）$M(1+rN)$，所以债券的待偿期越长，其价格就越低。另外，待偿期越长，发债企业所要遭受的各种风险就可能越大，所以债券的价格也就越低。

（二）票面利率

债券的票面利率也就是债券的名义利息率，债券的名义利率越高，到期的收益就越大，所以债券的售价也就越高。

（三）投资者的获利预期

债券投资者的获利预期（投资收益率）是跟随市场利率而发生变化的，若市场利率调高，则投资者的获利预期也高涨，债券的价格就下跌；若市场的利率调低，则债券的价格就会上涨。这一点在债券发行时最为明显。

一般债券印制完毕离发行有一段间隔，若此时市场利率发生变动，债券的名义利息率就会与市场的实际利息率出现差距，此时要重新调整已印好的票面利息已不可能，而为了使债券的利率和市场的现行利率相一致，就只能使债券溢价或折价发行了。

（四）企业的资信程度

发债者资信程度高的，其债券的风险就小，因而其价格就高；而资信程度低的，其债券价格就低。所以在债券市场上，对于其他条件相同的债券，国债的价格一般要高于金融债券，而金融债券的价格一般又高于企业债券。

（五）供求关系

债券的市场价格还决定于资金和债券供给间的关系。在经济发展呈上升趋势时，企业一般要增加设备投资，所以它一方面因急需资金而抛出自己持有的债券，另一方面它会从金融机构借款或发行公司债，这样就会使市场的资金趋紧而债券的供给量增大，从而引起债券价格下跌。当经济不景气时，生产企业对资金的需求将有所下降，金融机构则会因贷款减少而出现资金剩余，从而增加对债券的投入，引起债券价格的上涨。当中央银行、财政部门、外汇管理部门对经济进行宏观调控时，也往往会引起市场资金供给量的变化，其反映一般是利率、汇率跟随变化，从而引起债券价格的涨跌。

（六）物价波动

当物价上涨的速度较快或通货膨胀率较高时，人们出于保值的考虑，一般会将资金投资于房地产、黄金、外汇等可以保值的领域，从而引起资金供应的不足，导致债券价格的下跌。

（七）政治因素

政治是经济的集中反映，并反作用于经济的发展。当人们认为政治形式的变化将会影响经济的发展时，比如在政府换届时，国家的经济政策和规划会有大的变动，将促使债券的持有人作出买卖策略。

（八）投机因素

在债券交易中，人们总是想方设法地赚取价差，而一些实力较为雄厚的机构大户就会利用手中的资金或债券进行技术操作，如拉抬或打压债券价格从而引起债券价格的变动。

第四节　债券投资实务

一、债券投资的一般原则

（一）收益性原则

不同种类的债券，收益性大小不一。国家（包括地方政府）发行的债券，是以政府的税收作担保的，具有充分安全的偿付保证，一般认为是没有风险的投资；而企业债券则存在着能否按时偿付本息的风险，作为对这种风险的报酬，企业债券的收益性必然比政府债券高。当然，这仅仅是其名义收益的比较，实际收益的情况还要考虑其税收成本。

（二）安全性原则

债券与其他投资工具比较要安全得多，但其安全性问题依然存在，因为经济环境有变、经营状况有变、债券发行人的资信等级也不是一成不变的。就政府债券和企业债券而言，政府债券的安全性是绝对高的，企业债券则有时面临违约的风险，尤其是企业经营不善甚至倒闭时，偿还全部本息的可能性不大，因此，企业债券的安全性远不如政府债券。对抵押债券和无抵押债券来说，抵押债券有抵押品作偿债的最后担保，其安全性相对要高一些。对可转换债券和不可转换债券来说，可转换债券随时可转换成股票，作为公司的自有资产对公司的负债负责并承担更大的风险，故安全性要低一些。

（三）流动性原则

影响债券流动性的主要因素是债券的期限，期限越长，流动性越弱，期限越短，流动性越强。另外，不同类型债券的流动性也不同，如政府债券，在发行后就可以上市转让，故流动性强；企业债券的流动性往往有很大差别，对于那些资信卓著的大公司或规模小但经营良好的公司，它们发行的债券的流动性是很强的，反之，那些规模小、经营差的公司发行的债券，流动性要差得多。因此，除对资信等级的考虑之外，企业债券流动性的大小在相当程度上取决于投资者在买债券之前对公司业绩的考察和评价。

二、债券投资时机的选择

债券一旦上市流通，其价格就要受多重因素的影响，反复波动。这对于投资者来说，就面临着投资时机的选择问题。机会选择得当，就能提高投资收益率；反之，投资效果就差一些。债券投资时机的选择原则有以下几方面。

（一）在投资群体集中到来之前投资

在社会和经济活动中，存在着一种从众行为，即某一个体的活动总是要趋同大多数人的行为，从而得到大多数的认可。这反映在投资活动中就是，资金往往比较集中地进入债市或流入某一品种。而一旦大量的资金进入市场，债券的价格就已经抬高了。所以精明的投资者就要抢先一步，在投资群体集中到来之前投资。

（二）追涨杀跌

债券价格的运动存在着惯性，即不论是涨或跌都有一段持续时间，所以投资者可以顺势投资，即当整个债券市场行情即将启动时可买进债券，而当市场开始盘整将选择向下突破时，可卖出债券。追涨杀跌的关键是要能及早确认趋势，如果走势很明显已到回头边缘再作决策，就会适得其反。

（三）在银行利率调高后或调低前投资

债券作为标准的利息商品，其市场价格极易受银行利率的影响，当银行利率上升时，大量资金就会纷纷流向储蓄存款，债券价格就会下降，反之亦然。因此，投资者为了获得较高的投资效益就应该密切注意投资环境中货币政策的变化，努力分析和发现利率变动信号，争取在银行即将调低利率前及时购入或在银行利率调高一段时间后买入债券，这样就能够获得更大的收益。

（四）在消费市场价格上涨后投资

物价因素影响着债券价格，当物价上涨时，人们发现货币购买力下降便会抛售债券，转而购买房地产、金银首饰等保值物品，从而引起债券价格的下跌。当物价上涨的趋势转缓后，债券价格的下跌也会停止。此时如果投资者能够有确切的信息或对市场前景有科学的预测，就可在人们纷纷折价抛售债券时投资购入，并耐心等待价格的回升，那么投资收益将会是非常可观的。

（五）在新券上市时投资

债券市场与股票市场不一样，债券市场的价格体系一般是较为稳定的，往往在某一债券新发行或上市后才出现一次波折，因为为了吸引投资者，新发行或新上市的债券的年收益率总比已上市的债券要略高一些，这样债券市场价格就要做一次调整。一般是新上市的债券价格逐渐上升，收益逐渐下降，而已上市的债券价格维持不动或下跌，收益率上升，债券市场价格达到新的平衡，而此时的市场价格比调整前的市场价格要高。因此，在债券新发行或新上市时购买，然后等待一段时期，在价格上升时再卖出，投资者将会有所收益。

三、国债投资策略

总体上看，国债投资策略可以分为消极型投资策略和积极型投资策略两种，每位投资者可以根据自己的资金来源和用途来选择适合自己的投资策略。具体地，在决定投资策略时，投资者应该考虑自身整体资产与负债的状况以及未来现金流的状况，以达到收益性、安全性与流动性的最佳结合。一般而言，投资者应在投资前认清自己，明白自己是积极型投资者还是消极型投资者。积极型投资者一般愿意花费时间和精力管理他们的投资，通常他们的投资收益率较高；而消极型投资者一般只愿花费很少的时间和精力管理他们的投资，通常他们的投资收益率也相应地较低。有一点必须明确，决定投资者类型的关键并不是投资金额的大小，而是他们愿意花费多少时间和精力来管理自己的投资，大多数投资者一般都是消极型投资者。在这里，不介绍很深的理论，只提示几种比较实用的操作方法。

（一）消极型投资策略

消极型投资策略是一种不依赖于市场变化而保持固定收益的投资方法，其目的在于获得稳定的债券利息收入和到期安全收回本金。因此，消极型投资策略也常常被称作保守型投资策略。在这里我们介绍最简单的消极型国债投资策略——购买持有法，并介绍几种建立在此基础上的国债投资技巧。

1. 购买持有——最简单的国债投资方法

（1）步骤。

购买持有是最简单的国债投资策略，其步骤是：在对债券市场上所有的债券进行分析之后，根据自己的爱好和需要，买进能够满足自己要求的债券，并一直持有到到期兑付之日。在持有期间，并不进行任何买卖活动。

（2）优点。

这种投资策略虽然十分粗略，但有其自身的好处：

1）这种投资策略所带来的收益是固定的，在投资决策的时候就完全知道，不受市场行情变化的影响。它可以完全规避价格风险，保证获得一定的收益率。

2）如果持有的债券收益率较高，同时市场利率没有很大的变动或者逐渐降低，则这种投资策略也可以取得相当满意的投资效果。

3）这种投资策略的交易成本很低。由于中间没有任何买进卖出行为，因而手续费很低，从而也有利于提高收益率。这种购买持有的投资策略比较适用于市场规模较小、流动性比较差的国债，适合不熟悉市场或者不善于使用各种投资技巧的投资者。

（3）注意事项。

在采取这种投资策略时，投资者应注意以下两个方面：

1）根据投资者资金的使用状况来选择适当期限的债券。一般情况下，期限越长的债券，其收益率也往往越高。但是期限越长，对投资资金锁定的要求也就越高，因此最好是根据投资者的可投资资金的年限来选择债券，使国债的到期日与投资者需要资金的日期相近。

2）投资者投资债券的金额必须由可投资资金的数量来决定。一般在购买持有策略下，投资者不应该利用借入资金来购买债券，也不应该保留剩余资金，而是最好将所有准备投资的资金投资于债券，这样就能保证获得最大数额的固定收益。

（4）缺点。

购买持有这种投资策略也有其不足之处：

1）从本质上看，这是一种比较消极的投资策略。在投资者购进债券后，他可以毫不关心市场行情的变化，可以漠视市场上出现的投资机会，因而往往会丧失提高收益率的机会。

2）虽然投资者可以获得固定的收益率，但是，这种被锁定的收益率只是名义上的，如果发生通货膨胀，那么投资者的实际投资收益率就会发生变化，从而使这种投资策略的价值大大下降。特别是在通货膨胀比较严重的时候，这种投资策略可能会带来比较大的损失。最常见的情况是，市场利率的上升使得购买持有这种投资策略的收益率相对较低。由于不能及时卖出低收益率的债券，转而购买高收益率的债券，因此在市场利率上升时，这种策略会带来损失。但是无论如何，投资者都能得到原先约定的收益率。

除了购买持有以外，还有以下几种常用的消极型国债投资技巧。

2. 梯形投资法

（1）含义。

梯形投资法，又称等期投资法，就是每隔一段时间，在国债发行市场认购一批相同期限的债券，每一段时间都如此，接连不断，这样投资者在以后的每段时间都可以稳定地获得一笔本息收入。

例如，Peter 的债券投资策略如下：

Peter 在 1992 年 6 月购买了 1992 年发行的 3 年期债券，在 1993 年 3 月购买了 1993 年发行的 3 年期债券，在 1994 年 4 月购买 1994 年发行的 3 年期债券。

1995 年 7 月，Peter 就可以收到 1992 年发行的 3 年期债券的本息和，此时，Peter 又可以购买 1995 年发行的 3 年期国债，这样，他所持有的三种债券的到期期限又分别为 1 年、2 年和 3 年。如此滚动下去，Peter 就可以每年得到投资本息和，从而既能够进行再投资，又可以满足流动性需要。只要 Peter 一直用每年到期的债券本息和购买新发行的 3 年期债券，其债券组合的结构就与原来的一致。

(2) 优点。

梯形投资法的优点在于，采用此种投资方法的投资者能够在每年得到本金和利息，因而不至于产生很大的流动性问题，不至于急着卖出尚未到期的债券。同时，在市场利率发生变化时，梯形投资法下的投资组合的市场价值不会发生很大的变化，因此国债组合的投资收益率也不会发生很大的变化。此外，这种投资方法每年只进行一次交易，因而交易成本比较低。

3. 三角投资法

(1) 含义。

所谓三角投资法，就是利用国债投资期限不同，所获本息和也就不同的原理，使得在连续时段内进行的投资具有相同的到期时间，从而保证在到期时收到预定的本息和。这个本息和可能已被投资者计划用于某种特定的消费。三角投资法和梯形投资法的区别在于，虽然投资者都在连续时期（年份）内进行投资，但是，这些在不同时期投资的债券的到期期限是相同的，而不是债券的期限相同。

例如，Peter 的投资策略如下：

Peter 决定在 2000 年进行一次“千禧年”国际旅游，因此，他决定投资国债以便能够确保在千年之交得到所需资金。这样，他可以在 1994 年投资 1994 年发行的 5 年期债券，在 1996 年购买 1996 年发行的 3 年期债券，在 1997 年购买 1997 年发行的 2 年期债券。这些债券在到期时都能收到预定的本息和，并且都在 1999 年到期，从而能保证有足够资金来实现“千禧之梦”。

(2) 特点。

这种投资方法的特点是，在不同时期进行的国债投资的期限是递减的，因此被称作三角投资法。它的优点是能获得较固定收益，又能保证到期得到预期的资金以用于特定的目的。

（二）积极型投资策略——利率预测法

积极型投资策略是指投资者通过主动预测市场利率的变化，采用抛售一种国债并购买另一种国债的方式来获得差价收益的投资方法。这种投资策略着眼于债券市场价格变化所带来的资本损益，其关键在于能够准确预测市场利率的变化方向及幅度，从而能准确预测出债券价格的变化方向和幅度，并充分利用市场价格变化来取得差价收益。因此，这种积极型投资策略一般也被称作利率预测法。这种方法要求投资者具有丰富的国债投资知识及市场操作经验，并且要支付相对比较多的交易成本。投资者追求高收益率的强烈欲望导致了利率预测法受到众多投资者的欢迎，同时，市场利率的频繁变动也为利率预测法提供了实践机会。

利率预测法的具体操作步骤是这样的：投资者通过对利率的研究获得有关未来一段时期内利率变化的预期，然后利用这种预期来调整其持有的债券，期以在利率按其预期变动时能够获得高于市场平均的收益率。因此，正确预测利率变化的方向及幅度是利率预测投资法的前提，而有效地调整所持有的债券就成为利率预测投资法的主要手段。

1. 利率预测及其方法

（1）利率的影响因素。

由前面的分析可知，利率预测已成为积极型投资策略的核心。但是利率预测是一项非常复杂的工作，利率作为宏观经济运行中的一个重要变量，其变化受到多方面因素的影响，并且这些影响因素对利率作用的方向、大小都十分难以判断。

从宏观经济的角度看，利率反映了市场资金供求关系的变动状况。在经济发展的不同阶段，市场利率有着不同的表现。在经济持续繁荣增长时期，企业家为了购买机器设备、原材料，建造工厂和拓展服务等而借款，于是会出现资金供不应求的状况，借款人会为了日益减少的资金而进行竞争，从而导致利率上升；相反，在经济萧条、市场疲软时期，利率会随着资金需求的减少而下降。利率除了受到整体经济状况的影响之外，还受到以下几个方面的影响：

1）通货膨胀率。

通货膨胀率是衡量一般价格水平上升的指标。一般而言，在发生通货膨胀时，市场利率会上升，以抵消通货膨胀造成的资金贬值，保证投资的真实收益率水平。而借款人也会预期到通货膨胀会导致其实际支付的利息的下降，因此，他会愿意支付较高的名义利率，从而也会导致市场利率水平的上升。

2）货币政策。

货币政策是影响市场利率的重要因素。货币政策的松紧程度将直接影响市场资金的供求状况，从而影响市场利率的变化。一般而言，宽松的货币政策，如增加货币供应量、放松信贷控制等都将使市场资金的供求关系变得宽松，从而导致市场利率下降。相反，紧的货币政策，如减少货币供应量、加强信贷控制等都将使市场资金的供求关系变得紧张，从而导致市场利率上升。

3）汇率变化。

在开放的市场条件下，本国货币汇率上升会引起国外资金的流入和对本币的需求上升，短期内会引起本国利率的上升；相反，本国货币汇率下降会引起外资流出和对本币需求的减少，短期内会引起本国利率的下降。

（2）我国利率种类。

我国的利率体系受到经济发展水平的影响，呈现一种多利率并存的格局，各资金市场是分割的，资金在市场间的流动受到较大的限制。目前，我国主要有以下两种利率：

1）官方利率。

这是由中国人民银行确定的不同期限或不同类别的存、贷款利率，即管制利率。这是我国金融市场上的主导利率，对整个金融市场（包括债券市场）都有较大的影响。

2）场外无组织的资金拆借利率。

由于某些金融机构和工商企业缺乏正常的融资渠道，尤其是非国有企业在信贷上受到限制，使得它们只能通过私下资金的拆借来融资。由于这些拆借主体的资金来源和资金获得条件都不尽相同，因而利率十分混乱。当然，在对非国有经济的政策支持和对私下融资的限制、打击下，这种状况会逐渐得以改善。

在考虑影响国债价格的利率时，应注重分析官方利率和国债回购、同业拆借市场利率。其中，官方利率变动次数虽然较少，但由于每次变动的幅度都较大，加上它在整个金融市场上的地位，因而对债券价格的影响是很大的，并且会持续很长的时间。而国债回购、同业拆借市场利率在每个交易日都在变动，且变动幅度比较小，因而对于债券价格的影响的持续时间不长，程度也不大。

投资者在对社会经济运行态势和中央银行货币政策抉择做了综合分析后，可尝试对未来市场利率的变动方向和变动幅度做出较为理性的预测，并据此做出自己的国债投资决策。

2. 债券调整策略

在预测了市场利率变化的方向和幅度之后，投资者可以据此对其持有的债券进行重新组合。这是因为，市场利率将直接决定债券的投资收益率。很显然，债券投资的收益率应该同市场利率密切相关：市场利率上升时，债券投资的要求收益率也会相应上升；市场利率下降时，债券投资的要求收益率也会相应下降。一般地，在计算债券价格时，我们就直接用市场利率作为贴现率，对债券的未来现金流进行贴现。因此，我们可以对市场利率变化和债券价格变化之间的关系做出准确的判断，从而据此来调整持有的债券。调整组合的目的是，在对既定的利率变化方向及幅度做出预期后，使持有的债券的收益率最大化。

(1) 由于市场利率与债券的市场价格反向变动，因此，在市场利率上升时，债券的市场价格会下降，而在市场利率下降时，债券的市场价格会上升，因而前者的正确调整策略是卖出所持有的债券，而后者的正确调整策略是买入债券。

(2) 债券的期限同债券价格变化之间的关系是有规律可循的：无论债券的票面利率差别有多大，在市场利率变化相同的情况下，期限越长的债券，其价格变化幅度越大。因此，在预测市场利率下降时，应尽量持有能使价格上升幅度最大的债券，即期限比较长的债券。也就是说，在预测市场利率将下跌时，应尽量把手中的期限较短的债券转换成期限较长的债券，因为在利率下降相同幅度的情况下，这些债券的价格上升幅度较大。

相反，在预测市场利率上升时，若投资者仍想持有债券，则应该持有期限较短的债券，因为在利率上升相同幅度的情况下，这些债券的价格下降幅度较小，因而风险较小。

(3) 债券的票面利率同债券价格变化之间的关系也是有规律可循的：在市场利率变化相同的情况下，息票利率较低的债券所发生的价格变化幅度（价格变化百分比）会比较大，因此，在预测利率下跌时，在债券期限相同的情况下，应尽量持有票面利率低的债券，因为这些债券的价格上升幅度（百分比）会比较大。但是这一规律不适用于周年期的债券。

因此，我们可以得到有关债券调整策略的总原则：在判断市场利率将下跌时，应尽量持有能使价格上升幅度最大的债券，即期限比较长、票面利率比较低的债券。也就是说，在预测市场利率将下跌时，应尽量把手中的短期、高票面利率债券转换成期限较长的、低息票利率债券，因为在利率下降相同幅度的情况下，这些债券的价格上升幅度较大。

反之，若预测市场利率将上升，则应尽量减少低息票利率、长期限的债券，转而投资高息票利率、短期限的债券，因为这些债券的利息收入高，期限短，因而能够很快地变现，再购买高利率的新发行债券，同时，这些债券的价格下降幅度也相对较小。

需指出的是，利率预测法作为一种积极的国债投资方法，虽然能够获得比较高的收益率，但是这种投资方法是具有很大风险的。一旦利率向相反的方向变动，投资者就可能遭受比较大的损失，因此，只对那些熟悉市场行情、具有丰富操作经验的人才适用。初学的投资者不适宜采用此种投资方法。

（三）其他若干实用的积极型国债投资技巧

1. 等级投资计划法

等级投资计划法是公式投资计划法中最简单的一种，它由股票投资技巧而得来，方法是投资者事先按照一个固定的计算方法和公式计算出买入和卖出国债的价位，然后根据计算结果进行操作。其操作要领是“低进高出”，即在低价时买进、高价时卖出。只要国债价格处于不断波动中，投资者就必须严格按照事先拟订好的计划来进行国债买卖，而是否买卖国债则取决于国债市场的价格水平。具体地，当投资者选定一种国债作为投资对象后，就要确定国债变动的一定幅度作为等级，这个幅度可以是一个确定的百分比，也可以是一个确定的常数。每当国债价格下降一个等级时，就买入一定数量的国债；每当国债价格上升一个等级时，就卖出一定数量的国债。

例如，Peter 的投资过程如下：

Peter 选择 1992 年国债作为投资对象（假设 1992 年国债期限为 5 年，利率为 10.5%），确定每个等级国债价格变动幅度为 2 元，第一次购买 100 张面值为 100 元的国债，购进价为 120 元，那么每当国债价格变动到 118 元、120 元、122 元、124 元、126 元时，按照国债价格下降时买进、上升时抛出的原则进行操作。根据等级投资计划法，当国债价格下降到 118 元时，Peter 再买进 100 张国债，当价格继续下降为 116 元时，Peter 继续买进 100 张国债。但是，当国债价格回升为 118 元时，Peter 就卖出 100 张国债，在价格继续回升到 120 元时，Peter 就继续卖出 100 张国债。这样一个过程结束后，虽然国债价格最后还是 120 元，Peter 仍持有 100 张，但他的投入成本已经不是 12 000 元，而是 11 600 元了，也就是说，Peter 在这一过程中取得了 400 元的收益。等级投资计划法适用于国债价格不断波动的时期。由于国债最终还本付息，因此，其价格呈缓慢上升趋势。在运用等级投资法时，一定要注意国债价格的总体走势，并且国债价格升降幅度即买卖等级的间隔要恰当。国债市场行情波动较大，买卖等级的间隔可以大一些；国债市场行情波动较小，买卖等级间隔就要小一些。如果买卖等级间隔过大，会使投资者丧失买进和卖出的良好时机，而过小又会使买卖差价太小，在考虑手续费因素后，投资者获利不大。同时，投资者还要根据资金实力和对风险的承受能力来确定买卖的批量。

2. 逐次等额买进摊平法

如果投资者对某种国债投资时，该国债价格具有较大的波动性，并且无法准确地预期其波动的各个转折点，投资者可以运用逐次等额买进摊平法。

逐次等额买进摊平法就是在确定投资于某种国债后，选择一个合适的投资时期，在这一段时期中定量定期地购买国债，不论这一时期该国债价格如何波动都持续地进行购买，这样可以使投资者的每百元平均成本低于平均价格。运用这种操作法，每次投资时，要严格控制所投入资金的数量，保证投资计划逐次等额进行。

例如，Peter 的投资过程如下：

Peter 选择 1992 年 5 年期国债为投资对象，在确定的投资时期中分 5 次购买，每次购入国债 100 张。第 1 次购入时，国债价格为 120 元，Peter 购入 100 张；第 2 次购入时，国债价格为 125 元，Peter 又购入 100 张；第 3 次购入时，国债价格为 122 元，Peter 购入 100 张；第 4、第 5 次 Peter 的购入价格分别是 126 元、130 元。

到整个投资计划完成时，Peter 购买国债的平均成本为 124.6 元，而此时国债价格已涨至 130 元，这时如果 Peter 抛出此批国债，将获得收益 2 700［(130－124.6)×500］元。

因为国债具有长期投资价值，所以按照这一方法操作，可以稳妥地获取收益。

3. 金字塔式操作法

与逐次等额买进摊平法不同，金字塔式操作法实际是一种倍数买进摊平法。当投资者第 1 次买进国债后，发现价格下跌时可加倍买进，以后在国债价格下跌过程中，每一次购买数量比前一次增加一定比例，这样就成倍地加大了低价购入的国债占购入国债总数的比重，降低了平均总成本。由于这种买入方法呈正三角形趋势，形如金字塔，所以称为金字塔式操作法。

Peter 的第一种投资过程如下：

Peter 最初以每张 120 元的价格买入 1992 年 5 年期国债，投入资金 12 000 元；以后在国债价格下降到 118 元时，他投入 23 600 元，购买 200 张国债；当国债价格下降到 115 元时，他投入 34 500 元，购入 300 张国债。这样，他三次投入资金 70 100 元，买入 600 张国债，平均购入成本为每张 116.83 元，如果国债价格上涨，只要超过平均成本价，Peter 即可抛出获利。

在国债价格上升时运用金字塔式操作法买进国债，则需每次逐渐减少买进的数量，以保证最初按较低价买入的国债在购入国债总数中占有较大比重。

Peter 的第二种投资过程如下：

Peter 最初以每张 115 元的价格购入国债 300 张；以后在国债价格上升过程中，他按金字塔式操作法进行投资，当国债价格上升到每张 118 元时，他购入 200 张；当国债价格上升到每张 120 元时，他购入 100 张。这样，他投入资金 70 100 元，购入 600 张国债，平均成本为每张 116.83 元，如果国债价格不低于平均成本价，他就可以获益。

国债的卖出也同样可采用金字塔式操作法，在国债价格上涨后，每次加倍抛出手中的国债，国债价格越上升，卖出的国债数额越大，以保证高价卖出的国债在卖出国债总额中占较大比重而获得较大盈利。

运用金字塔式操作法买入国债，必须对资金作好安排，以避免最初投入资金过多，以后的投资无法加倍摊平。

四、企业债券的投资机会和策略

（一）企业债券市场面临的投资机会

相对充足的市场供应是未来企业债券市场面临的最大投资机会。以供给扩张为主要特征的我国企业债券市场发展趋势是形成多品种、有信用差异的债券市场供给结构，同时由于供给扩张下的创新压力，将形成多期限结构的债券品种，进而形成日趋完整的企业债券市场收益率曲线，这将是未来我国企业债券市场投资者面临的主要市场特征。

一个多元化、多层次的企业债券市场正在逐步形成，相对充足的涵盖不同期限且风险差异的品种供应是未来债券市场投资者面临的最大投资机会。

（二）公司债券的主要投资策略

选择与自身特点相匹配的风险、期限结构品种，是公司债券未来的主要投资策略。

作为一种固定收益工具，公司债券具有相对确定的未来现金流，但投资收益率较低，对少量资金而言，交易成本高、收益低，因此，公司债券通常是以大资金量或各种资金的集合形式进行的大宗交易，是一个以机构投资者为主的市场。同时，由于发行主体信用状况的差异，公司债券市场会存在不同信用等级的债券品种，不同债券间的信用等级差异很大，这就要求投资者应具有专业的知识和技能，必须进行大量的信息收集和处理工作。

从国际经验来看，公司债券市场最主要的参与者是机构投资者，中小机构和个人投资者主要通过投资保险、基金等集合型投资工具间接投资于企业债券。在美国，公司债券市场最大的参与者是保险公司和外国机构投资者，分别持有大约25%的份额，个人投资者主要通过购买债券基金和债券信托投资组合的方式间接投资公司债券，少数中等财富以上的个人投资者才会以直接购买的方式投资公司债券。新兴市场国家也呈现出类似的特点，如韩国公司债券最大的持有人是信托公司，持有量为37%左右，其次是银行，持有量为20%左右，个人投资者的持有量仅为2%。

另外，公司债券投资面临的风险主要是信用风险和利率风险，要求投资者要有较强的市场风险识别能力和风险偏好程度，这也导致未来公司债券主要面向机构投资者发行。

本章小结

本章主要介绍债券投资理财的基本理论和基本内容。介绍了债券特征、种类等基础知识；介绍了债券的发行市场和流通市场；从影响债券价格的因素入手，综合分析了债券投资风险与收益，明确了债券投资时机的重要性，并针对债券不同品种给出了各自的投资策略与投资技巧和适当的方法，以期实现投资收益最大化。

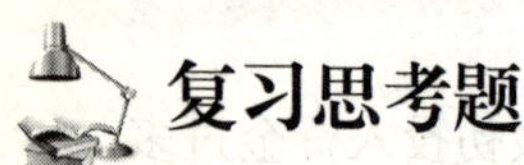

复习思考题

一、主要概念

债券　国债　金融债券　公司债券　债券市场　债券发行方式　购回协议交易　债券投资的风险　转让风险　回收性风险　可转换风险　梯形投资法　三角投资法　等级投资计划法　逐次等额买进摊平法　金字塔式操作法

二、思考讨论题

1. 什么是债券？债券包括哪些票面要素？具有哪些特质？
2. 简述债券与股票的区别。
3. 什么债券市场？债券市场有哪几个方面的作用？
4. 债券交易有哪些方式？
5. 影响债券价格的因素有哪些？
6. 投资策略有几种类型？
7. 如何决策债券的投资时机和策略？

三、案例讨论

梁先生有过股票、基金投资经历，总是在亏损，作为风险承受能力不强的他，为了实现财产的保值与增值，选择了稳健的凭证式国债（3 年期、利率 5.85%）进行投资理财，3 年到期后，在确保本金安全前提下还获得了 18.6%的投资收益，觉得很满意。

思考：

1. 国债投资有哪些策略?
2. 债券投资有哪些风险？如何防范?

第七章

股票投资理财

张老师刚刚迁入新居，手上有一点闲钱，存在银行里面利率还抵不上每年物价上涨的速度。会计出身的张老师准备利用手上的几万元钱做一些投资，也算是在这个全民谈理财的年代，为自己的财产做一些打算。他以 30 元/股的价格买进刚上市不久的贵州茅台1 000股，张先生选择股票指数由最高峰快速跌入低潮的这个时候入市，着实让周围的人都吓了一跳，甚至连他的妻子都有些反对。由于大盘整体低迷，刚上市不久，茅台的股价就开始下跌，一直跌到 21 元。这时候，张老师的妻子有些沉不住气了，开始劝说丈夫把手上的股票赶紧卖掉，算是花钱买了个教训，以免将来更大的亏损。张老师却一直坚定地持有这只股票。随后，茅台的股价持续走高，到 2006 年下半年，茅台从以前的每股 30 元涨到了 100 元以上。而张老师原先的 1 000 股也通过分红送股的方式，变成了 5 000 股。短短 5 年间，他的投资从原来的 3 万元变成了 50 万元！

我们从中可以看出，股票投资是一项收益高、风险大的投资活动，只有采取正确的投资策略，运用巧妙的投资技巧和适当的方法，才能在变幻莫测的股票市场上减少损失，降低风险（特别是抵御通胀风险），获取丰厚收益。

本章将就股票投资理财的主要内容进行详细论述。通过本章的学习，应掌握股票投资理财的基础知识，了解股票投资理财的特征与种类，明确股票投资理财产品的收益与风险，进而根据股票市场情况制定具体的股票投资理财规划，并据其进行股票投资理财的实际操作。

本章重点知识

1. 股票的价值和价格及股票投资的风险和收益。
2. 股票的发行方式、价格及股票交易程序、方式和费用。
3. 股票投资基本分析的内容及技术分析较为常用的技术指标。
4. 股票理财规划及投资策略。

第一节　股票基础知识

一、股票的含义、基本要素、性质和特征

（一）股票的含义

股票是股份证书的简称，是股份有限公司为筹集资金而发行给股东作为持股凭证并借以取得股息和红利的一种有价证券。每股股票都代表股东对企业拥有一个基本单位的所有权。股票是股份公司资本的构成部分，可以转让、买卖或作价抵押，是资本市场的主要长期信用工具。

（二）股票的基本要素

1. 面值

面值是股份公司在所发行的股票票面上标明的票面金额，它以元/股为单位，其作用是表明每一张股票所包含的资本数额。我国股票的面值均为壹元，即每股一元。

2. 市值

市值，即股票的市场价值，它包括股票的发行价格和交易买卖价格。

3. 股息

股息就是股票的利息，是指股份有限公司按照股票份额的一定比例向股东支付的利息。

4. 分红

分红是指股份有限公司每年按股票份额的一定比例支付给股票持有者的红利。分红有两种形式：向股东派发现金股利和股票股利，上市公司可根据情况选择其中一种形式进行分红，也可以同时采用两种形式。

5. 股权

股权是指股票持有者所具有的与其拥有的股票比例相对应的收益及承担一定责任的权利。

（三）股票的性质

1. 股票是有价证券

有价证券是财产价值和财产权利的统一表现形式。持有有价证券，一方面表示拥有一定价值量的财产，另一方面表明有价证券持有人可以行使该证券所代表的权利。股票具有有价证券的特征：第一，虽然股票本身没有价值，但股票是一种代表财产权的有价证券，它包含着股东可以依其持有的股票要求股份公司按规定分配股息和红利的请求权；第二，股票与它代表的财产权有不可分离的关系，二者合为一体。换言之，行使股票所代表的财产权，必须以持有股票为条件，股东权利的转让应与股票占有的转移同时进行，股票的转让就是股东权的转让。

2. 股票是要式证券

股票应具备《中华人民共和国公司法》（以下简称《公司法》）规定的有关内容，如果缺少规定的事项，股票就无法律效力。

3. 股票是证权证券

证券可以分为设权证券和证权证券。设权证券所代表的权利本不存在，是随着证券的制作而产生的，即权利的发生是以证券的制作和存在为条件的。证权证券是权利的一种物化的外在形式，它是权利的载体，权利是已经存在的。股票代表的是股东权利，它的发行是以股份的存在为条件的，股票只是把已存在的股东权利表现为证券的形式，它的作用不是创造股东的权利，而是证明股东的权利。所以说，股票是证权证券。

4. 股票是资本证券

发行股票是股份公司筹措自有资本的手段。因此，股票是投入股份公司资本份额的证券化，属于资本证券。但是，股票不是一种现实的资本，股份公司通过发行股票筹措的资金，是公司用于营运的真实资本。股票独立于真实资本之外，在股票市场上进行着独立的价值运动，是一种虚拟资本。

5. 股票是综合权利证券

从持有者权利来看，证券主要分为物权证券和债权证券。物权证券是指证券持有者对公司的财产有直接支配处理权的证券；债权证券是指证券持有者为公司债权人的证券。股票不属于物权证券，也不属于债权证券，而是一种综合权利证券。股票持有者作为股份公司的股东，享有独立的股东权利。换言之，当公司股东将出资交给公司后，股东对其出资财产的所有权就转化为股东权（股权）了。股东权是一种综合权利，股东依法享有资产收益、重大决策、选择管理者等权利。股东虽然是公司财产的所有人，享有种种权利，但对于公司的财产不能直接支配处理，而对财产的直接支配处理是物权证券的特征，所以股票不是物权证券。另外，一旦投资者购买了公司股票，即成为公司部分财产的所有人，该所有人在性质上是公司内部的构成分子，而不是与公司对立的债权人，所以股票也不是债权证券。

（四）股票的特征

1. 收益性

收益性是股票最基本的特征，它是指股票可以为持有人带来收益。持有股票的目的在于获取收益。股票的收益来源可分成两类：一是来自股份公司。认购股票后，持有者即对发行公司享有经济权益，这种经济权益的实现形式是从公司领取股息和分享公司的红利。股息和红利的多少取决于股份公司的经营状况和盈利水平。二是来自股票流通。股票持有者可以持股票到依法设立的证券交易场所进行交易，当股票的市场价格高于买入价格时，卖出股票就可以赚取差价收益。这种差价收益称为资本利得。

2. 风险性

股票风险的内涵是股票投资收益的不确定性，或者说实际收益与预期收益之间的偏离。投资者在买入股票时，对其未来收益会有一个预期，但真正实现的收益可能会高于或低于原先的预期，这就是股票的风险。很显然，风险不等于损失，高风险的股票可能给投资者带来较大损失，也可能带来较大的预期收益。风险本身是一个中性概念，但是多数理性的投资者厌恶风险，如果要引导投资者投资风险较高的股票，就必须提供更高的预期收益，这就是“高风险、高收益”的含义。

3. 流动性

流动性是指股票可以通过依法转让而变现的特征，即在本金保持相对稳定、变现的交易成本极小的条件下，股票很容易变现的特性。股票持有人不能从公司退股，但股票转让为其提供了流动性。通常，判断股票的流动性强弱主要分析三个方面：首先是市场深度，以每个价位上报单的数量来衡量，如果买卖盘在每个价位上均有较大报单，则投资者无论买进或是卖出股票都会较容易成交，不会对市场价格形成较大冲击。其次是报价紧密度，指买卖盘各价位之间的价差。若价差较小，则新的买卖发生时对市场价格的冲击也会比较小，股票流动性就比较强。在有做市商的情况下，做市商双边报价的买卖价差通常是衡量股票流动性的最重要指标。最后是股票的价格弹性或者恢复能力，指交易价格受大额交易冲击而变化后，迅速恢复原先水平的能力。价格恢复能力越强，股票的流动性越高。

需要注意的是，由于股票的转让可能受各种条件或法律法规的限制，因此，并非所有股票都具有相同的流动性。通常情况下，大盘股流动性强于小盘股，上市公司股票的流动性强于非上市公司股票，而上市公司股票又可能因市场或监管原因而受到转让限制，从而具有不同程度的流动性。

4. 永久性

永久性是指股票所载有权利的有效性是始终不变的，因为它是一种无期限的法律凭证。股票的有效期与股份公司的存续期间相联系，二者是并存的关系。这种关系实质上反映了股东与股份公司之间比较稳定的经济关系。股票代表着股东的永久性投资，虽然股票持有者可以出售股票而转让其股东身份，但对于股份公司来说，由于股东不能要求退股，所以通过发行股票募集到的资金，在公司存续期间是一笔稳定的自有资本。

5. 参与性

参与性是指股票持有人有权参与公司重大决策的特性。股票持有人作为股份公司的股东，有权出席股东大会，行使对公司经营决策的参与权。股东参与公司重大决策权利的大小通常取决于其持有股份数量的多少，如果某股东持有的股份数量达到决策所需要的有效多数时，就能实质性地影响公司的经营方针。

除此以外，股票还具有可伸缩性（是指股票所代表的股份既可以拆分，又可以合并）。

二、股票的分类

目前，世界各国发行的股票的种类很多，按照不同的标准有以下几种分类方法。

（一）按股东权利分类

1. 普通股

普通股是随着企业利润变动而变动的一种股份，是股份公司资本构成中最普通、最基本的股份。

普通股的基本特点是其投资收益（股息和分红）不是在购买时约定的，而是事后根据股票发行公司的经营业绩来确定。公司的经营业绩好，普通股的收益就高；反之，若经营业绩差，普通股的收益就低。普通股是股份公司资本构成中最重要、最基本的股份，亦是风险最大的一种股份，但又是股票中最基本、最常见的一种。在我国上交所与深交所上市的股票都是普通股。

2. 优先股

优先股是“普通股”的对称，是股份公司发行的在分配红利和剩余财产时比普通股具有优先权的股份。优先股也是一种没有期限的有权凭证，优先股股东一般不能在中途向公司要求退股（少数可赎回的优先股例外）。优先股有三方面主要特征：一是优先股通常预先定明股息收益率；二是优先股的权利范围小；三是索偿权先于普通股，而次于债权人。

优先股的优先权主要表现在两个方面：

(1) 股息领取优先权。股份公司分派股息的顺序是优先股在前，普通股在后。股份公司不论其盈利多少，只要股东大会决定分派股息，优先股就可按照事先确定的股息率领取股息，即使普遍减少或没有股息，优先股亦应照常分派股息。

(2) 剩余资产分配优先权。股份公司在解散、破产清算时，优先股具有公司剩余资产的分配优先权，不过，优先股的优先分配权在债权人之后，而在普通股之前。只有还清公司债权人债务之后，有剩余资产时，优先股才具有剩余资产的分配权。只有在优先股索偿之后，普通股才参与分配。

3. 后配股

后配股是在利益或利息分红及剩余财产分配时比普通股处于劣势的股票，一般在普通股分配之后，对剩余利益进行再分配。如果公司的盈利巨大，后配股的发行数量又很有限，则购买后配股的股东可以取得很高的收益。发行后配股，一般所筹措的资金不能立即产生收益，投资者的范围又受限制，因此利用率不高。后配股一般在下列情况下发行：

(1) 公司为筹措扩充设备资金而发行新股票时，为了不减少对旧股的分红，在新设备正式投入使用前，将新股票作后配股发行。

(2) 企业兼并时，为调整合并比例，向被兼并企业的股东交付一部分后配股。

(3) 在有政府投资的公司里，私人持有的股票股息达到一定水平之前，把政府持有的股票作为后配股。

(二) 按是否记载股东姓名分类

1. 记名股票

这种股票在发行时，票面上记载有股东的姓名，并记载于公司的股东名册上。

记名股票的特点是除持有者和其正式的委托代理人或合法继承人、受赠人外，任何人都不能行使其股权。另外，记名股票不能任意转让，转让时，既要将受让人的姓名、住址分别记载于股票票面，还要在公司的股东名册上办理过户手续，否则转让不能生效。显然这种股票有安全、不怕遗失的优点，但转让手续繁琐。这种股票如需要私自转让，例如发生继承和赠与等行为时，必须在转让行为发生后立即办理过户等手续。

2. 不记名股票

此种股票在发行时，在股票上不记载股东的姓名。其持有者可自行转让股票，任何人一旦持有便享有股东的权利，无须再通过其他方式、途径证明自己的股东资格。这种股票转让手续简便，但也应该通过证券市场的合法交易实现转让。

(三) 按票面是否标明金额分类

1. 面额股票

面额股票是指在股票票面上记载一定的金额的股票，如每股人民币100元、200元等。面额股票给股票定了一个票面价值，这样就可以很容易地确定每一股份在该股份公司中所占的比例。

2. 无面额股票

无面额股票也称比例股票，股票发行时无票面价值记载，仅表明每股占资本总额的比例。其价值随公司财产的增减而增减。因此，这种股票的内在价值总是处于变动状态。这种股票最大的优点是避免了公司实际资产与票面资产的背离，因为股票的面值往往是徒有虚名，人们关心的不是股票面值，而是股票价格。发行这种股票对公司管理、财务核算、法律责任等方面要求极高，因此只在美国比较流行，很多国家根本不允许发行。

（四）按投资者的身份分类

1. 国有股

国有股指有权代表国家投资的部门或机构以国有资产向公司投资形成的股份，包括以公司现有国有资产折算成的股份。由于我国大部分股份制企业都是由原国有大中型企业改制而来的，因此，国有股在公司股权中占有较大的比重。

2. 法人股

法人股指企业法人或具有法人资格的事业单位和社会团体以其依法可经营的资产向公司非上市流通股权部分投资所形成的股份。目前，在我国上市公司的股权结构中，法人股平均占20%左右。根据法人股认购的对象，可将法人股进一步分为境内发起法人股、外资法人股和募集法人股三类。

3. 社会公众股

社会公众股（也称个人股）是指我国境内个人和机构，以其合法财产向公司可上市流通股权部分投资所形成的股份。

4. 外资股

外资股又称B股股票，指中国境外的政府、法人、个人和港澳台同胞及中国境内的外商独资企业进行投资所形成的股份。这是以人民币标明面值，在发行、交易和分红时，均采用外汇进行计价支付的特种股票。2001年2月20日，中国证监会发布公告，允许国内居民持合法外汇开立B股账户，交易B股股票。

（五）按公司业绩分类

1. 绩优股

绩优股就是业绩优良的公司的股票。在中国证券市场上，每股税后利润在所有上市公司中排在前25%的股票，或公司上市后净资产收益率连续三年超过10%的股票，就属于绩优股。绩优股具有较高的投资回报和投资价值，因而总是受到长期投资者和稳健型投资者的青睐。

2. 垃圾股

垃圾股是相对于绩优股而言的，指的是经营业绩较差的公司的股票。这类上市公司由于行业前景不好，或者由于自身经营不善等，每年盈利很低，甚至进入了亏损行列。这类股票在市场上通常萎靡不振，交易也往往不太活跃。除非有重大的重组信息或基本面出现重大转变，否则此类公司的股票不值得投资者购买。

3. ST股

根据1998年开始实施的股票上市规则，我国对财务状况或其他状况出现异常的上市公司的股票交易进行特别处理，由于“特别处理”的英文是Special Treatment（缩写是

ST)，所以此类股票就简称为 ST 股。在上市公司的股票交易被实行特别处理期间，该公司须遵循下列规定：

(1) 股票名称改为原股票名称前加 ST，如“ST 国农”。

(2) 股票报价日的涨/跌幅限制为 5%。

(3) 上市公司的中期报告必须经过审计。

只要上市公司出现以下五种情形之一，就会被戴上 ST 的帽子：

(1) 最近一个会计年度的审计结果表明其股东权益为负值。

(2) 最近一个会计年度的财务会计报告被会计师事务所出具了无法表示意见或者否定意见的审计报告。

(3) 当上市公司向证交所提出申请并获准撤销 *ST 后，最近一个会计年度的审计结果表明公司主营业务未正常运营，或者扣除非经常性损益后的净利润为负值。

(4) 由于自然灾害、重大事故等导致公司生产经营活动受到严重影响且预计在三个月以内不能恢复正常。

(5) 主要银行账号被冻结。

4. *ST 股

如果说 ST 股是存在退市风险的股票，那么 *ST 股就是即将退市的股票了，这类公司的经营状况比 ST 公司还要糟糕（该类股票的日涨/跌幅限制也是 5%）。

上市公司只要出现以下六种情形之一，就会被戴上 *ST 的帽子：

(1) 最近两年连续亏损（以最近两年年度报告披露的当年经审计的净利润为依据）。

(2) 因财务会计报告存在重大会计差错或虚假记载，公司主动改正或被证监会责令改正后，对以前年度财务会计报告进行追溯调整时，导致最近两年连续亏损。

(3) 因财务会计报告存在重大会计差错或虚假记载，被证监会责令改正但未在规定期限内改正，且公司股票已停牌两个月。

(4) 未在法定期限内披露年度报告或中期报告，且公司股票已停牌两个月。

(5) 公司可能被解散。

(6) 法院受理关于公司破产的案件，公司可能被依法宣告破产。

5. PT 股

根据《公司法》和《证券法》的规定，上市公司出现连续三年亏损等情况，其股票将暂停上市一年，并在这一年内实施“特别转让服务”。由于“特别转让”的英文是 Particular Transfer（缩写是 PT），所以此类股票就简称为 PT 股，如“PT 南洋”等。

特别转让服务的特别之处在于：股票转让行为只能在每周五的开市时间内进行；股票转让的申报价不得超过上一次转让价格的±5%；交易所在收市后一次性对该股票当天所有有效申报按集合竞价的方式进行撮合，所有符合成交条件的委托盘均按某一价格进行成交；成交数据不计入指数和市场统计之中，转让信息也不在交易所行情中显示，只由指定报刊专栏在次日进行公告。

（六）按上市地区分类

1. A 股

A 股的正式名称是人民币普通股票。它是由我国境内的公司发行，供境内机构和组织或个人（不含港澳台投资者）以人民币认购和交易的普通股股票。

2. B股

B股的正式名称是人民币特种股票。它以人民币标明面值，以外币认购和买卖，在境内（上海、深圳）证券交易所上市交易。它的投资人限于外国的自然人、法人和其他组织，我国香港、澳门、台湾地区的自然人、法人和其他组织，定居在国外的中国公民，中国证监会规定的其他投资人。现阶段B股的投资人，主要是上述几类中的机构投资者。

3. H股

H股，即注册地在内地、上市地在香港的外资股。香港的英文是Hong Kong，取其字首，在港上市外资股就叫做H股。

4. S股

S股，即注册地在中国、上市地在新加坡的外资股。新加坡的第一个英文字母是S，因此，在新加坡上市的外资股就叫做S股。

5. N股

N股，即注册地在中国、上市地在纽约的外资股。纽约的第一个英文字母是N，因此，在纽约上市的外资股就叫做N股。

三、股票的价值和价格

（一）股票的价值

从本质上讲，股票仅仅是一种凭证，其作用是证明持有人的财产权利。股票不像普通商品一样包含有使用价值，它自身并没有价值，也不可能有价格。但持有股票后，股东不但可参加股东大会，对股份公司的经营决策施加影响，而且还能享受分红和派息的权利，获得相应的经济利益，所以股票又是一种虚拟资本，它可以作为一种特殊的商品进入市场流通转让。股票的价值，就是用货币的形式来衡量股票作为获利手段的价值。所谓获利手段，即凭借着股票，持有人可取得的经济利益。利益越大，股票的价值就越高。

1. 票面价值

股票的面值（票面价值）是股份公司在所发行的股票上标明的票面金额，它以“元/股”为单位，其作用是表明每一张股票所包含的资本数额。股票的面值一般都印在股票的正面且基本都是整数，如百元、拾元、壹元等。在我国上海和深圳证券交易所流通的股票，其面值都统一定为壹元，即每股一元。股票票面价值的最初目的在于，保证股票持有者在退股之时能够收回票面所标明的资产。随着股票的发展，购买股票后不能再退股，现如今股票面值的作用主要有两点：一是表明股票的认购者在股份公司投资中所占的比例，作为确认股东权利的根据。如某上市公司的总股本为1 000万元，持有一股股票就表示在该股份公司所占的股份为千万分之一。二是在首次发行股票时，将股票的面值作为发行定价的一个依据。

一般来说，股票的发行价都会高于面值。当股票进入二级市场流通后，股票的价格就与股票的面值相分离了，彼此之间并没有什么直接的联系，投资者将它炒多高，它就会有多高，如前些年上海股市有些股票的价格曾达到80多元，但其面值也就仅为壹元。

2. 账面价值

账面价值又称为股票的净值，也称为每股净资产，指的是用会计的方法计算出来的每股股票所包含的资产净值。其计算方法是将公司的注册资本加上各种公积金、累积盈余，也就是通常所说的股东权益，再除以总股本。股票的账面价值是股份公司剔除了一切债务后的实际资产，是股份公司的净资产。

由于账面价值是财会计算结果，其数字准确程度较高，可信度较强，所以它是股票投资者评估和分析上市公司经营实力的重要依据之一。股份公司的账面价值高，则股东实际拥有的财产就多；反之，股票的账面价值低，股东拥有的财产就少。股票的账面价值虽然只是一个会计概念，但对于投资者进行投资分析具有较大的参考作用，也是产生股票价格的直接根据。因为股票价格越贴近每股净资产，股票的市场价值就越接近于股票的账面价值。

在股票市场中，股民除了要关注股份公司的经营状况和盈利水平外，还需特别注意股票的净资产含量。净资产含量越高，公司自己所拥有的本钱就越大，抗拒各种风险的能力也就越强。

3. 清算价值

股票的清算价值是指股份公司破产或倒闭后进行清算之时每股股票所代表的实际价值。从理论上讲，股票的每股清算价值应当与股票的账面价值相一致，但企业在破产清算时，其财产价值是以实际的销售价格来计算的，而在进行财产处置时，其售价都低于实际价值。所以，股票的清算价值就与股票的净值不相一致，一般都要小于净值。股票的清算价值只是在股份公司因破产或因其他原因丧失法人资格而进行清算时才被作为确定股票价格的根据，在股票发行和流通过程中没有什么意义。

4. 股票的市场价值

股票的市场价值，又称为股票的市值，是指股票在交易过程中交易双方达成的成交价。股票的市值直接反映着股票市场行情，是股民买卖股票的依据。由于受众多因素的影响，股票的市场价值处于经常性的变化之中。股票的市场价值是与股票价格紧密相联的，股票价格是股票市场价值的集中表现，前者随后者的变化发生相应的波动。在股票市场中，股民是根据股票市场价值（股票行市）的高低变化来分析判断和确定股票价格的，所以通常所说的股票价格也就是股票的市场价值。

5. 内在价值

股票的内在价值是某一时刻股票的真正价值，它也是股票的投资价值。计算股票的内在价值需用折现法，由于上市公司的寿命期、每股税后利润及社会平均投资收益率等都是未知数，所以股票的内在价值较难计算，在实际应用中，一般都取预测值。

（二）股票的价格

1. 股票的市场价格

股票的市场价格，即股票在股票市场上买卖的价格。股票市场可分为发行市场和流通市场，因而股票的市场价格也就有发行价格和流通价格的区分。

(1) 发行价格。

当股票上市发行时，上市公司从公司自身利益以及确保股票上市成功等角度出发，对上市的股票不按面值发行，而由发行公司与证券承销商制定一个较为合理的价格来发行，这个价格就称为股票的发行价格。股票的发行价格就是议定的价格。股票发行价格的确定有如下三种情况：

1）股票的发行价格就是股票的票面价值。

2）股票的发行价格以股票在流通市场上的价格为基准来确定。

3）股票的发行价格在股票面值与市场流通价格之间，通常是对原有股东有偿配股时采用这种价格。

国际市场上确定股票发行价格的参考公式是：

$$\frac{\text{股票}}{\text{发行价格}}=\frac{\text{市盈率}}{\text{还原值}}\times 40\%+\frac{\text{股息}}{\text{还原率}}\times 20\%+\frac{\text{每股}}{\text{净值}}\times 20\%+\frac{\text{预计当年股息与一年期}}{\text{存款利率还原值}}\times 20\%$$

这个公式全面地考虑了影响股票发行价格的若干因素，如利率、股息、流通市场的股票价格等，值得借鉴。

（2）流通价格。

股票在流通市场上的价格才是完全意义上的股票的市场价格，一般称为股票市价或股票行市。股票市价表现为开盘价、收盘价、最高价、最低价等形式。其中，收盘价最重要，是分析股市行情时采用的基本数据。

2. 股票的理论价格

股票代表的是持有者的股东权。这种股东权的直接经济利益表现为股息、红利收入。股票的理论价格，就是为获得这种股息、红利收入的请求权而付出的代价，是股息资本化的表现。

静态地看，股息收入与利息收入具有同样的意义。投资者是把资金投资于股票还是存于银行，这首先取决于哪一种投资的收益率高。按照等量资本获得等量收入的理论，如果股息率高于利息率，人们对股票的需求就会增加，股票价格就会上涨，从而股息率就会下降，一直降到股息率与市场利率大体一致为止。按照这种分析，可以得出股票的理论价格公式：

股票理论价格==股息红利收益÷市场利率

四、股票的投资风险和收益

（一）股票的投资风险

1. 股票投资风险的含义

股票投资风险是指股票投资中不能获得投资收益、投资本钱遭受损失的可能性，即在买入股票后在预定的时间内不能以不低于买入价将股票卖出，以致发生套牢，且套牢后的股价收益率（每股税后利润/买入股价）达不到同期银行储蓄利率的可能性。

2. 股票投资风险的内容

股票投资风险包括两部分内容：

（1）股票投资收益风险。

投资的目的是使资本增值，取得投资收益。如果投资人可能获取不到比存银行或购买债券等其他有价证券更高的收益，甚至未能获取收益，那么对投资者来说意味着遭受了风险，这种风险称为投资收益风险。

（2）股票投资资本风险。

股票投资资本风险是指投资者在股票投资中面临着投资资本遭受损失的可能性。

3. 股票投资风险的种类

在股票投资中使投资者有可能蒙受损失的风险可归纳成两大类：一是系统性风险；二是非系统性风险。

（1）系统性风险。

系统性风险指由于某种因素对市场上所有证券都会带来损失的可能性。系统性风险包括政治风险、经济风险、心理风险、技术风险等。

1）政治风险。政治风险是指足以影响股价变动的国内外政治活动以及政府的政策、措施、法令等。

2）经济风险。经济风险是指影响股价波动的各种经济因素，包括经济增长情况、经济景气循环、利率、汇率、财政收支状况、货币供应量、物价、国际收支等。

3）心理风险。心理风险是指投资者的心理变化对股价变动产生的影响。

4）技术风险。技术风险是指股票市场内部因技术性操作因素引起股价波动而产生的风险。技术风险因素包括投机者的投机性操作、股市的强弱变动趋势、股价循环、信用交易和证券主管部门对股票市场的限制性规定。然而，各股票上市公司自身的情况不同，因此系统性风险对各种股票的影响程度是不一样的。这种不同程度可通过 Beta 系数来反映。

$$\text{Beta 系数}=\left(\begin{matrix}\text{某种股票的}\\\text{预期报酬}\end{matrix}-\begin{matrix}\text{该期报酬中的}\\\text{非风险部分}\end{matrix}\right)\Big/\left(\begin{matrix}\text{整个市场股票}\\\text{组合的预期报酬}\end{matrix}-\begin{matrix}\text{该期报酬中的}\\\text{非风险部分}\end{matrix}\right)$$

整体股票市场的 Beta 系数为 1。如果某种股票的风险情况与整个股票市场的风险情况相一致，那么这种股票的 Beta 系数也等于 1。如果某种股票的 Beta 系数大于 1。说明其风险程度大于整个市场的风险水平。如果某种股票的 Beta 系数小于 1，说明其风险程度小于整个市场水平。

（2）非系统性风险。

非系统性风险是指某些因素对单个股票造成损失的可能性。这种风险既来自上市公司外部，如产品市场销路变化、国家政策调整等，也来自上市公司内部，如由公司管理能力、促销能力、技术能力、生产能力不佳等因素造成的风险。在一般情况下，非系统性风险主要来自上市公司内部。非系统性风险的来源归纳起来主要有以下两方面：

1）经营风险。经营风险是指因公司经营不善而带来的风险。

2）财务风险。财务风险是指公司的资金困难引起的风险。

将上述几种风险综合起来，股票投资风险可分为可分散风险、不可分散风险和总风险三个范畴。

非系统性风险只对个别公司或行业的股票发生影响，与股票市场总价格的变动不存在系统性、全局性的联系，为分散此风险的发生，一般可采取股票组合投资的方法，因此非系统性风险也称为可分散风险。

系统性风险是同时影响整个股票市场价格的，它无法通过任何技术处理的办法来分散其风险性影响，因此系统性风险也称为不可分散风险。

可分散风险和不可分散风险之和为总风险，它反映股票投资者的股票持有期收益的总变动性。

4. 股票投资风险的防范

（1）分散非系统风险。

股市操作有句谚语：“不要把鸡蛋都放在一个篮子里。”这话道出了分散风险的哲理。

1）分散投资资金单位。一些研究者发现，如果把资金平均分散到数家乃至许多家任意选出的公司股票上，总的投资风险就会大大降低。他们发现，对任意选出的 60 种股票的“组合群”进行投资，其风险可降至 11.9％左右，即如果把资金平均分散到许多家公司的股票上，总的投资收益率变动，在 6 个月内变动将达 20.5％。如果投资者手中有一笔暂时不用的、金额又不算大的现金，又能承受其投资可能带来的损失，投资者可选择那些高收益的股票进行投资；如果投资者掌握的是一大笔损失不得的巨额现金，投资者最好采取分散投资的方法来降低风险，即使有不测风云，也会“东方不亮西方亮”，不至于“全军覆没”。

2）行业选择分散。证券投资，尤其是股票投资不仅要对不同的公司分散投资，而且这些不同的公司也不宜都是同行业的或相邻行业的，最好是有一部分或都是不同行业的，因为共同的经济环境会对同行业的企业和相邻行业的企业带来相同的影响，如果投资选择的是同行业或相邻行业的不同企业，也达不到分散风险的目的。只有不同行业、不相关的企业才有可能此损彼益，从而有效地分散风险。

3）时间分散。就股票而言，只要股份公司盈利，股票持有人就会定期收到公司发放的股息与红利。例如，香港、台湾的公司通常在每年 3 月份举行一次股东大会，决定每股的派息数额和一些公司的发展方针与计划，在 4 月间派息。而美国的企业则都是每半年派息一次。一般临近发息前夕，股市得知公司的派息数后，相应的股票价格会有明显的变动。短期投资宜在发息日之前大批购入该股票，在获得股息和其他好处后，再将所持股票转手；而长期投资者则不宜在这期间购买该股票。因而，证券投资者应根据投资的不同目的而分散自己的投资时间，以将风险分散在不同阶段上。

4）季节分散。股票的价格在股市的淡旺季会有较大的差异。由于股市淡季股价会下跌，将造成股票卖出者的额外损失；同样，如果是在股市旺季与淡季交替期贸然一次性买入某股票，由于股市价格将由高位转向低位，也会造成购买者的成本损失。因此，在不能预测股票淡旺程度的情况下，应把投资或收回投资的时间拉长，不急于向股市注入资本或抽回资金，用数月或更长的时间来完成此项购入或卖出计划，以降低风险程度。

（2）回避市场风险。

市场风险来自各种因素，需要综合运用回避方法。

1）掌握趋势。对每种股票价位变动的历史数据进行详细的分析，从中了解其循环变动的规律，了解收益的持续增长能力。

2）搭配周期股。有的企业生产具有一定的季节性或阶段性，如冷饮生产企业，受其自身经营限制，一年里总有那么一段时间停工、停产，其股价在这段时间里大多会下跌，为了避免因股价下跌而造成的损失，可策略性地购入另一些开工、停工刚好相反的股票进行组合，互相弥补股价可能下跌所造成的损失。

3）选择买卖时机。以股价变化的历史数据为基础，算出标准误差，并以此为选择买卖时机的一般标准。当股价低于标准误差下限时，可以购进股票；当股价高于标准误差上限时，最好把手头的股票卖掉。

4）注意投资期。企业的经营状况往往呈一定的周期性，经济气候好时，股市交易活跃；经济气候不好时，股市交易必然凋零。不要把股市淡季作为大宗股票投资期。在西方国家，股市的变化对经济气候的反映更敏感，常常在经济出现衰退前6个月，股价已开始回落。比如1991年2月，美国经济进入新的一个衰退期的前6个月，著名的道琼斯工业指数已开始下跌，而在经济开始复苏前半年，股价即已开始回弹。根据历史资料分析，经济繁荣期大多持续48个月。应尽可能正确地判定当时经济状况在兴衰循环中所处的地位，把握好投资期限。

（3）防范企业经营风险。

在购买股票前，要认真分析有关投资对象，即某企业或公司的财务报告，研究它现在的经营情况以及在竞争中的地位和以往的盈利情况，同时，还要深入分析有关企业或行业的经营材料，不为其表面现象所动，看出它的破绽和隐患，并作出冷静的判断。如果将收益持续增长、发展计划切实可行的企业当作股票投资对象，而和那些经营状况不良的企业或公司保持一定的投资距离，那么就能较好地防范经营风险。

（4）避开购买力风险。

在通货膨胀期内，应留意市场上价格上涨幅度高的商品，从生产该类商品的企业中挑选出获利水平和能力高的企业。当通货膨胀率异常高时，应把保值作为首要因素，如果能购买到保值产品的股票（如黄金开采公司、金银器制造公司等的股票），则可在一定程度上避开通货膨胀带来的购买力风险。

（5）避免利率风险。

尽量了解企业营运资金中自有成分的比例，利率升高时，会给借款较多的企业或公司造成较大困难，从而殃及股票价格；而利率的升降对那些借款较少、自有资金较多的企业或公司影响不大。因而，利率趋高时，一般要少买或不买借款较多的企业股票；利率波动变化难以捉摸时，应优先购买那些自有资金较多的企业的股票，这样就可基本上避免利率风险 。

（二）股票的收益

股票的收益是投资者从购入股票开始到出售股票为止整个持有期间的收入。它由股息、资本增值收益和资本利得组成。

1. 股息

股息有现金红利和红股两种形式。在熊市阶段，持股者往往希望得到现金红利，因为股价在不断下跌。而在牛市阶段，持股者又希望得到红股，因为股价在持续上涨。无论是现金红利还是红股，A股的投资者都需要上缴10%的所得税，个人投资者由上市公司代扣代缴，机构投资者、法人投资者则自行缴纳。另外，分红、派息的实施日和发放日可以一样，也可以不一样。有的上市公司在实施送红股时往往伴随着一定额度的现金，而实际上现金的数额恰恰等于送红股所需缴纳的所得税，这样投资者实际上获得的仅是红股，而得不到作为代扣代缴部分的现金红利。与A股不同，B股的投资者是免税的，具有政策上的优惠。这部分的来源依靠上市公司实现的净利润，盈利能力越强，实施高比例分配的能力也就越高。

2. 资本增值收益

资本增值收益是指上市公司在使用资本公积进行转增时送股。与红股的来源是未分配利润有着明显不同，上市公司在实施转增时必须使用资本公积的股本溢价部分，而这部分的来源往往依靠上市公司实施首发融资或再融资等方式才能获得。

3. 资本利得

资本利得是指股票持有者持股票到市场上进行交易，当股票的市场价格高于买入价格时，卖出股票就可以赚取差价收益。目前，国内股市尚不对该部分实施征税，但在境外发达国家和地区都是征税的，不过形成亏损也可以抵减应纳税所得额。

第二节　股票市场

一、股票市场概述

（一）股票市场的概念与种类

1. 股票市场的概念

股票市场是股票发行和流通的场所。股票的交易都是通过股票市场来实现的。

2. 股票市场的种类

(1) 根据市场的功能划分，股票市场可分为发行市场和流通市场。

发行市场是通过发行股票进行筹资活动的市场，一方面为资本的需求者提供筹集资金的渠道，另一方面为资本的供应者提供投资场所。发行市场是实现资本职能转化的场所，通过发行股票，把社会闲散资金转化为生产资本。由于发行活动是股市一切活动的源头和起始点，故又称发行市场为“一级市场”。

流通市场是已发行股票进行转让的市场，又称“二级市场”。流通市场一方面为股票持有者提供随时变现的机会，另一方面为新的投资者提供投资机会。与发行市场的一次性行为不同，在流通市场上股票可以不断地进行交易。发行市场是流通市场的基础和前提，流通市场又是发行市场得以存在和发展的条件。发行市场的规模决定了流通市场的规模，影响着流通市场的交易价格。没有发行市场，流通市场就成为无源之水、无本之木，在一定时期内，发行市场规模过小，容易使流通市场供需脱节，造成过度投机，股价飚升；发行节奏过快，股票供过于求，对流通市场形成压力，股价低落，市场低迷，反过来影响发行市场的筹资。所以，发行市场和流通市场是相互依存、互为补充的整体。

(2) 根据市场的组织形式划分，股票市场可分为场内交易市场和场外交易市场。

场内交易市场是股票集中交易的场所，即股票交易所。有些国家最初的股票交易所是自发产生的，有些则是根据国家的有关法规注册登记设立或经批准设立的。今天的股票交易所有严密的组织、严格的管理，并有进行集中交易的固定场所。在许多国家，交易所是股票交易的唯一合法场所。1990 年底，上海证券交易所正式成立，深圳证券交易所也开始试营业。

场外交易市场指股票交易所以外的各证券交易机构柜台，所以也叫做柜台交易市场。随着通信技术的发展，一些国家出现了有组织的、通过现代化通信与电脑网络进行交易的场外交易市场，如美国的全美证券商协会自动报价系统（NASDAQ）。由于我国的证券市场还不成熟，目前还不具备发展场外交易市场的条件。

(3) 根据投资者范围不同，我国股票市场可分为境内投资者参与的A股市场和专供境外投资者参与的B股市场。

（二）股票市场的性质与职能

通过股票的发行，大量的资金流入股市，又流入了发行股票的企业，促进了资本的集中，提高了企业资本的有机构成，大大加快了商品经济的发展。通过股票的流通，小额的资金汇集了起来，加快了资本的集中与积累。所以，股市一方面为股票的流通转让提供了基本的场所，另一方面也刺激了人们购买股票的欲望，为一级股票市场的发行提供保证。同时，由于股市的交易价格能比较客观地反映出股票市场的供求关系，股市也能为一级市场股票的发行提供价格及数量等方面的参考依据。

二、股票的发行

（一）股票发行的目的

股票发行的目的比较复杂，除了筹集资金，满足企业发展需要这一主要目的以外，其他一些目的如调整公司的财务结构、进行资产重组、维护股东利益等都可引起股票发行。概括起来主要有以下几个方面。

1. 新建股份有限公司筹集资金，满足企业经营需要

股份有限公司的成立有两种形式：一种是发起设立，即由公司发起人认购全部股票。发起设立程序简单，发起人出资后公司设立即告完成，但这类公司规模较小。另一种是募集设立，即除发起人本身出资外，还需向社会公开发行股票募集资金。按照我国《公司法》的规定，以募集设立方式设立股份有限公司的，发起人认购的股份不得少于股份总额的35%。这类公司的规模一般较大。

2. 现有股份有限公司改善经营

现有股份有限公司为扩大经营规模或范围，提高公司的竞争能力而投资新的项目时，需增加发行股票筹集资金，人们通常称之为增资发行。

3. 改善公司财务结构，保持适当的资产负债比例

当公司负债率过高时，通过发行股票增加公司资本，可以有效地降低负债比例，改善公司财务结构。

4. 满足证券上市标准

股票在证券交易所上市需要满足的条件很多，其中一个重要的方面就是股本总额。我国《公司法》规定，股份有限公司的股票要在证券交易所上市，其股本总额不得少于人民币5 000万元。因而有些公司为了争取股票在证券交易所挂牌上市，就通过发行新的股票的方式来增加股本总额，满足上市标准。

5. 公积金转增股本及股票派息

当股份有限公司的公积金累计到一定的水平时，在留足了法律规定的比例以后，可以将其余的公积金转为资本金，向公司现有股东按比例无偿增发新股。另外，当公司需要资金用于扩大投资时，会选择用股票而不是现金来分红派息。

6. 其他目的

（1）转换证券。当公司需要将发行在外的可转换债券或其他类型的证券转换成公司股票时，要向债权人发行股票。

（2）股份的分割与合并。股份的分割又称为拆股，股份的合并又称为缩股。拆股或缩股时应向原股票持有人换发新股票。

（3）公司兼并。公司可以向目标企业发行本公司的股票，目标企业以其资产作为出资缴纳股款，由此完成对目标企业的兼并。

（二）股票发行的方式

股票发行是指符合条件的发行人以筹资或实施股利分配为目的，按照法定的程序，向投资者或原股东发行股份或无偿提供股份的行为。股份有限公司对股票发行方式的选择，对于发行是否成功具有重要意义，选择适合公司自身情况、市场情况和投资者的好的发行方式，可以使公司及时募足所需资本，保证经营计划的实现。下面向大家介绍一些主要的分类方法。

1. 根据发行对象分类

根据发行对象的不同，可以分为公开发行和不公开发行两种。

（1）公开发行又称公募发行，是指在发行股票之前，没有规定募股的对象，面向全社会筹集资金的股票发行方式。采用这种发行方式的优势是：扩大股东范围，分散股份，可以有效地降低他人恶意囤积股票的可能性，防止他人控制公司；还可以提高公司的社会知名度。

（2）不公开发行的股票也被称为私募股，这种发行方式一般适用于股东配送和私人配送。股东配送也被称为股东分摊，这种方式主要用于股份公司向股东分配新发行的股票，这种股票的价格往往低于市场价格，实际是对股东的一种优惠。股东拥有决定是否购买的权利，一般来说，股东都愿意购买这种股票，当然股东也可以放弃购买新股的权利，此时他可以选择转让认购权。私人配送也称为第三者分摊，是指股份公司将股份分售给公司员工和往来客户等关系密切的人士。

2. 按发行者的推销方式分类

按照发行者的推销方式，可以分为直接发行和间接发行两种。

（1）直接发行是指股份公司直接向认购者销售股票，自己承担发行的工作以及风险的发行方式。股份公司选择直接发行的方式必须熟悉招股的手续、流程以及相应的条件。使用这种方式发售股票时，如果认购额达不到计划的招股额，股份公司的发起人和股东大会就必须自己认购剩余的股份。

（2）间接发行也被称为间接招股（招股是指公司首次公开募股），是指委托证券公司或者中介机构发行和销售股票的发行方式。这些机构办理发行的事务，承担相应的风险并从中获得相关收益。这种发行方式一般通过三种做法进行：代销法、承销法以及包销法。

1）代销法也被称为代理招股，代销者（指股份公司所委托的证券公司或者中介机构）只负责按照发行者提出的条件进行股票推销，并不承担发行风险，合同期满后，将剩余股票返还发行者。由于这种方式的全部风险和责任都由发行者承担，所以这种方式的代理费用比较低。

2）承销法又被称为余股承购法，股票的发行者与证券公司或者中介机构签订明确合同，其中规定，如果股票的承销者在合同规定时期内，没有达到规定的发行数目，其中的差额部分由承销者自己来承担。由于这种发行方法能够保证完成股票发行时的数额，所以这种方法受到股票发行者的青睐。而承销者则需要承担一定的风险，所以承销费高于代销费。

3）包销法又被称为包买招股，当新的股票发行的时候，证券公司或者中介机构先使用自己的资金一次性将这些股票购买下来，然后根据市场的行情逐渐卖出，赚取差价。然而一旦出现股价下跌的情况，包销者必须自己承担损失。因此，包销法是三种方式中费用最高的。

3. 按照投资者认购股票时是否缴纳股金分类

按照投资者认购股票时是否缴纳股金，可以分为有偿增资、无偿增资以及搭配增资三种方式。

（1）有偿增资是指股票的认购者必须按照股票的发行价格来支付资金才能获得股票的方式。这种方式一般适用于公开发行的股票，它的优势在于可以直接从外界募集本金，增加公司的资本。

（2）无偿增资是指认购者无须向股份公司支付资金，就可以获得股票的方式。一般情况下，它的发行对象只有公司的原股东。这种方式一般适用于下列情况：股票派息分红、股票分割和法定公积金或盈余转作资本配股时，将新股票按照一定比例无偿地支付给原股东。由于无偿增资的发行对象受到限制，所以这种方式并不常用。

（3）搭配增资实际上是一种优惠方式，是指认购者以支付价格的一部分购买股票，如某股股票认购面额为50元，认购者只需支付30元就可以购买该股票。股东配股以及私人配股就属于这种方式。

（三）股票发行的价格

1. 股票发行价格的含义

股票发行价格是指股票公开发行时的价格。此价格多由承销银团和发行人根据市场情况协商定出。由于发行价是固定的，所以有时也称为固定价。

发行价如果定得低，公司上市融资的目的就达不到，失去上市的意义。但是，如果发行价定得过高，就没有人愿意买，也照样融不到资。所以，应根据市场的接受能力，参考同类公司的市场价格，考虑各种因素之后，定一个折中的价格，这样既满足融资的需要，又能使市场接受。

2. 发行价格的确定

从国际股票发行的经验看，确定股票发行价最常用的方式有累计定单方式、固定价格方式及累计定单和固定价格相结合的方式。

目前，我国的股票发行价格确定多采用两种方式：一是固定价格方式，即在发行前由主承销商和发行人根据市盈率法来确定新股发行价格（新股发行价＝每股税后利润×发行市盈率）。二是区间寻价方式，又叫“竞价发行”方式，即确定新股发行的价格上限和下限，在发行时根据集合竞价的原则，以满足最大成交量的价格作为确定的发行价。比如某只新股竞价发行时的上限是10元，下限是6元，发行时认购者可以按照自己能够接受的价格进行申购，结果是8元可以满足所有申购者最大的成交量，所以8元就成了最终确定的发行价格。所有高于和等于 8 元的申购可以认购到新股，而低于 8 元的申购则不能认购到新股。这种方式多在增发新股时使用。新股的发行价主要取决于每股税后利润和发行市盈率这两个因素。

3. 确定股票发行价格时考虑的因素

在股票市场上，确定一种新股票的发行价格时，一般要考虑其四个方面的数据资料：

(1) 要参考上市公司上市前最近三年来平均每股税后纯利乘上已上市的近似类的其他股票最近三年来的平均利润率。这方面的数据占确定最终股票发行价格的四成比重。

(2) 要参考上市公司上市前最近四年来平均每股所获股息除以已上市的近似类的其他股票最近三年平均股息率。这方面的数据占确定最终股票发行价格的二成比重。

(3) 要参考上市公司上市前最近期的每股资产净值。这方面的数据占确定最终股票发行价格的二成比重。

(4) 要参考上市公司当年预计的股利除以银行一年期的定期储蓄存款利率。这方面的数据占确定最终股票发行价格的二成比重。

三、股票的交易

(一) 股票的流通市场

流通市场又称二级市场或交易市场，是指股票投资者之间按照市场价格对已发行上市的股票进行转让、买卖和流通的市场，包含了股票流通的一切活动。其构成要素主要有：股票持有人，在此为卖方；投资者，在此为买方；为股票交易提供流通、转让便利条件的信用中介操作机构，如证券公司或股票交易所（习惯称之为证券交易所）。目前，股票的流通市场可分为有组织的证券交易所和场外市场，即新兴的第三市场和第四市场。

1. 证券交易所

证券交易所是依据国家有关法律，经政府证券主管机关批准设立的集中进行证券交易的有形场所。证券交易所为证券的集中交易提供固定场所和有关设施，并制定各项规则以形成公正合理的价格和有条不紊的秩序。

证券交易所作为进行证券交易的场所，本身并不持有证券，也不进行证券的买卖，主要作用是为交易双方成交创造或提供条件，并对双方的交易行为进行监督。

(1) 我国证券交易所的产生与发展。

目前，我国的证券交易所有两个，分别在上海与深圳。上海证券交易所是我国目前最大的证券交易中心，成立于 1990 年 11 月 26 日，注册人民币 1 000 万元。深圳证券交易所是我国第二家证券交易所，筹建于 1989 年，于 1991 年 7 月经中国人民银行批准正式营业。这两个交易所开业以来，不断改进市场运作，逐步实现了交易的电脑化、网络化及股票的无纸化操作。目前，这两个交易所上市的证券品种有 A 股、B 股、国债、企业债券、权证、基金等。截至 2011 年，在上海证券交易所挂牌的股票有 975 只，市价总值为 14.84 万亿元；在深圳证券交易所挂牌的股票有 1 938 只，市价总值为 6.64 万亿元。

上海证券交易所和深圳证券交易所按照国际通行的会员制方式组成，是非营利性的事业单位。其业务范围包括：

1）组织并管理上市证券。

2）提供证券集中交易的场所。

3）办理上市证券的清算与交割。

4）提供上市证券市场信息。

5）办理中国人民银行许可或委托的其他业务。

其业务宗旨是：完善证券交易制度，加强证券市场权利，促进中国证券市场的发展与繁荣，维护国家、企业和社会公众的合法权益。

上海证券交易所和深圳证券交易所由会员、理事会、总经理和监事会四个部分组成。会员是经审核批准且具备一定条件的法人，它们都享有平等的权利，有权参加会员大会，对交易所的理事和监事有选举权和被选举权，对交易所的事务有提议权和表决权。会员大会是证券交易所的最高权力机关，每年召开一次。理事会为证券交易所会员大会的日常事务决策机构，向会员大会负责。总经理为交易所的法定代表人，由理事会提名报主管机关批准。总经理的职责是组织实施会员大会和理事会的决议并向其报告工作；主持本所日常业务和行政工作；聘任本所部门负责人；代表本所对外处理有关事务。证券交易所还设监事会，负责本所财务、业务工作的监督，并向会员大会负责。

（2）我国证券交易所市场的层次结构。

我国在以上海、深圳证券交易所作为证券市场主板市场的基础上，又在深圳证券交易所设置中小企业板块市场和创业板市场，从而形成交易所市场内的不同市场层次。

1）主板市场。

一般而言，各国主要的证券交易所代表着国内主板主场。主板市场对发行人的营业期限、股本大小、盈利水平、最低市值等方面的要求标准较高，上市企业多为大型成熟企业，具有较大的资本规模以及稳定的盈利能力。相对创业板市场而言，主板市场是资本市场中最重要的组成部分，很大程度上能够反映经济发展状况，有“宏观经济晴雨表”之称。上海、深圳证券交易所是我国证券市场的主板市场。

2）中小企业板市场。

2004年5月，经国务院批准，中国证监会批复同意，深圳证券交易所在主板市场内设立中小企业板块市场。

中小企业板块的设计要点主要是四个方面：第一，暂不降低发行上市标准，而是在主板市场发行上市标准的框架下设立中小企业板块，这样可以避免因发行上市标准变化带来的风险；第二，在考虑上市企业的成长性和科技含量的同时，尽可能扩大行业覆盖面，以增强上市公司行业结构的互补性；第三，在现有主板市场内设立中小企业板块，可以依托主板市场形成初始规模，避免直接建立创业板市场初始规模过小带来的风险；第四，在主板市场的制度框架内实行相对独立运行，目的在于有针对性地解决市场监管的特殊性问题，逐步推进制度创新，从而为建立创业板市场积累经验。

中小企业板块的总体设计可以概括为“两个不变”和“四个独立”。“两个不变”是指中小企业板块运行所遵循的法律、法规和部门规章与主板市场相同；中小企业板块的上市公司符合主板市场的发行上市条件和信息披露要求。“四个独立”是指中小企业板块是主板市场的组成部分，同时实行运行独立、监察独立、代码独立、指数独立。

监管方面采取两个措施：一是改进交易制度，完善开盘集合竞价制度和收盘价的确定方式，在监控中引入涨跌幅、振幅及换手率的偏离值等指标，完善交易异常波动停牌制度等；二是完善中小企业板块上市公司监管制度，推行募集资金使用定期审计制度、年度报告说明会制度和定期报告披露上市公司股东持股分布制度等措施。

3）创业板市场。

创业板市场的功能主要表现在两个方面：一是在风险投资机制中的作用，即承担风险资本的退出窗口作用；二是作为资本市场所固有的功能，包括优化资源配置、促进产业升级等作用。而对企业来讲，上市除了融通资金外，还有提高企业知名度、分担投资风险、规范企业运作等作用。因而，建立创业板市场是完善风险投资体系，为中小高科技企业提供直接融资服务的重要一环，也是多层次资本市场的重要组成部分。

我国创业板市场于2009年10月23日在深圳证券交易所正式启动。我国创业板市场主要面向成长型创业企业，重点支持自主创新企业，支持市场前景好、带动能力强、就业机会多的成长型创业企业，特别支持新能源、新材料、电子信息、生物医药、环保节能、现代服务等新兴产业的发展。

2. 场外市场

场外市场又称店头市场或柜台市场，它与交易所共同构成一个完整的证券交易市场体系。场外交易市场实际上是由千万家证券商行组成的抽象的证券买卖市场。在场外交易市场内，每个证券商行大都同时具有经纪人和自营商双重身份，随时与买卖证券的投资者通过直接接触或电话、电报等方式迅速达成交易。

与证券交易所相比，场外市场没有固定的交易场所，其交易是由自营商来组织的。其价格是通过买卖双方协议达成的，一般由证券自营商挂出各种证券的买入价和卖出价，卖者和买者以此价与自营商进行交易。

场外交易市场不像证券交易所有较高的上市条件，而且管制少，灵活方便，因而成为中小企业和具有发展潜质的公司证券流通的主要场所。

（二）股票交易程序

股票交易程序是指在股票交易市场买进或卖出股票的具体步骤。股票交易要比股票发行复杂得多，一般投资者是不能直接进入证券交易所进行场内交易的，而要委托证券商或经纪人代为进行。客户（投资者）的委托买卖是证券交易所交易的基本方式，是投资者委托证券商或经纪人代理客户（投资者）在场内进行股票买卖交易的活动。股票的交易程序一般包括开户、委托、成交、清算与交割、过户等几个过程。

1. 开户

股票交易开户是指投资者（包括个人或机构）分别在证券公司和银行开立证券账户和银行账户的行为。开户具体包括多种，如深圳账户（包括深圳A股、深圳B股、创业板），上海账户（包括上海A股、上海B股），融资融券账户等。这里以A股账户为例。

（1）开户流程。

第一步：到证券公司开户，办理上证或深证股东账户卡、资金账户、网上交易业务、电话交易业务等有关手续。然后，下载证券公司指定的网上交易软件。

第二步：到银行开活期账户，并开通银证转账业务，把钱存入银行。

第三步：通过网上交易系统或电话交易系统把钱从银行转入证券公司资金账户。

（2）开户手续。

开户手续为：开立证券账户→开立资金账户→开通银证转账第三方存管业务→办理指定交易。

1）证券账户（俗称股东卡）。

新投资者要做的第一件事就是为自己开立一个股票账户（即股东卡）。股票账户相当于一个“银行户头”，投资者只有开立了股票账户才可进行股票买卖。个人开立A股股票账户，须持本人身份证原件及银行通存通兑个人结算存折（或银行卡），通过所在地的证券营业部按登记公司要求填写申请表格（自然人证券账户注册申请表、证券代理开户业务书、创业板风险揭示书、客户风险认知与承受能力评估调查表等），如委托人代办，须同时出示受托人的身份证原件。开户费用按交易所规定，上海股东卡开户费为40元人民币，深圳股东卡开户费为50元人民币。

2）资金账户。

资金账户是投资者在证券商处开设的资金专用账户，用于存放投资者买入证券所需资金或卖出证券取得的资金，记录证券交易资金的币种、余额和变动情况。开立股票账户后，证券营业部会给客户开立资金账户（一般利用资金账号登录交易系统）。填写开户资料并与证券营业部签订证券买卖委托合同（或证券委托交易协议书），同时签订有关沪市的指定交易协议书。

3）开通银证转账第三方存管业务。

需开通证券营业部银证转账业务功能的投资者，注意查阅证券营业部有关此类业务功能的使用说明。这个要去银行柜台办理。但是也有例外，对某些营业部，持有中国银行、农业银行、工商银行、建设银行四大行的银行卡的投资者不需要去银行柜台，可以直接在营业部柜台实现一步式签约，很方便。

4）办理指定交易。

根据上海证券交易所的规定，投资者应办理指定交易，办理指定交易后投资者方可在营业部进行上海证券市场的股票买卖。

2. 委托

委托是指投资者决定买卖股票时，通过委托单、电话等形式向证券商发出买卖指令的过程。投资者开户后要进行股票买卖，必须通过委托下达交易指令。一般来说，委托包含以下几个要素：

（1）委托方式。

目前，我国深圳、上海股票交易委托主要采用当面委托的方式，主要有递单委托、电话委托、电脑自动委托和远程终端委托。

1）递单委托又叫柜台递单委托，指投资者到证券部营业柜台出示本人身份证（或代理人证件）和证券账户卡，填写书面买卖委托单，委托证券商代理买卖股票的方式。投资者填写委托单，必须写明证券账户号码，资金账户号码，委托人，买入或卖出方式，买卖证券的品种、数量、价格、日期等。

2）电话委托是指投资者通过电话向证券商计算机系统输入委托指令，以完成证券买卖委托和有关信息查询的委托方式。

3）电脑自动委托（自助终端委托）是指投资者通过与证券商自动委托交易系统联结

的电脑终端，按照系统发出的指示输入买卖委托指令，以完成证券买卖委托和有关信息查询的一种先进的委托方式。

4）远程终端委托（网上委托）是指投资者通过与证券商电脑系统连网的远程终端或互联网下达买进或卖出指令的委托方式。

（2）委托数量。

股票交易中常用“手”作为标准单位。通常，100股为一标准手。投资者委托证券商买卖的股票数量以交易单位为起点或是一个交易单位的整数倍。如上海、深圳证券交易所规定：A股、B股以100股为一手；基金以1 000份为一手；债券以1 000元（面值为100元，10张）为一手。

（3）委托价格。

委托价格一般分为市价和限价两种。市价委托，即委托人指令证券商按交易市场当时的价格买进或卖出股票，委托人只规定买进或卖出股票的数量，而不指定买卖的价格。优点是成交迅速，缺点是对投资者来说风险较大。限价委托，即委托人在委托证券商代理股票买卖过程中，确定买入股票的最高价和卖出股票的最低价，并由证券商在买入股票的限定价格以下买进，在卖出股票的限定价格以上卖出。这种方式风险较小，我国目前采用这种方式。

（4）委托时效。

委托时效是指投资者委托买卖股票的有效期限，如当日有效、3日有效、5日有效和撤销前有效等。在有效期内，证券商按照投资者委托的数量、价格买卖股票。我国委托时效采用当日有效方式。

3. 成交

证券商在接受投资者委托后，即按投资者指令进行申报竞价，然后拍板成交。目前，上海、深圳证券交易所同时采用集合竞价和连续竞价两种方式。每个交易日上午9:15至9:25，电脑撮合系统对接收的全部有效委托进行集合竞价处理，对其余交易时间的有效委托进行连续竞价处理。

4. 清算与交割

清算与交割是一笔证券交易达成后的后续处理，是价款结算和证券交收的过程。清算和交割统称证券的结算，是证券交易中的关键一环，它关系到买卖达成后交易双方责权利的了结，直接影响交易的顺利进行，是市场交易持续进行的基础和保证。我国对A股实行T+1交收，对B股实行T+3交收。

5. 过户

我国证券交易所的股票已实行所谓的“无纸化交易”，对于交易过户而言，结算的完成即实现了过户，所有的过户手续都由交易所的电脑自动过户系统一次完成，无需投资者另外办理过户手续。

（三）股票交易方式和费用

1. 股票交易方式

转让股票进行买卖的方法和形式称为交易方式，它是股票流通交易的基本环节。股票流通市场的交易方式种类繁多，如下所示：

（1）现货交易。

现货交易是指股票买卖双方在交易过程中，卖方支付所卖股票，买方支付所买股票的价款，双方即时进行交割的交易方式。

由于现货交易是一种真实的交易，即卖者有现成的股票，买者有足够资金，所以买卖交易的数额受到买卖者手中资金或股票数量的限制，从而控制了交易的风险和盈利。随着证券业的发展，交易数量的增加等多方面的原因使得当场交割有一定困难，因此，一般规定在成交后的较短时间内交割清算。我国《证券法》规定，证券交易均以现货交易的方式进行，实行T+1交割制度。

(2) 期货交易。

期货交易是指买卖双方成交后，按契约中规定的价格在以后某个时间进行交割或清算的方式。它是风险最大、收益最高的投资方式，可以套期保值、进行风险防范。

对于买卖双方来说，在签订合约后，都要承担相应的义务，即买方有到期买进的义务，卖方有到期卖出的义务，不管交割时的价格高低，自己是否亏本或盈利。

(3) 信用交易。

信用交易又称融资融券交易，是指交易客户在买卖股票的时候，只支付一定比例的现金或者证券，其差额部分通过借贷而补足的一种交易形式。根据借贷对象的不同，证券信用交易主要分为融资和融券，包括券商对投资者的融资、融券和金融机构对券商的融资、融券四种。通常所说的融资融券，是指券商为投资者提供融资和融券交易。简单地说，融资是借钱买股票；融券是借股票来卖，即卖空一只证券。投资者在开立证券信用交易账户时，须存入初始保证金。融资的初始保证金比例（保证金/融资买入证券在交割时的总金额）在不同国家和地区有不同规定，大都在30%左右，我国要求不少于50%。这意味着，如果有一笔初始保证金，融资可给予投资者购买股票的放大效应。

(4) 期权交易。

期权是一种选择权，期权的买方向卖方支付一定数额的权利金后，就获得这种权利，即拥有在一定时间内以一定的价格（执行价格）出售或购买一定数量的标的物（实物商品、证券或期货合约）的权利。期权的买方行使权利时，卖方必须按期权合约规定的内容履行义务。买方也可以放弃行使权利，此时买方只损失权利金，卖方则赚取权利金。总之，期权的买方拥有执行期权的权利，无执行的义务；而期权的卖方只有履行期权的义务。

期权主要有如下几个构成因素：

1）执行价格（又称履约价格），即事先规定的标的物买卖价格。

2）权利金，即期权的买方支付的期权价格，也就是买方为获得期权而付给期权卖方的费用。

3）履约保证金，即期权卖方必须存入交易所用于履约的财力担保。

4）看涨期权和看跌期权。看涨期权是指在期权合约有效期内按执行价格买进一定数量标的物的权利；看跌期权是指卖出标的物的权利。当期权买方预期标的物价格会超出执行价格时，他就会买进看涨期权，相反就会买进看跌期权。

股票期权交易是当事人为获得股票市场价格波动带来的利益，约定在一定时间内，以特定价格买进或卖出指定股票，或者放弃买进或卖出指定股票的交易。股票期权交易以期权作为交易标的。期权分为看涨期权和看跌期权两种基本类型。根据看涨期权，期权持有人有权在某一确定时间，以某一确定价格购买标的资产即股票。根据看跌期权，期权持有人有权在某一确定的时间，以某一确定价格出售标的资产。根据期权交易规则，看涨期权持有人可以在确定日期购买证券实物资产，也可在到期日放弃购买；看跌期权持有人，可在确定日期出售证券实物资产，也可拒绝出售而支付保证金。

（5）股票指数期货交易。

股票指数期货（简称股指期货）是指在交易所进行的以某一股票价格指数作为标的物，由交易双方订立的，约定在未来某一特定时间以约定价格进行股价指数交割结算的标准化合约的交易。股指期货交易的特征和流程与普通商品的期货交易基本相同。它们都是订立某一标的物的未来买卖的标准化合约。但由于股指期货买卖的标的是经过统计处理的股票价格指数，因此它又与股票市场有关，投资者可将其对整个股票市场价格指数的预期风险转移至期货市场。

利用股指期货进行套期保值的原理是根据股票指数和股票价格变动的同方向趋势，在股票的现货市场和股票指数的期货市场上作相反的操作来抵消股价变动的风险。股指期货合约的价格等于某种股票指数的点数乘以规定的每点价格。各种股指期货合约每点的价格不尽相同。比如，恒生指数每点价格为 50 港元，即恒生指数每降低一个点，该期货合约的买者（多头）每份合约就亏 50 港元，卖者每份合约则赚 50 港元；我国股指期货合约以沪深 300 指数作为标的物，每点价格为 100 元人民币。

2. 股票交易的费用

投资者在委托买卖股票时，需支付多项费用和税收，如印花税、佣金、过户费、委托费、结算费等。股票交易费用如表 7—1 所示。

表 7—1　　股票交易费用

收费项目	深圳 A 股	上海 A 股	深圳 B 股	上海 B 股
印花税	1‰（单边）	1‰（单边）	1‰（单边）	1‰（单边）
佣金	小于或等于 3‰ 起点 5 元	小于或等于 3‰ 起点 5 元	3‰	3‰ 起点 1 美元
过户费	无	1‰（按股数计算） 起点 1 元	无	无
委托费	无	5 元（按每笔收费）	无	无
结算费	无	无	0.5‰（上限 500 港元）	0.5‰

第三节　股票投资分析

股票投资指的是投资者购买股票，以获取红利、利息及资本利得的投资行为和投资过程，是直接投资的重要形式。股票投资分析是指通过各种专业分析，对影响股票价值或价格的各种信息进行综合分析，以判断股票价值或价格及其变动的行为，是股票投资过程中不可或缺的一个重要环节。基本分析法（从影响股价的基本因素入手）和技术分析法（从市场供需关系入手）是股票投资分析两大主要方法。

一、基本分析法

（一）基本分析法的含义

基本分析法也称为基本面分析方法，是指证券投资分析人员根据经济学、金融学、财务管理学及投资学的基本原理，通过对决定证券投资价值及价格的基本要素如宏观经济指标、经济政策走势、行业发展状况、产品市场状况、公司销售和财务状况等的分析，评估证券的投资价值，判断证券的合理价位，从而提出相应的投资建议的一种分析方法。它包括三方面内容：宏观经济分析、行业分析、公司分析。该方法主要适用于以下几种情况：

（1）周期相对比较长的证券价格预测。

（2）相对成熟的证券市场。

（3）预测精确度要求不高的领域。

基本分析法是进行长期投资的投资者以及“业余”股民所应采取的最主要，也是最重要的分析方法。这种分析方法从分析股票的内在价值入手，把对股票市场大环境的分析结果摆在次位。看好一只股票时，看中的是它的内在潜力与长期发展的良好前景，当我们采用这种分析法进行完整预测分析并在适当的时机购入具体的股票后，就可不必耗费太多的时间与精力去关心股票价格的实时走势了。

（二）基本分析法的内容

1. 宏观分析

宏观分析主要研究经济政策（货币政策、财政政策、税收政策、产业政策等）和经济指标（国内生产总值、失业率、通胀率、利率、汇率等）对股票市场的影响。具体来说，可以从经济周期、财政政策、利率变动、汇率变动、物价变动、通货膨胀、政治因素、人为操纵等方面来进行分析。

（1）经济周期分析。

股票市场是经济的晴雨表，即股价变动不仅随经济周期的变化而变化，同时也能预示经济周期的变化。经济运行一般要经过复苏期、繁荣期、危机期、萧条期。繁荣阶段是经济发展的顶峰，危机阶段是经济发展的低谷。股价的变化与经济周期的变动密切相关。股票价格伴随着经济周期的变化而涨跌，而且股票市场的价格往往在经济循环变化之前出现。因此，经济周期与股票价格变动之间的相互关系表现在，在经济复苏和繁荣阶段，社会总需求和总投资旺盛，经济增长率上升，就业率和个人收入水平有较大的提高，与这种经济状况相适应，股票市场的交易十分活跃，成交量放大，股票价格回升，股票投资的预期收益提高，人们入市的积极性较高；在危机阶段，特别是在萧条阶段，由于社会经济活动处于不景气的状态，经济发展缓慢，资金需求减少，市场规模大大缩小，股票价格大幅度波动并呈现下跌趋势，成交萎缩，人气低迷，由于许多投资者套牢于股市，投资者的预期收益下降，投资者实实在在地感受到了经济循环周期带来的风险。

（2）市场利率分析。

利率是银行信用活动中存贷款的利息率，银行信贷市场与股票市场是两个相互争夺资金的市场。股票市场对利率的变化十分敏感，一般情况下，当利率上升时，股票价格下降；反之，当利率下降时，股票价格上升。股价变动的方向和利率变动的方向相反。

1996 年 5 月—1999 年 6 月，我国连续 7 次下调利率，伴随每一次降息，股票市场都有不俗表现。从 2007 年开始我国进入加息通道，这对股票市场的影响是十分直接的。

（3）通货膨胀分析。

股票市场是资本市场的一部分，社会资金的供给总量是决定股票市场供求状况和影响股票价格水平的重要方面。通货膨胀是由于货币供给量增长过快出现的，当出现通货膨胀时，股票的价格也会受到很大的影响。

通货膨胀对股票价格的影响较为复杂。在通货膨胀的情况下，物价上涨，公司的固定资产等会随之升值，公司的账面价值上升，物价上涨一方面使企业原有的存货能以高价卖出，另一方面使企业从以往低价采购的原料中获得利益。同时，通货膨胀也使公司的资产升值，产品价格提高，在一定程度上可以起到保值的作用。公司资产增值与盈利增加的好处，从理论上讲，容易导致公司股票价格的上涨。出于保值的需要，投资者会选择股票。但是，通货膨胀也有负面的影响，由于物价上升，生产成本提高，利润下降，投资者出售股票以寻求其他保值的方法，这就导致股票市场需求萎缩，股票市场交易额下降，股价也将随之降低。严重的通货膨胀还会使投资者持有的股票贬值，实际利息收益减少，给投资者带来购买力风险。

（4）汇率分析。

汇率对股票市场也有较大的影响。一方面，本币升值有利于以进口原材料为主从事生产经营的企业，不利于产品主要面向出口的企业，这会使投资者看好进口原材料的企业，引起其股票价格上涨，不看好面向出口的企业，导致其股票价格下跌。而本币贬值对股市的影响正好相反。另一方面，对于货币可自由兑换的国家来说，汇率变动还可能影响资本的输入和输出，从而影响国内货币资金供给，影响股票市场的供给状况，使股票市场出现一定规模的波动。一般来讲，一国的经济越开放，证券市场的国际化程度越高，股票市场受汇率的影响越大。

（5）物价变动分析。

普通商品价格变动对股票市场有重要影响。一般情况下，物价上涨，股价上涨；物价下跌，股价也下跌。商品价格对股票市场价格的影响主要表现在以下四个方面：

1）商品价格出现缓慢上涨，且幅度不是很大，但物价上涨率大于借贷利率的上涨率时，公司库存商品的价值上升。由于产品价格上涨的幅度高于借贷成本的上涨幅度，于是公司利润上升，股票价格也会因此而上升。

2）商品价格上涨幅度过大，股价没有相应上升，反而会下降。这是因为物价上涨引起公司生产成本上升，上升的成本无法通过商品销售完全转嫁出去，从而使公司的利润降低，股价也随之降低。

3）物价上涨，商品市场的交易呈现繁荣兴旺时，有时是股票正陷于低沉的时候，人们热衷于及时消费，使股价下跌；当商品市场停涨回跌时，反而成了投资股票的最好时机，从而引起股价上涨。

4）物价持续上涨，股票投资者的保障意识增强，投资者从股市中抽出来，转投向动产或不动产，如房地产、贵重金属等保值性强的物品，股票需求量降低，因而股价下跌。

(6) 财政政策分析。

财政政策是政府依据客观经济规律制定的指导财政工作和处理财政关系的一系列方针、准则和措施的总称。财政政策的手段主要包括国家预算、税收、国债、财政补贴、财政管理体制、转移支付制度等。这些手段可以单独使用，也可以配合协调使用。财政政策对股市的影响是十分深刻的，也是十分复杂的。财政政策分为自动稳定财政政策和相机抉择财政政策。在我国，财政政策主要发挥"相机抉择"的作用。

(7) 货币政策分析。

货币政策是指政府为实现一定的宏观经济目标所制定的关于货币供应和货币流通组织管理的基本方针和基本标准。从总体上看，货币政策是通过调控货币供应量，调节社会总需求和总供给的比例，进而影响证券市场的运行的。一般说来，宽松的货币政策（增加货币供应量，降低利率，放松信贷控制）会导致证券市场价格上扬；紧缩的货币政策（减少货币供应量，提高利率，加强信贷控制）会促使证券市场价格下跌。

(8) 政治因素分析。

政治因素泛指那些对股票价格具有一定影响力的国际政治活动。政治因素包括国际形势、战争、国内重大政治事件、国家的重大经济政策等。

2. 行业分析

宏观经济分析主要分析了社会经济的总体状况，但没有对社会经济的各组成部分进行具体分析。社会经济的发展水平和增长速度反映了各组成部分的平均水平和速度，但各部门的发展并非都和总体水平保持一致。在宏观经济运行态势良好、速度增长、效益提高的情况下，有些部门的增长与国民生产总值、国内生产总值增长同步，有些部门则高于或低于国民生产总值或国内生产总值的增长。投资者除了解宏观政治经济背景之外，还需对各行业的一般特征、经营状况和发展前景有进一步的了解，这样才能更好地进行投资决策。

行业的经济结构不同，变动规律不同，所处生命周期阶段不同，其盈利水平的高低、经营的稳定状况也不同。这是进行行业分析时要着重考虑的因素。

(1) 行业的经济结构分析。

行业的经济结构随该行业中企业的数量、产品的性质、价格的制定和其他一些因素的变化而变化，根据经济结构的不同，行业基本上可分为四种市场类型：完全竞争、垄断竞争、寡头垄断、完全垄断。

完全竞争是指一个行业中有很多的独立生产者，它们都以相同的方式向市场提供同质产品。完全竞争是一个理论上的假设，在现实经济中很少存在，一些初级产品和某些农产品的市场类型比较接近完全竞争的情况。

垄断竞争是指一个行业中有许多企业生产同一种类但具有明显差别的产品。

寡头垄断是指一个行业中少数几家大企业（俗称"寡头"）控制了绝大部分的市场需求量。寡头垄断在现实中是普遍存在的，资本密集型、技术密集型行业（如汽车行业），以及少数储量集中的矿产品（如石油等）行业多属这种类型。

完全垄断是指一个行业中只有一家企业生产某种特质产品。在现实经济生活中，公用事业（如铁路、煤气公司、自来水公司和邮电通信等）和某些资本、技术高度密集型行业或稀有金属矿藏的开采等行业属于这种类型。

如果按照经济效率的高低和产量的大小排列，上述四种市场类型依次为：完全竞争、垄断竞争、寡头垄断和完全垄断；而按照价格的高低和可能获得的利润大小排列，则次序正好相反，依次为：完全垄断、寡头垄断、垄断竞争和完全竞争。

（2）经济周期与行业分析。

各行业变动时，往往呈现出明显的、可测的增长或衰退的格局。根据这些变动与国民经济总体周期变动的关系的密切程度不同，可以将行业分为以下几类：

1）增长型行业。

增长型行业的运动状态与经济活动总水平的周期及振幅无关。这些行业主要依靠技术的进步、新产品的推出及更优质的服务来使其经常呈现出增长形态，因此其收入增长的速率与经济周期的变动不会出现同步影响。由于此类行业的股票价格不会随着经济周期的变化而变化，投资者难以把握精确的购买时机。

2）周期型行业。

周期型行业的运动状态直接与经济周期相关。当经济处于上升时期，这些行业会紧随其扩张；当经济衰退时，这些行业也相应衰落。这是因为当经济上升时，对这些行业相关产品的购买会相应增加。消费品业、耐用品制造业及其他需求弹性较高的行业，就属于典型的周期型行业。

3）防御型行业。

这些行业因其产品需求相对稳定，所以不受经济周期处于衰退阶段的影响，相反，当经济衰退时，防御型行业或许会有实际增长，如食品业和公用事业。正因为如此，投资者对防御型行业投资属于收入投资，而非资本利得投资。

（3）行业生命周期分析。

一般而言，每个产业都要经历一个由成长到衰退的发展演变过程，这个过程便称为行业的生命周期。行业的生命周期通常可分为四个阶段，即初创阶段、成长阶段、成熟阶段和衰退阶段。

1）初创阶段。

在这一阶段，新行业刚刚诞生或初建不久，只有为数不多的创业公司投资于这个新兴的产业。在初创阶段，产业的创立投资和产品的研究、开发费用较高，而产品市场需求狭小，销售收入较低，因此这些创业公司财务上可能不但没有盈利，反而普遍亏损，甚至可能破产。同时，企业还面临着由较高的产品成本和价格与较小的市场需求导致的投资风险。因而，这类企业更适合投机者而不是投资者。

在初创阶段后期，随着行业生产技术的提高、成本的降低和市场需求的扩大，新行业将逐步由高风险、低收益的初创期转入高风险、高收益的成长期。

2）成长阶段。

在这一时期，拥有一定市场营销和财务力量的企业逐渐主导市场，其资本结构比较稳定，因而它们开始定期支付股利并扩大经营。

在成长阶段，新行业的产品通过各种渠道以其自身的特点赢得了大众的认可，市场需求逐渐上升，与此同时，产品的供给方面也发生了一系列变化。由于市场前景看好，投资于新行业的厂商大量增加，产品也逐步从单一、低质、高价向多样、优质和低价方向发展，因此新行业出现了生产厂商和产品相互竞争的局面，这种状况的持续将使市场需求趋于饱和。在这一阶段，生产厂商不能单纯依靠扩大产量，提高市场份额来增加收入，而必须依靠提高生产技术、降低成本，以及研制和开发新产品来获得竞争优势，从而战胜竞争对手和维持企业的生存与发展。因此，那些财力与技术较弱，经营不善，或新加入的企业（因产品的成本较高或不符合市场的需要）往往被淘汰或被兼并。在成长阶段的后期，由于优胜劣汰规律的作用，市场上生产厂商的数量在大幅度下降以后便开始稳定下来。由于市场需求基本饱和，产品的销售增长率降低，整个行业开始进入稳定期。在这一阶段，由于受不确定因素的影响较小，行业的增长具有可预测性，行业的波动也较小。此时，投资者蒙受经营失败而导致投资损失的可能性大大降低，分享行业增长带来的收益的可能性则会大大提高。

3）成熟阶段。

行业的成熟阶段是一个相对较长的时期。在这一时期里，在竞争中生存下来的少数大厂商垄断了整个行业的市场，每个厂商都占有一定比例的市场份额。厂商与产品之间的竞争手段逐渐从价格手段转向各种非价格手段，如提高质量、改善性能和加强售后服务等。此时，行业的利润由于一定程度的垄断达到了很高的水平，而风险因市场比例较稳定、新企业难以进入而降低。其原因是市场已被原有大企业比例分割，产品的价格比较低，新企业由于创业投资无法很快得到补偿或产品销路不畅，资金周转困难而难以进入。

在行业成熟阶段，行业增长速度降到一个更加适度的水平。在某些情况下，整个行业的增长可能完全停止，其产出甚至下降，因此行业的发展很难较好地与国民生产总值保持同步增长，当国民生产总值减少时，行业甚至蒙受更大的损失。但是，由于技术创新等原因，某些行业或许实际上会有新的增长。

4）衰退阶段。

行业在经历了较长的稳定阶段后，就进入了衰退阶段。这主要是因为新产品和大量替代品的出现，使得原行业的市场需求减少，产品的销售量开始下降，某些厂商开始向其他更有利可图的行业转移资金，从而原行业的厂商数目减少，利润下降。至此，整个行业便进入了生命周期的最后阶段。在衰退阶段，市场逐渐萎缩，当正常利润无法维持或现有投资折旧完毕后，整个行业便解体了。

3. 公司分析

在实际投资活动中，投资者从整体上多角度地了解上市公司，才能适当地确定公司股票的合理定价，进而通过比较市场价位与合理定价的差异来进行投资决策，否则其收益将面临很大的风险。公司分析属于微观分析，具体分析上市公司行业地位、市场前景、财务状况。其中，财务状况分析是公司分析重点。

（1）公司竞争地位分析。

公司竞争地位的判断是投资者对公司基本要素分析的首要内容。无论是在技术更新方面的发展状况，还是在管理方面的优势，都能通过公司在同行业中的竞争地位得以综合体现。一般来说，一个极具竞争能力的上市公司，其在同行业中的竞争地位是通过规模优势、较高的产品质量、不断的技术更新、熟悉市场情况、注意产品需求动态、推销技术高明等条件的具备而获得的。

（2）公司财务分析。

上司公司必须遵守财务公开的原则，定期公开自己的财务状况，提供有关财务资料，便于投资者查询。上市公司公布的财务资料主要是一些财务报表。在这些财务报表中，最为重要的是资产负债表、利润表和现金流量表。

（3）公司经营管理能力分析。

公司经营管理能力分析包括公司管理人员的素质和能力、从事管理工作的愿望、专业技术能力、良好的道德品质修养、沟通协调能力等多方面的分析。

二、技术分析法

技术分析法是证券分析中最常见的分析方法之一，与基本分析法并称为证券投资的两大分析方法。它具有使用简单方便、适用性强的特点，适用于短期行情预测，是中短线投资者必须掌握的分析方法。

（一）技术分析概述

1. 技术分析的含义

技术分析是相对于基本分析而言的，是指透过图表或技术指标的记录，研究市场过去及现在的行为反应，以推测未来价格的变动趋势。

其依据的技术指标是由股价、成交量或涨跌指数等数据计算得来的，技术分析只关心证券市场本身的变化，而不考虑会对其产生某种影响的外部因素（经济方面、政治方面）。

2. 技术分析的三大假设

技术分析的三大假设是技术分析理论的基础和前提，只有满足这三大假设，技术分析得出的结论才是有效的。

（1）市场行为涵盖一切。

这一假设是技术分析理论的基础。技术分析认为一切能够影响的因素（经济的、政治的、心理的以及其他方面的因素）都已经完全反映在了证券价格表现之中，所以要做投资决策只需研究证券价格。这一假设的实质是价格变化必定反映供求关系。所有的技术分析实际上都是利用价格与供求之间的关系来进行下一步行情的分析和预测。

（2）股价以趋势方式运动。

这一假设是技术分析的核心。技术分析派认为，如果反向因素不出现，股价将延续原来的方向按既有趋势运动。接受这一前提，即市场确实有趋势可循，技术分析才能有用武之地。

（3）历史往往重演。

历史往往重演，过去导致股价涨或跌的因素在重复出现时仍然会带给人们酷似原来走势的趋势（与人们心理活动、新环境的变化有关，并不是简单的重复）。技术分析派认为，市场行为归根到底是买卖双方争斗的心理过程的外在表现，而人们对特定的行为往往会有同样的心理反应，所以股市历史常常会惊人得相似。

3. 技术分析的要素

成交量、价格、时间和空间是技术分析的四个基本要素，简称为量、价、时、空。这几个要素的表现情况以及相互间的关系所揭示出来的投资者心理动向规律就是技术分析所要研究的、用来作为投资决策参考的重要依据。简单地说，这四方面其实就是市场行为的整体表现，也就是技术分析派研究的对象。

（二）行情走势图及分析

1．股价图表分析法

股价图表分析法，通过价位图所展示的股票价格信息（价位变动情况），结合成交量，判断未来股票价格变动的趋势和方向，来指导投资者买卖股票。股票价格既是投资者关注的重要目标，也是技术分析中重要的指标。其中，最具代表性，对投资者具有参考价值的价格有四个，即当日开盘价、最高价、最低价和收盘价。价位图就是将这四个价格反映在图表上，供投资者作为分析预测的工具。在分析股市行情、进行预测时，常用的图有线形图、条形图、K线图。

（1）线形图。

线形图一般为坐标图，横坐标轴表示所定的股价频率即交易时间。如果预测短期趋势，则以日、周为时间单位；中期趋势则以月、季为时间单位；长期趋势则以年为时间单位。纵坐标轴表示股价，个股图一般运用收盘价；大势图则采用股价平均数和股价指数。以线形图捕捉长期趋势还可以，但难于捕捉短线和中线趋势，目前已较少有人使用。

（2）条形图。

条形图又称棒形图，它将股票价格随时变化而不断波动的情况及交易数额的大小用一条垂直的竖棒状线来表示。垂直线的顶部是最高价，底部是最低价，收盘价则用竖棒垂直线上的相应点向右画一短横线来表示。

（3）K线图。

K线图又称蜡烛图、日本线、阴阳线，它根据每个分析周期的开盘价、最高价、最低价和收盘价绘制而成。以交易时间为横坐标，以价格为纵坐标，将每日的K线连续绘出即成K线图。K线图中的柱体有阳线（收盘价高于开盘价）和阴线（收盘价低于开盘价）之分。一般用红色柱体表示阳线，黑色或绿色柱体表示阴线。

K线图能够全面透彻地观察到市场的真正变化。从K线图中，既可看到股价（或大市）的趋势，也可以了解到每日市况的波动情形。由于K线图的阴线与阳线变化繁多，对初学者来说，会有一定的困难。

对于短线操作者来说，1分钟K线、5分钟K线、15分钟K线、30分钟K线和60分钟K线具有重要的参考价值，而周、月、季和年K线常用于研判中长期行情。

2．移动平均线分析法

移动平均线分析法在股市实战中具有十分重要的意义，很多基金机构的研究团队把移动平均线作为考察市场成本做多、做空的一个主要依据。

所谓移动平均线分析法，就是运用移动的股价平均值使股价变动状况呈曲线化的方法。它是美国投资专家格兰维尔创立的，由道氏股价分析理论的“三种趋势说”演变而来，核心内容是将道氏理论加以数字化，从数字的变动中去预测股价未来短期、中期和长期的变动方向，为投资决策提供依据。其基本特性是利用平均数来消除股价不规则的偶然变动，以观察股市的动态变化。可用它来对股价的变化进行长期的分析和预测。

一般情况下，当移动平均线正在上升，而股价跌到平均线以下时，这是股价将要下跌的信号；反之，则为股价上升的前奏。在移动平均线的组合应用中，投资者应根据自己的实际操作策略设定相应的参数，探索适合自己操作策略的平均线组合。

（1）预测短期走势应以5日、10日移动平均线的研判为主。在强势市场，或强势中，股价或指数下跌一般不会跌破 5 日均线，更不会跌破 10 日均线。若跌破 5 日均线，尤其是跌破 10 日均线，当心市道转弱。在弱势市场，或弱势中，股价或指数反弹一般不会冲破 5 日均线，更不会冲破 10 日均线。若冲破 5 日均线，尤其是冲破 10 日均线，有可能转强。投资者要注意的是，这里所谓的跌破都要以跌幅超过 3%，且连续 3 天以上为准。投资者在操作中，中短线买卖（不包括中长线买卖），见跌破 5 日均线，特别是跌破 10 日均线，应注意离场；见冲破 5 日均线，特别是冲破 10 日均线，即可进场。以 10 日均线为依据操作，总体上盈多亏少。

（2）预测中期走势应以 30 日、60 日移动平均线的研判为主。从沪深股市运作情况看，30 日均线一直是衡量市场中期强弱的重要标志。在股价或指数下跌时，30 日均线被有效跌穿，中期趋势看淡；在股价或指数上升时，30 日均线被有效突破，中期趋势看好。就中期买卖信号的可靠性来看，60 日均线比 30 日更胜一筹。60 日均线对中短期股价走势有明显的助涨及助跌作用，当 60 日均线走强后，股价或指数的上升趋势一目了然。沪深股市每一次 60 日均线向上突破都引发了一轮中级行情，相反，弱市反弹几乎没有超过 60 日均线的，因此，中线投资者在决定何时买进，何时卖出时，切勿忘了 30 日均线、60 日均线的指导作用。

（3）预测中长期走势应以 120 日移动平均线的研判为主。从沪深股市的历史来看，属于中长期移动平均线的 120 日均线在股价或指数的变动中具有特殊的意义，股价或指数走势明显受到 120 日均线的支撑或阻击。120 日均线在中国股市中属半年线，因而在研究沪深股市中长期走势方面有着相当的准确性。

（三）技术指标分析

技术指标法是技术分析中极为重要的分支，技术指标大约在 20 世纪 70 年代计算机被广泛使用之后得以流行。目前，各种各样的技术指标大约有 1 000 个，它们都有自己的拥护者，并在实际应用中取得一定的效果。这里我们介绍几种较为常用的技术指标。

1. MACD 指标

MACD（Moving Average Convergence and Divergence）称为指数平滑异同移动平均线，是从双移动平均线发展而来的，由快的移动平均线减去慢的移动平均线。它是一项利用短期（常用为 12 日）移动平均线与长期（常用为 26 日）移动平均线之间的聚合与分离状况，对买进、卖出时机作出研判的技术指标。当 MACD 从负数转向正数，是买的信号；当 MACD 从正数转向负数，是卖的信号。当 MACD 以大角度变化，表示快的移动平均线和慢的移动平均线的差距非常迅速地拉开，代表了一个市场大趋势的转变。

2. KDJ 指标

KDJ 称为随机指标，起源于威廉（W%R）理论，但比 W%R 指标更具使用价值。随机指标融合了移动平均线的思想，对买卖信号的判断更加准确。它是波动于 0 和 100 之间的超买超卖指标，由 K、D、J 三条曲线组成，主要研究高低价位与收盘价的关系，反映价格走势的强弱和波段的趋势，对中短期的行情走势十分敏感。

3. RSI 指标

相对强弱指标 RSI 是根据股票市场上供求关系平衡的原理，通过比较一段时期内单个股票价格的涨跌幅度或整个市场的指数的涨跌大小来分析判断市场上多空双方买卖力量的强弱程度，从而判断未来市场走势的一种技术指标。

4. BIAS 指标

乖离率 BIAS 指标又叫 Y 值，是由移动平均原理派生出来的一种技术分析指标，是目前股市技术分析中一种短中长期皆可的技术分析工具。乖离率 BIAS 是表示计算期的股价指数或个股的收盘价与移动平均线之间的差距的技术指标。它是对移动平均线理论的重要补充。它的功能在于测算股价在变动过程中与移动平均线的偏离程度，从而得出股价在剧烈变动时，因偏离移动趋势过远而可能造成的回挡和反弹。

5. BOLL 指标

BOLL 指标又叫布林线指标，其利用统计原理，求出股价的标准差及信赖区间，从而确定股价的波动范围及未来走势。它利用波带显示股价的安全高低价位，因而也被称为布林带。其上下限范围不固定，随股价的滚动而变化。布林指标是路径指标，股价波动在上限和下限的区间之内，这条带状区的宽窄随着股价波动幅度的大小而变化，股价涨跌幅度加大时，带状区变宽，涨跌幅度缩小时，带状区则变窄。

第四节　股票投资实务

股票投资是一项收益高、风险大的投资活动，只有采取正确的投资策略，运用巧妙的投资技巧和适当的方法，才能规避风险（特别是抵御通胀风险），获取收益。

一、股票理财规划

投资股票就像进入战场一样，需要策略，如果投资者没有制定一个周详理性的策略，就很难获取合理的收益。合理的收入来自合理的规划。

（一）股票理财规划概述

1. 股票理财规划的含义

股票理财规划是指投资者依据自身的投资收益预期目标及风险承受能力，在对股票市场走势和股票理财产品未来的风险、收益进行分析判断的基础上，对股票投资过程的主要环节进行筹划的行为。股票理财规划的制定是投资者股票投资的初始阶段，是将投资理念转化为投资收益的中间环节，是投资者股票投资决策的具体表现。

2. 股票理财的步骤

股票投资具有高风险、高收益的特点。理性的股票投资过程应该包括制定投资策略、股票投资分析、确定投资组合、评估投资业绩、修正投资策略五个步骤。

（1）制定投资策略。

股票投资是一种高风险的投资。人们常说："收益越大，风险越大。"换一个角度说，收益越大，需要承受的压力越大。投资者在涉足股票投资的时候，必须结合个人的实际状况，制定可行的投资策略。

（2）股票投资分析。

受市场供求、政策倾向、利率、汇率、公司经营状况等多种因素影响，股票价格呈现波动性。何时介入股票市场，购买何种股票对投资者的收益有直接影响。股票投资分析成为股票投资很重要的一个环节。其目的在于预测价格趋势和价值发现，从而为投资者提供介入时机和介入品种决策的依据。

（3）确立投资组合。

在进行股票投资时，投资者一方面希望收益最大化，另一方面又要求风险最小，两者的平衡点，即在可接受的风险水平之内，实现收益量大化的投资方案，构成最佳的投资组合。

根据个人财务状况、心理状况和承受能力，投资者分别具有低风险倾向或高风险倾向。低风险倾向者宜组建稳健型投资组合，投资于常年收益稳定、低市盈率、派息率较高的股票，如公用事业股。高风险倾向者可组建激进型投资组合，着眼于上市公司的成长性，多选择一些涉足高科技领域或有资产重组题材的“黑马”型上市公司。

（4）评估投资业绩。

定期评估投资业绩，测算投资收益率，检讨决策中的成败得失，在股票投资中有承上启下的作用。

（5）修正投资策略。

随着时间的推移，市场、政策等各种因素发生变化，投资者对股票的评价、对收益的预期也相应发生变化。在评估前一段业绩的基础上，重新修正投资策略非常必要。如此又重复进行制定投资策略→股票投资分析→确立投资组合→评估投资业绩→修正投资策略的过程。股票投资的五大步骤相辅相成，以保证投资者预期目标的实现。

3. 股票理财的原则

投资者如想做好股票理财，期望在规避风险的基础上获取最大收益，就应该遵循安全性、流动性和收益性原则。“三性”具有密切关联，收益性是股票理财的目的，安全性是股票理财的保障，流动性是股票理财的实现条件。除此之外，确定个人资产的投资组合时，投资者应掌握好以下两个原则：

（1）风险分散原则。

投资者在支配个人财产时，要遵循风险分散原则。与房产、珠宝首饰、古董字画相比，股票流动性好，变现能力强；与银行储蓄、债券相比，股票价格波幅大。各种投资渠道都有自己的优缺点，尽可能地回避风险和实现收益最大化，成为个人理财的两大目标。

（2）量力而行原则。

股票价格变动较大，投资者不能只想盈利，还要有赔钱的心理准备和实际承受能力。《证券法》明文禁止透支，挪用公款炒股，正是体现了这种风险控制的思想。投资者必须结合个人的财力和心理承受能力，制定合理的投资策略。

（二）股票理财目标和策略选择

1. 股票理财目标的确立

股票理财目标的确立，应该建立在对股票理财作用深刻理解的基础上。投资者进行股票理财时，应以规避风险和实现保值作为基本目标，在基本目标有了保障之后，才可以以一种平和的心境去追求更高层次的目标——实现货币资产的增值。当然，追求货币资产的增值是投资者梦寐以求的境界，但并不是每一个人都可以达到这种境界。对于这一点，投资者在进行股票理财活动之前，必须有清醒的认识。

2. 股票理财的策略选择

股票理财的策略选择，是一件十分慎重的事情。它涉及面较为广泛，需要投资者在实施股票理财行为之前认真考虑。确定科学的股票理财策略，应主要考虑以下几个因素：

（1）投资者的年龄。

根据人的生命周期及投资的关系，我们可以将个人投资者大致分为三个年龄段，即青年段、中年段、老年段。不同年龄段上的投资者，应采取不同的股票理财策略。

（2）股票投资组合。

股票投资组合的技巧是投资者依据股票的风险程度和年获利能力，按照一定的原则进行恰当的选股、搭配，以降低风险。其基本原则是：在同样风险水准之下，投资者应选择利润较大的股票；在相同利润水准之下，投资者应选择风险最小的股票。其核心和关键是有效地分散投资，因为通过分散投资，将投资广泛地分布在不同的投资对象上，可以降低个别股风险而减少总风险。大致可分为三种投资组合，即保守型投资组合、投机型投资组合、随机应变型投资组合。

1）保守型投资组合。

保守型投资组合是投资者以较高股息的投资股作为主要投资对象的投资组合的技巧。这种投资技巧的主要依据是，由于将资金投向具有较高股息的股票，在经济稳定成长的时间，能够获取较好的投资回报；即使行情下跌，他仍能够领取较为可观的股息红利。保守型投资组合的资金分布是，将80%左右的资金用于购买股息较高的投资股，以领取股息与红利，而只将20%左右的资金偶作投机操作。保守型投资组合策略主要适宜于在经济稳定增长的时期采用，但在经济结构的转型与衰退期要谨慎使用。因为在经济结构的转型与衰退期，原先投资价值较高的投资股，有可能由于经济结构的转型和不景气，使发行这些股票的公司获利大幅度降低甚至是转盈为亏，这样就会使所持股票价值大幅下降而使投资者蒙受损失。

2）投机型投资组合。

投机型投资组合是投资者以选择价格起落较大的股票作为主要投资对象的股票组合的技巧。投机型投资组合的资金分布是，将80%左右的资金用于购买价格波动频繁且涨跌幅度很大的股票，而将20%左右的资金用作买进其他比较稳定的投资股，或为准备再做追价与摊平用。由于这种组合方式的投机比重很大，故称作投机型投资组合。

采用投机型投资组合策略的投资者通常以“见涨抢进、见跌卖出”的追价方式买卖股票。由于此种方式的买卖进出较为敏感，故经常能在股价上涨之初，买到日后涨幅很高的黑马股票，给投资者带来极为可观的差价收益。而见跌卖出的结果，也能使股价持续下跌时，不至于亏损太多。

采用此种组合方式进行投资的人如若判断正确，往往比其他组合方式收益更丰；但倘若判断失误，当刚追价买到某种股票时，股价却大幅下跌，或者是刚追价卖出，股价却迅速上涨，这种状况又极易给投资者带来惨重的损失。此外，采用投机型投资组合策略进出股市频繁，累计缴纳的手续费的数额也较为可观，其操作成本十分高昂。

投机型投资组合策略不适宜初涉股市的投资者，中小额投资者应谨慎使用。

3）随机应变型投资组合。

随机应变型投资组合是投资者根据股市走向变化而灵活调整证券组合的投资技巧。当判定股市走向看好时，则将资金的大部分投放在投资股上，而后认为股市走向看跌时，则将大部分资金转入购买公债等风险较小的证券或持有现金以待买入时机。随机应变型的投资组合可参考以下比例：在多头市场（即市场看好）时，有息投资股 20%，有息领导股 20%，投机股 40%，债券和流动资金 10%～20%；在空头市场（即市场看跌）时，有息投资股 10%，投机股 10%，债券和流动资金 80%。投资者可根据市场变化情况随时调整比例。随机应变型投资组合具有机动灵活、能适应市场变化的特点，是一种较为证券投资者推崇的投资组合技巧。

二、股票投资策略

（一）不同投资期限的股票投资策略

股票投资期限选择是投资者根据各种市场因素和投资期望值来合理确定持股时间长短的策略和方法。

股票作为一种永久性的有价证券是无所谓期限可言的，这里所讲的股票投资期限是指投资者持有某种股票的时间长短，可将投资分为长期（线）投资、短期（线）投资和中期（线）投资。

1. 长期投资

长期投资，即投资者在买进股票后，短期内不转售，以便享受优厚的股东权益，只是在适当的时机才转售求利。长期投资者持有的股票时间最短为半年，有的长达几年、十几年乃至几十年。长期投资经常能够给投资者带来较好的利润。例如，如果一个在 1914 年以 2 700 美元购买 100 股美国国际商业机器公司股票的长期投资者，在 1977 年就会变成手持 72 798 股该公司股票的股东，如按当时市价计算，股票值可达 2 000 多万美元。投资者在进行长期投资时，最主要的是熟悉企业的历史与现状，尤其是企业的盈利能力及派息的情况。比较适合进行长线投资的股票应是该种股票发行公司的经营情况比较稳定和正常，预计在相当长时间内不会发生大的起落，且公司的派息情况大致匀称，股票的市场价格波动不大，大体走向是稳中有升。

2. 短期投资

短期投资在很大程度上是一种投机买卖，投机者所持股票的时间往往只有几天，甚至有时只有几个小时。投资者进行短期投资主要利用股价差价来转售获利。短期投资的主要对象是市场价格不稳定且变化幅度较大的活跃型投资。由于短线投资是一种投机性很强和风险性很大的投资活动，初涉股市的投资者最好不要使用。

3. 中期投资

中期投资是介于长短线投资之间的一种投资，持股时间一般在几个月以内。中期投资特别要注意选择时机，如果预计某家公司在几个月内有利好消息出现，那么这家公司的股票就是进行中期投资的最好选择。

对于某一个具体的投资者来讲，到底是选择长期投资还是选择中期或短期投资，要依据投资者的预期目标和市场因素进行综合分析来作最终确定。

（二）不同类型的股票投资策略

1. 大型股票和中小型股票投资策略

（1）大型股票是指股本额在 12 亿元以上的大公司所发行的股票。这种股票的特性是，其盈余收入大多呈稳步而缓慢的增长趋势。由于炒作这类股票需要较为雄厚的资金，因此，一般炒家都不轻易介入这类股票的炒买炒卖。对应这类大型股票的买卖策略是：

1）可在不景气的低价圈里买进股票，而在业绩明显好转、股价大幅升高时予以卖出。同时，由于炒作该种股票所需的资金庞大，故较少有主力大户介入拉升，因此，可选择在经济景气时期入市投资。

2）大型股票在过去的最高价位和最低价位上，具有较强支撑阻力作用，因此，其过去的高价价位是投资者现实投资的重要参考依据。

（2）中小型股票的特性是，由于炒作资金较之大型股票要少，较易吸引主力大户介入，因而股价的涨跌幅度较大。其受利多或利空消息影响股价涨跌的程度，也较大型股票敏感得多，所以经常成为多头或空头主力大户之间互打消息战的争执目标。对应中小型股票的投资策略是耐心等待股价走出低谷，开始转为上涨趋势，且环境可望好转时予以买进；其卖出时机可根据环境因素和业绩情况，在过去的高价圈附近获利了结。一般来讲，中小型股票在1～2年内，大多有几次涨跌循环出现，只要能够有效把握行情和方法得当，投资中小型股票，获利大都较为可观。

2. 成长股和投机股投资策略

所谓成长股，是指迅速发展中的企业所发行的具有报酬成长率的股票。成长率越大，股价上扬的可能性也就越大。所谓投机股，是指那些易被投机者操纵而使价格暴涨暴跌的股票。需要特别指出的是，由于投机股极易被投机者操纵而人为地引起股价的暴涨或暴跌，一般的投资者需要采取审慎的态度，不要轻易介入，若盲目跟风，极易被高价套牢，而成为大额投资者的牺牲品。

（1）成长股的投资策略是：

1）要在众多的股票中准确地选择出适合投资的成长股。成长股的选择，一是要注意选择属于成长型的行业。二是要选择资本额较小的股票。资本额较小的公司，其成长的期望较大。因为较大的公司要维持一个迅速扩张的速度将是越来越困难的，一个资本额由5 000万元变为1亿元的企业就要比一个由5亿元变为10亿元的企业容易得多。三是要注意选择过去一两年成长率较高的股票。成长股的盈利增长远远快于大多数其他股票，一般为其他股票的1.5倍以上。

2）要恰当地确定好买卖时机。由于成长股的价格往往会因公司的经营状况变化发生涨落，其涨跌幅度较之其他股票更大。在熊市阶段，成长股的价格跌幅较大，因此，可在经济衰退、股价跌幅较大时购进成长股，而在经济繁荣、股价预示快达到顶点时予以卖出。而在牛市阶段，投资成长股的策略应是：在牛市的第一阶段投资于热门股票，在中期阶段购买较小的成长股，而当股市狂热蔓延时，则应不失时机地卖掉持有的股票。由于成长股在熊市时跌幅较大，而在牛市时股价较高，所以成长股的投资一般较适合积极的投资人。

（2）投机股的投资策略是：

1）选择公司资本额较少的股票作为进攻的目标。因为资本额较少的股票，一旦投下巨资容易造成价格的大幅变动，投资者可能通过股价的这种大幅波动获取买卖差价。

2）选择优缺点同时并存的股票。因为优缺点同时并存的股票，当其优点被大肆渲染时，容易使股票暴涨；而当其弱点被广为传播时，又极易使股价暴跌。

3. 蓝筹股投资策略

蓝筹股的特点是：投资报酬率相当优厚稳定，股价波幅变动不大，当多头市场来临时，它不会首当其冲而使股价上涨。经常的情况是，其他股票已经连续上涨一截，蓝筹股才会缓慢攀升；而当空头市场到来，投机股率先崩溃，其他股票大幅滑落时，蓝筹股往往仍能坚守阵地，不至于在原先的价位上过分滑降。

对应蓝筹股的投资策略是：一旦在较适合的价位上购进蓝筹股，不宜再频繁出入股市，而应将其作为中长期投资的较好对象。虽然持有蓝筹股在短期内可能在股票差价上获利不丰，但以这类股票作为投资目标，不论市况如何，都无须为股市涨落提心吊胆。而且一旦机遇来临，也能收益甚丰。长期投资这类股票，即使不考虑股价变化，单就分红配股，往往也能获得可观的收益。对于缺乏股票投资手段且愿作长线投资的投资者来讲，投资蓝筹股不失为一种理想的选择。

4. 循环股投资策略

循环股是指股价涨跌幅度很明显，且一直在某一范围内徘徊的股票。由于循环股的价格经常固定在一定范围内涨跌，因此对应的买卖策略是趁跌价时买进、涨价时卖出。实施此项策略的关键是有效地发现循环股。

寻找循环股的一般方法是从公司的经营报表中，或者根据公司有关的资信了解最近三四年来股价涨跌的幅度，进而编制出一份循环股一览表。循环股一览表能反映出股价的涨跌幅度和范围，投资者据此可确定循环股的买点和卖点。采取循环股买卖策略时，应避开以下三种股票：

（1）股价变动幅度较小的股票。因为波幅较小的股票，纵然能在最低价买进和最高价卖出，但扣除股票交易的税费后，所剩无几，因而不是理想的投资对象。

（2）股价循环间隔时间太长的股票。间隔时间越长，资金占用的成本越大，宜把股价循环的时间限在一年以内。

（3）成交量小的股票。成交量小的股票常会碰到买不到或卖不出的情形，所以也宜尽量避免。

5. 业绩激变股投资策略

业绩激变股是受景气或其他因素的影响，公司经营业绩呈现不规则性极端变动的股票。业绩激变股的股价大多同公司经营业绩的好坏呈正方向变动趋势，业绩看好，股价涨升，业绩转劣，股价跌落。一般来讲，这类股票的价格涨跌幅度较大，而其涨势与跌势的时间，也比其他类股票为长。对应业绩激变股的投资策略是：

（1）待其涨势明显后赶紧买进。有时也可抓住时机，进行短线操作，以增加利润。

（2）在跌势明朗时，应将所持股票尽快抛出，甚至将可融券放空。

采取业绩激变股的投资策略，要求投资者密切关注公司经营业绩变化。

6. 偏高做手股投资策略

偏高做手股是指由于人为炒作而使股价明显偏高的股票。这类股票涨升状况有时脱离常理，因此股价习性也较难以捉摸。有时在公司处于亏损状态时，因某项未来利多情况在背后支撑，或是多空之间已演成轧空的做手战，也导致股价明显偏高。甚至在股价已明显偏高的情况下，仍有有心人在不断做手买进，使股价继续一路上扬。一旦做手者停止操作，则股价就出现大幅下跌。

对应偏高做手股的投资策略是：除了熟悉内幕的经验行家之外，最好不要受股价暴涨的诱惑而轻易介入买卖，但在其股价盘整之后的涨升之初，仍可以小额资金短线抢进，但若遇主力撤离股市使该股转为跌势，则要迅速忍痛卖出所持股票。千万不可期望反弹再卖，以免被高价套牢，而蒙受更大损失。

本章小结

本章主要介绍股票投资理财的基本理论和基本内容。介绍了股票的特征、分类、投资风险和收益等基础知识；介绍了股票的发行市场和流通市场；综合分析了影响股票价值或价格的各种信息，揭示了股票投资理财是一项收益高、风险大的投资活动。

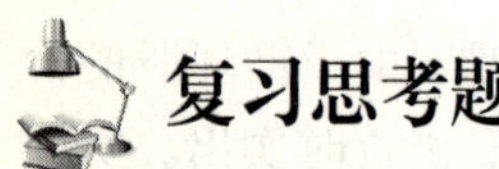

复习思考题

一、主要概念

股票　股票的价值　股票投资风险　股票市场　股票流通市场　股票发行市场　证券交易所　现货交易　期货交易　信用交易　期权交易　股票指数期货　股票理财规划

二、思考讨论题

1. 股票包括哪些要素？股票具有哪些特征？
2. 简述股票的价值与价格的关系。
3. 什么是股票投资风险？其内容和类型有哪些？
4. 简述股票交易程序。
5. 什么是基本分析法？主要包括哪些内容？
6. 简述技术分析的三条假设前提。
7. 简述股票理财规划的步骤。
8. 简述不同类型的股票投资策略。

三、案例讨论

徐先生去银行取 3 个月定存的 5 万元，当他拿到 171 元利息时，感觉利息太少，途中遇到在股市炒股颇有斩获的王先生，通过与王先生的一番交谈，为了实现财产的保值与增值，他决定拿着这 5 万元进行股票投资理财。他买了某公司 5 000 股的股票，结果几天下来赚了 2 000 元，挺开心的；现在全被套牢了，亏了 1 万多元，挺上火的。

思考：

1. 请根据上述案例，谈谈你对股票投资的看法。
2. 个人股票投资理财应遵循怎样的原则与步骤？

第八章

基金投资理财

刘先生购买了净值为1.10元/份的开放式基金A 2万份，短期持有后，该基金净值上升为1.15元/份，刘先生将该基金出售，申购与赎回费用共计565元，短线操作利润为435元；同时，刘先生申购了净值为0.95元/份的开放式基金B 2万份，短期持有后，该基金净值下跌为0.90元/份，刘先生将该基金抛售，申购与赎回费用共计484元，短线操作利润为−1 460元。

我们从中可以看出，基金是一种长期投资产品，选择一个最适合自己的基金，制定一项长期有效的战略进行长期投资，遵循科学的投资程序，与基金共同成长，这是基金投资理财的本质。

本章将就基金投资理财的主要内容进行详细论述。通过本章的学习，应掌握基金投资理财的基础知识，了解基金投资理财的特征与类型，明确基金投资理财产品的风险、费用与收益，对基金产品投资，应根据基金市场情况制定具体的基金投资理财规划，并据其进行基金投资理财的实际操作。

本章重点知识

1. 证券投资基金的含义、特征、作用、类型。
2. 证券投资基金的参与主体、风险与收益。
3. 证券投资基金的交易。
4. 证券投资基金理财投资规划。
5. 证券投资基金理财投资策略与技巧。

第一节　证券投资基金基础知识

一、证券投资基金的含义与性质

（一）证券投资基金的含义

证券投资基金是投资基金的一种主要类型，是一种利益共存、风险共担的集合证券投资方式。它是通过发售基金单位，集中投资者的资金形成独立财产，由基金管理人管理，基金托管人托管，基金持有人持有，从事股票、债券等金融工具投资，并将投资收益按基金投资者的投资比例进行分配的一种间接投资方式。

它起源于1868年的英国，兴盛于美国，基金产业已经与银行业、证券业、保险业并驾齐驱，成为现代金融体系的四大支柱。我国在20世纪80年代末引入投资基金形式，20世纪90年代以后得到了较快的发展，起到了吸收国内外资金、促进我国经济建设和改革开放事业发展的积极作用，同时为广大投资者提供了一种新型的金融投资选择，活跃了金融市场，丰富了金融市场的内容，促进了金融市场的发展和完善。

（二）证券投资基金的性质

从证券投资基金的含义，我们可以看出其性质体现在以下四个方面：

（1）证券投资基金是一种集合投资方式。

（2）证券投资基金是一种信托投资方式。

（3）证券投资基金是一种金融中介机构。

（4）证券投资基金是一种证券投资工具。

二、证券投资基金的特征与作用

（一）证券投资基金的特征

1. 集合投资

证券投资基金是一种集合投资方式，即通过向投资者发行基金份额或基金单位，在短期内募集大量的资金用于投资。同时，在投资过程中，能够发挥资金集中的优势，有利于降低投资成本、获取投资的规模效益。

2. 专业管理

专业管理或称专家管理，即证券投资基金是通过监管机构认可的专业化的投资管理机构来进行管理和运作的。这类机构由具有专门资格的专家团队组成。专业管理还表现在：证券市场中的各类证券信息由专业人员进行收集、分析；各种证券组合方案由专业人员进行研究、模拟和调整；分散投资风险的措施由专业人员进行计算、测试等。

3. 组合投资，分散风险

证券投资基金有特定的投资目标、投资范围、投资组合和投资限制。证券投资基金在投资过程中通过科学的投资组合和投资限制，实行分散化投资，这将有利于实现资产组合的多样化，并通过不同资产和不同投资证券的相互补充，达到降低投资风险和提高收益的目的。

4. 制衡机制

证券投资基金在运作中实行制衡机制，即投资者拥有所有权，管理人管理和运作基金资产，托管人保管基金资产。这种三方当事人之间相互监督、相互制约的机制，有利于规范基金运作，保护投资者的权益。

5. 利益共享，风险共担

投资者根据其持有基金单位或份额的多少，享有（投资者本身不具分配职能，只是享有收益，基金管理人进行收益分配）基金投资的收益或承担基金投资风险。

（二）证券投资基金的作用

1. 有利于拓宽投资者的投资渠道

对中小投资者来说，存款或购买债券较为稳妥，但收益率较低；投资于股票可能获得较高收益，但风险较大。证券投资基金作为一种新型的投资工具，将众多投资者的小额资金汇集起来进行组合投资，由专家来管理和运作，经营稳定，收益可观，为中小投资者提供了较为理想的间接投资工具，大大拓宽了中小投资者的投资渠道。在美国，有50%左右的家庭投资于基金，基金占所有家庭资产的40%左右。因此可以说，基金已进入寻常百姓家，成为大众化的投资工具。

2. 促进证券市场的稳定和规范化发展

（1）有利于证券市场的稳定。

（2）促进上市公司的规范化建设，推动上市公司治理结构的完善。

（3）增加了证券市场的投资品种，扩大了证券市场的交易规模，起到了丰富和活跃证券市场的作用。

3. 推动金融产品创新

（1）推动货币市场和债券市场的发展。

（2）推动资产证券化的发展。

（3）促进证券市场国际化和商业银行的发展，降低金融运行风险。

三、证券投资基金的类型

由于证券投资基金的投资对象不同、募集方式不同、资本来源与投资理念等不同，证券投资基金的分类繁多，这里我们简要介绍几种主要分类。

（一）根据基金的组织形式分类

按基金的组织形式不同，基金可分为契约型基金和公司型基金。

（1）契约型基金又称为单位信托，是指将投资者、管理人、托管人三者作为基金的当事人，通过签订基金契约的形式发行受益凭证而设立的一种基金。

（2）公司型基金是依据基金公司章程设立，在法律上具有独立法人地位的股份投资公司。公司型基金在组织形式上与股份有限公司类似，由股东选举董事会，由董事会选聘基金管理公司，基金管理公司负责管理基金的投资业务。

（二）根据基金运作方式分类

按基金运作方式不同，基金可分为封闭式基金和开放式基金。

（1）封闭式基金，经核准的基金份额总额在基金合同期限内固定不变，基金份额可以在依法设立的证券交易场所交易，但基金份额持有人不得申请赎回原基金。决定基金期限长短的因素主要有两个：一是基金本身投资期限的长短，二是宏观经济形势。

（2）开放式基金，基金份额总额不固定，基金份额可以在基金合同约定的时间和场所申购或者赎回。

（三）根据投资标的分类

按投资标的不同，基金可分为债券基金、股票基金、货币市场基金等。

1. 债券基金

债券基金是一种以债券为主要投资对象的证券投资基金。由于债券的年利率固定，因而这类基金的风险较低，适合于稳健型投资者。

债券基金的收益会受市场利率的影响，当市场利率下调时，其收益会上升；反之，则相反。在我国，根据《证券投资基金运作管理办法》的规定，80%以上的基金资产投资于债券的，为债券基金。

2. 股票基金

股票基金是指以上市股票为主要投资对象的证券投资基金。股票基金的投资目标侧重于追求资本利得和长期资本增值。

股票基金是最重要的基金品种。按基金投资的分散化程度，可将股票基金划分为一般股票基金和专门化股票基金。前者分散投资于各种普通股票，风险相对较小；后者专门投资于某一行业、某一地区的股票，风险相对较大。在我国，根据《证券投资基金运作管理办法》的规定，60%以上的基金资产投资于股票的，为股票基金。

3. 货币市场基金

货币市场基金是以货币市场工具为投资对象的一种基金，其投资对象期限在1年以内，包括银行短期存款、国债、公司债券、银行承兑票据及商业票据等货币市场工具。

在我国，根据《证券投资基金运作管理办法》的规定，仅投资于货币市场工具的，为货币市场基金。其优点是资本安全性高、购买限额低、流动性强、收益相对银行存款较高、管理费用低，有的还不收取赎回费用。因此，货币市场基金通常被认为是低风险的投资工具。

按照中国证监会发布的《货币市场基金管理暂行规定》以及其他有关规定，目前我国货币市场基金能够进行投资的金融工具主要包括：

（1）现金。

（2）1年以内（含1年）的银行定期存款、大额存单。

（3）剩余期限在397天以内（含397天）的债券。

（4）期限在1年以内（含1年）的债券回购。

（5）期限在1年以内（含1年）的中央银行票据。

（6）剩余期限在397天以内（含397天）的资产支持证券。

（7）中国证监会、中国人民银行认可的其他具有良好流动性的货币市场工具。

货币市场基金不得投资于以下金融工具：

（1）股票。

（2）可转换债券。

（3）剩余期限超过397天的债券。

（4）信用等级在AAA级以下的企业债券。

（5）国内信用评级机构评定的A－1级或相当于A－1级的短期信用级别及该标准以下的短期融资券。

（6）流通受限的证券。

（7）中国证监会、中国人民银行禁止投资的其他金融工具。

（四）特殊类型的基金

1. ETF

ETF 是英文 Exchange Traded Funds 的简称，常被译为“交易所交易基金”，上海证券交易所则将其定名为“交易型开放式指数基金”。ETF 是一种在交易所上市交易的、基金份额可变的基金运作方式。ETF 结合了封闭式基金与开放式基金的运作特点，一方面可以像封闭式基金一样在交易所二级市场进行买卖，另一方面又可以像开放式基金一样申购、赎回。不同的是，它的申购是用一篮子股票换取 ETF 份额，赎回时也是换回一篮子股票而不是现金。这种交易方式使该类基金存在一、二级市场之间的套利机制，可有效防止类似封闭式基金的大幅折价现象。

（1）ETF 的产生。

ETF 出现于 20 世纪 90 年代初期。加拿大多伦多证券交易所于 1991 年推出的指数参与份额（TIPs）是严格意义上最早出现的 ETF，但于 2000 年终止。现存最早的 ETF 是美国证券交易所（AMEX）于 1993 年推出的标准普尔指数存托凭证（SPDRs）。在亚洲，自 1999 年我国香港地区推出盈富基金以来，新加坡、日本、我国台湾地区等地的交易所也纷纷推出了 ETF 产品（我国香港地区称“交易所买卖基金”，我国台湾地区称“指数股票型证券投资信托基金”）。2004 年 12 月 30 日，我国华夏基金管理公司以上证 50 指数为模板，募集设立了“上证 50 交易型开放式指数证券投资基金”（简称“50ETF”），并于 2005 年 2 月 23 日在上海证券交易所上市交易，采用的是完全复制法。2006 年 2 月 21 日，易方达深证 100ETF 正式发行，这是深圳证券交易所推出的第一只 ETF。

（2）ETF 的特点。

ETF 是以某一选定的指数所包含的成分证券为投资对象，依据构成指数的证券种类和比例，采用完全复制或抽样复制的方法进行被动投资的指数型基金。ETF 最大的特点是实物申购、赎回机制，即它的申购是用一篮子股票换取 ETF 份额，赎回时是以基金份额换回一篮子股票而不是现金。ETF 有“最小申购、赎回份额”的规定，通常最小申购、赎回单位是 50 万份或 100 万份，申购、赎回必须以最小申购、赎回单位的整数倍进行，一般只有机构投资者才有实力参与一级市场的实物申购与赎回交易。ETF 实行一级市场和二级市场并存的交易制度。在一级市场，机构投资者可以在交易时间内以 ETF 指定的一篮子股票申购 ETF 份额或以 ETF 份额赎回一篮子股票。在二级市场，ETF 与普通股票一样在证券交易所挂牌交易，基金买入申报数量为 100 份或其整数倍，不足 100 份的基金可以卖出，机构投资者和中小投资者都可以按市场价格进行 ETF 份额交易。这种双重交易机制使 ETF 的二级市场价格不会过度偏离基金份额净值，因为一、二级市场的差价会产生套利机会，而套利交易会使二级市场价格回复到基金份额净值附近。

2. LOF

上市开放式基金（Listed Open-ended Funds，LOF）是一种既可以在场外市场进行基金份额申购、赎回，又可以在交易所进行基金份额交易和基金份额申购或赎回，并通过份额转托管机制将场外市场与场内市场有机地联系在一起的开放式基金。

尽管同样是交易所交易的开放式基金，但就产品特性看，深圳证券交易所推出的 LOF 在世界范围内具有首创性。与 ETF 相区别，LOF 不一定采用指数基金模式，也可以是主动管理型基金；同时，申购和赎回均以现金进行，对申购和赎回没有规模上的限制，可以在交易所申购、赎回，也可以在代销网点进行。LOF所具有的可以在场内外申购、赎回，以及场内外转托管的制度安排，使LOF不会出现封闭式基金大幅度折价交易的现象。

3. 保本基金

保本基金是指通过采用投资组合保险技术，保证投资者在投资到期时至少能够获得投资本金或一定回报的证券投资基金。保本基金的投资目标是在锁定下跌风险的同时力争有机会获得潜在的高回报。目前，我国已有保本基金。

4. QDII基金

QDII是Qualified Domestic Institutional Investors（合格境内机构投资者）的首字母缩写。QDII基金是指在一国境内设立，经该国有关部门批准从事境外证券市场的股票、债券等有价证券投资的基金。它为国内投资者参与国际市场投资提供了便利。2007年，我国推出了首批QDII基金。

5. 分级基金

分级基金又被称为“结构型基金”、“可分离交易基金”，是指在一只基金内部通过结构化的设计或安排，将普通基金份额拆分为具有不同预期收益与风险的两类（级）或多类（级）份额并可分离上市交易的一种基金产品。

四、证券投资基金与股票、债券的区别

（一）反映的经济关系不同

股票反映的是所有权关系，债券反映的是债权债务关系，基金反映的则是信托关系，但公司型基金除外。

（二）所筹集资金的投向不同

股票和债券是直接投资工具，而基金是间接投资工具。

（三）风险水平不同

股票的直接收益取决于发行公司的经营效益，不确定性强，投资于股票有较大的风险。债券的直接收益取决于债券利率，债券利率一般是事先确定的，投资风险较小。基金主要投资于有价证券，投资选择灵活多样，从而使基金的收益有可能高于债券，投资风险又可能小于股票。

第二节　证券投资基金的运作、参与主体、风险与收益

一、证券投资基金的运作

基金的运作包括基金市场营销、基金的募集、基金的投资管理、基金资产的托管、基金份额的登记、基金的估值与会计核算、基金的信息披露以及其他基金运作活动在内的所

有相关环节。从基金管理人的角度来看，基金的运作活动可以分为基金的市场营销、基金的投资管理与基金的后台管理三大部分。基金的市场营销主要涉及基金份额的募集与客户服务，基金的投资管理体现了基金管理人的服务价值，而包括基金份额的注册登记、基金资产的估值、会计核算、信息披露等在内的后台管理服务则对保障基金的安全运作起着重要的作用。

二、证券投资基金的参与主体

（一）证券投资基金参与主体

在基金市场上，存在许多不同的参与主体。依据所承担的职责与作用不同，可以将基金市场的参与主体分为基金当事人、基金市场服务机构、基金监督管理机构和自律组织三大类。

1. 基金当事人

我国的证券投资基金依据基金合同设立，基金份额持有人、基金管理人与托管人是基金合同的当事人，简称基金当事人。

(1) 基金份额持有人。

基金份额持有人即基金投资者，是基金的出资人，是基金资产的所有者和基金投资回报的收益人。按照《中华人民共和国证券投资基金法》(以下简称《证券投资基金法》) 的规定，我国基金份额持有人享有以下权利：分享基金财产收益，参与分配清算后的剩余基金财产，依法转让或者申请赎回其持有的基金份额，按照规定要求召开基金份额持有人大会，对基金份额持有人大会审议的事项行使表决权，查阅或者复制公开披露的基金信息资料，对基金管理人、基金托管人、基金销售机构损害其合法权益的行为依法提出诉讼，基金合同约定的其他权利。

(2) 基金管理人。

基金管理人是基金的募集者和管理者，其最重要的职责就是按照基金合同的约定，负责基金资产的投资运作，在有效控制风险的基础上为基金投资者争取最大的投资收益。基金管理人在基金运作中具有核心作用，基金产品的设计、基金份额的销售与注册登记、基金资产的管理等重要事项多半由基金管理人或基金管理人选定的其他服务机构承担。在我国，基金管理人只能由依法设立的基金管理公司担任。

(3) 基金托管人。

为了保证基金资产的安全，《证券投资基金法》规定，基金资产必须由独立于基金管理人的基金托管人保管，从而使得基金托管人成为基金的当事人之一。基金托管人的职责主要体现在基金资产保管、基金资产清算、会计复核以及对基金投资运作的监督等方面。在我国，基金托管人只能由依法设立并取得基金托管资格的商业银行担任。

2. 基金市场服务机构

基金管理人、基金托管人既是基金的当事人，又是基金的主要服务机构。除基金管理人与基金托管人之外，基金市场上还有许多面向基金提供各类服务的其他机构。这些机构主要包括基金销售机构、注册登记机构、律师事务所、会计师事务所、基金投资咨询机构、基金评级公司等。

（1）基金销售机构。

基金销售机构是受基金管理公司委托从事基金代理销售的机构。通常，只有机构客户或资金规模较大的投资者才直接通过基金管理公司进行基金份额的直接买卖，一般资金规模较小的普通投资者通常经过基金代销机构进行基金的赎回或买卖。在我国，只有中国证监会认定的机构才能从事基金的代理销售。目前，商业银行、证券公司、证券投资咨询机构、专业基金销售机构以及中国证监会规定的其他机构，均可以向中国证监会申请基金代销业务资格，从事基金的代销业务。

（2）注册登记机构。

基金注册登记机构是指负责基金登记、存管、清算和交收业务的机构，其具体业务包括投资者基金账户管理、基金份额登记、清算及基金交易确认、红利发放、基金份额持有人名册的建立与保管等。目前，在我国承担基金份额注册登记工作的主要是基金管理公司自身和中国证券登记结算有限责任公司（简称中国结算公司）。

（3）律师事务所和会计师事务所。

律师事务所和会计师事务所作为专业、独立的中介服务机构，为基金提供法律、会计服务。

（4）基金投资咨询机构和基金评级机构。

基金投资咨询机构是向基金投资者提供基金投资咨询建议的中介机构；基金评级机构则是向投资者以及其他市场参与主体提供基金评价业务、基金资料与数据服务的机构。

3. 基金监督管理机构和自律组织

（1）基金监督管理机构。

为了保护基金投资者的利益，世界上不同国家和地区都对基金活动进行严格的监督管理。基金监管机构通过依法行使审批或核准权，依法办理基金备案，对基金管理人、基金托管人以及其他从事基金活动的中介机构进行监督管理，对违法违规行为进行查处，因此其在基金的运作过程中起着重要的作用。

（2）基金自律组织。

基金自律组织是由基金管理人、基金托管人或基金销售机构等行业组织成立的同业协会。同业协会在促进同业交流、提高同业人员素质、加强行业自律管理、促进行业规范化发展等方面具有重要的作用。

证券交易所是基金的自律管理机构之一。我国的证券交易所是依法设立的，不以盈利为目的，为证券的集中和有组织的交易提供场所和设施，履行国家有关法律法规、规章、政策规定的职责，实行自律性管理的法人。一方面，封闭式基金、上市开放式基金和交易型开放式指数基金等需要通过证券交易所募集和交易，且必须遵守证券交易所的规则；另一方面，经中国证监会授权，证券交易所对基金的投资交易行为还承担着重要的一线监控职责。

（二）证券投资基金运作关系

从图 8—1 可以看出，基金投资者、基金管理人与基金托管人是基金当事人。基金市场上的各中介服务机构通过自己的专业服务参与基金市场，监管机构则对基金市场上的各种参与主体实施全面监管。

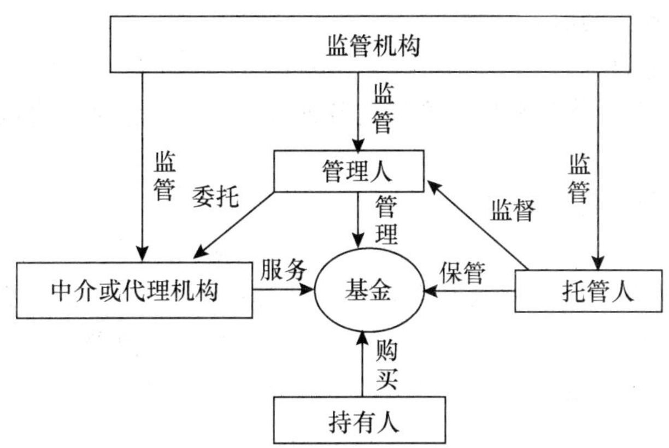

图 8—1　证券投资基金的参与主体

三、证券投资基金的风险与收益

（一）证券投资基金的风险

证券投资基金是一种集中资金、专家管理、分散投资、降低风险的投资工具，但投资者投资于基金仍有可能面临风险。证券投资基金存在的风险主要有如下几种。

1. 市场风险

基金主要投资于证券市场，投资者购买基金，相对于购买股票而言，由于能有效地分散投资和利用专家优势，可能对控制风险有利。分散投资虽能在一定程度上消除来自个别公司的非系统性风险，但无法消除市场的系统性风险。因此，证券市场价格因经济因素、政治因素等各种因素的影响而产生波动时，将导致基金收益水平和净值发生变化，从而给基金投资者带来风险。

2. 管理能力风险

基金管理人作为专业投资机构，虽然比普通投资者在风险管理方面确实有某些优势，如能较好地认识风险的性质、来源和种类，能较准确地度量风险，并通常能够按照自己的投资目标和风险承受能力构造有效的证券组合，在市场变动的情况下，及时地对投资组合进行更新，从而将基金资产风险控制在预定的范围内等，但是，不同的基金管理人其基金投资管理水平、管理手段和管理技术存在差异，从而对基金收益水平产生影响。

3. 技术风险

当计算机、通讯系统、交易网络等技术保障系统或信息网络支持出现异常情况时，可能导致基金日常的申购或赎回无法按正常时限完成、注册登记系统瘫痪、核算系统无法按正常时限显示基金净值、基金的投资交易指令无法即时传输等风险。

4. 巨额赎回风险

这是开放式基金所特有的风险。若因市场剧烈波动或其他原因而连续出现巨额赎回，并导致基金管理人出现现金支付困难，基金投资者申请巨额赎回基金份额，可能会遇到部分顺延赎回或暂停赎回等情况。

（二）证券投资基金的收益

1. 证券投资基金收入

它是指基金资产在运作过程中所产生的各种收入，主要包括利息收入、投资收益以及其他收入。

2. 证券投资基金利润分配

它是指基金在一定会计期间的经营成果。利润包括收入减去费用后的净额、直接计入当期利润的利得和损失等，也称为基金收益。证券投资基金在获取投资收入和扣除费用后，须将利润分配给受益人。基金利润（收益）分配通常有两种方式：一是分配现金，这是最普遍的分配方式；二是分配基金份额，将应分配的净利润折为等额的新的基金份额送给受益人。

（三）证券投资基金的费用

1. 基金管理费

基金管理费是指从基金资产中提取的、支付给为基金提供专业服务的基金管理人的费用，即管理人为管理和操作基金而收取的费用。基金管理费通常按照每个估值日基金净资产的一定比率（年率）逐日计提，累计至每月月底，按月支付。管理费率的大小通常与基金规模成反比，与风险成正比。目前，我国股票基金大部分按照1.5%的比例计提基金管理费，债券基金的管理费率一般低于1%，货币基金的管理费率为0.33%。管理费通常从基金的股息、利息收益或从基金资产中扣除，不另向投资者收取。

2. 基金托管费

基金托管费是指基金托管人为保管和处置基金资产而向基金收取的费用。托管费通常按照基金资产净值的一定比率提取，逐日计算并累计，按月支付给托管人。目前，我国封闭式基金按照0.25%的比例计提基金托管费，开放式基金根据基金合同的规定比例计提，通常低于0.25%，股票型基金的托管费率要高于债券型基金及货币市场基金的托管费率。

3. 基金交易费

基金交易费是指基金在进行证券买卖交易时所发生的相关交易费用。目前，我国证券投资基金的交易费用主要包括印花税、交易佣金、过户费、经手费、证管费。交易佣金由证券公司按成交金额的一定比例向基金收取，印花税、过户费、经手费、证管费等则由登记公司或交易所按有关规定收取。参与银行间债券交易的，还需向中央国债登记结算有限责任公司支付银行间账户服务费，向全国银行间同业拆借中心支付交易手续费等服务费用。

4. 基金运作费

基金运作费是指为保证基金正常运作而发生的应由基金承担的费用，包括审计费、律师费、上市年费、信息披露费、分红手续费、持有人大会费、开户费、银行汇划费等。按照有关规定，发生的这些费用如果影响基金份额净值小数点后第5位，即发生的费用大于基金净值十万分之一，应采用预提或待摊的方法计入基金损益。发生的费用如果不影响基金份额净值小数点后第五位，即发生的费用小于基金净值十万分之一，应于发生时直接计入基金损益。

5. 基金销售服务费

目前，只有货币市场基金以及其他经中国证监会核准的基金产品收取基金销售服务费，基金管理人可以按照相关规定从基金财产中持续计提一定比例的销售服务费。收取销售服务费的基金通常不再收取申购费。

第三节　证券投资基金的交易

一、证券投资基金的开户

（一）封闭式基金的开户

封闭式基金因有封闭期规定，在封闭期内基金规模稳定不变，既不接受投资者的申购，也不接受投资者的赎回。因此，为满足投资者的变现需要，封闭式基金成立后通常申请在证券交易所挂牌，交易方式类似股票，即在投资者之间转手交易。封闭式基金的开户与股票交易开户一样，这里就不再赘述。

（二）开放式基金的开户

投资者投资开放式基金时，应先到基金管理公司或其指定的代销机构开设专用基金账户及相应的资金账户；一名投资者只能在一个销售网点开户，且只能开设一个基金账户；投资由不同基金管理公司管理的不同的开放式基金时，应该到不同的基金管理公司或其代理机构分别办理手续。

1. 通过基金直销中心办理开户业务

通过基金直销中心办理开户业务，个人投资者需要准备以下资料：

（1）投资者个人有效身份证件原件及复印件（本人签字）。

（2）如为代办，还需提供代办人有效身份证件原件及复印件（代办人签字）。

（3）本人指定银行账户账号信息（开户银行、开户行名称、账号），邮政储蓄卡除外。

2. 通过代销机构办理开户业务

通过代销机构办理开户业务，个人投资者申请开立基金账户，应提交下列材料：

（1）填妥的开户申请表。

（2）本人有效身份证件原件。

（3）本人的银行存折（储蓄卡）。

3. 通过代销本基金的证券公司办理开户业务

（1）资金账户的开立（已在该代销券商处开立了资金账户的客户不必再开立该账户），个人投资者申请开立资金账户应提供以下材料：

1）填妥的资金账户开户申请表。

2）本人有效身份证件原件及复印件。

3）证券公司营业部指定银行的存折（储蓄卡）。

（2）基金账户的开立。

基金账户是指注册登记机构为投资者建立的用于管理和记录投资者基金种类、数量变化等情况的账户，不论投资者通过哪个渠道办理，均记录在该账户下。个人投资者申请开立基金账户应提供以下材料：

1）填妥的开户申请表。

2）本人有效身份证件及复印件。

3）在本代销机构开立的资金账户卡。

4）证券公司营业部指定银行的存折（储蓄卡）。

二、证券投资基金的交易

开放式基金只能在符合国家规定的场所申购、赎回。封闭式基金成立后，基金管理人、基金托管人可以向中国证监会及证券交易所提出基金上市申请。基金上市规则由证券交易所制定，报中国证监会批准。

（一）封闭式基金的交易

1．封闭式基金的上市申请及审批

封闭式基金的交易方式为在证券交易所挂牌上市，因此，封闭式基金在募集成立后，应及时向证券交易所申请上市。上市申请及主管机关审批的主要内容包括：基金的管理和投资情况；基金管理人提交的上市可行性报告；信息披露的充分性；内部机制是否健全，能否确保基金章程及信托契约的贯彻实施等。上述材料必须真实可靠，无重大遗漏。

2．封闭式基金的交易规则

（1）基金单位的买卖遵循“公开、公平、公正”的“三公”原则和“价格优先、时间优先”的原则。

（2）以标准手数为单位进行集中无纸化交易，电脑自动撮合，跟踪过户。

（3）基金单位的价格以基金单位资产净值为基础，受市场供求关系的影响而波动，行情即时揭示。

（4）基金单位的交易成本相对低廉。

3．影响封闭式基金价格变动的因素

基金单位净资产值和市场供求关系是影响封闭式基金市场价格的主要因素，但其他因素也会导致其价格波动。

（1）基金单位净资产值。

基金单位净资产值是指某一时点上某一基金每份基金单位实际代表的价值，是基金单位的内在价值。由于基金单位净资产值直接反映一个基金的经营业绩和相对于其他证券品种的成长性，同时，也由于基金单位净资产值是基金清盘时，投资者实际可得到的价值补偿，因此，基金单位净资产值构成影响封闭式基金市场价格的最主要因素。在一般情况下，基金单位的市场价格应围绕基金单位净资产值而上下波动。

（2）市场供求关系。

由于封闭式基金成立后，在存续期内其基金规模是稳定不变的，因此，市场供求状况对基金交易价格产生重要影响。一般而言，当市场需求增加时，基金单位的交易价格就上升；反之，就下跌，从而使基金价格相对其单位净值而言经常出现溢价或折价交易的现象。

（3）市场预期。

市场预期通过影响供求关系而影响基金价格。当投资者预期证券市场行情看涨，或基金利好政策将出台，或基金管理人经营水平提高，或基金净资产值将增加，或基金市场将“缩容”等时，将增加基金需求，从而导致基金价格上涨；反之，将减少基金需求，从而导致基金价格下跌。

(4) 操纵。

如同股票市场一样，基金市场也存在着“坐庄”操纵现象。由于封闭式基金的“盘子”是既定的，因此资金实力大户往往通过人为放大交易量或长期单向操作来达到影响市场供求关系及交易价格，从中获利的目的。

(5) 基金清算。

随着封闭式基金存续期逐渐走向完结，基金终止清算期的来临，基金交易价格也将逐渐恢复到其净资产值的水平上。

(二) 开放式基金的交易

1. 开放式基金的认购、申购、赎回

投资者在开放式基金募集期间、基金尚未成立时购买基金单位的过程称为认购。通常，认购价为基金单位面值（1元）加上一定的销售费用。基金初次发行时，一般会对投资者有费率上的优惠。投资者在认购基金时，应在基金销售点填写认购申请书，缴付认购款项，注册登记机构办理有关手续并确认认购。只有当开放式基金宣布成立后，经过规定的日期，基金才能进入日常的申购和赎回。

在基金成立后，投资者通过基金管理公司或其销售代理机构申请购买基金单位的过程称为申购。投资者办理申购时，应填写申购申请书并缴付申购款项。申购基金单位的金额是以申购日的基金单位资产净值为基础计算的。

投资者为变现其基金资产，将手持基金单位按一定价格卖给基金管理人，并收回现金的过程称为赎回。赎回金额是以当日的单位基金资产净值为基础计算的。

2. 开放式基金申购、赎回的限制

根据有关法规及基金契约的规定，开放式基金的申购与赎回主要有如下限制：

(1) 基金申购限制。

基金在刊登招募说明书等文件后，开始向法定的投资者进行招募。依据国内基金管理公司已披露的开放式基金方案来看，首期募集规模一般都有一个上限。在首次募集期内，若最后一天的认购份额加上在此之前的认购份额超过规定的上限，则投资者只能按比例进行公平分摊，无法足额认购。开放式基金除规定有认购价格外，通常还规定有最低认购额。另外，根据有关法律和基金契约的规定，对单一投资者持有基金的总份额还有一定的限制，如不得超过该基金总份额的10%等。

(2) 基金赎回限制。

开放式基金赎回方面的限制，主要是对巨额赎回的限制。根据《开放式证券投资基金试点办法》的规定，开放式基金单个开放日，基金净赎回申请超过基金总份额的10%时，将被视为巨额赎回。巨额赎回申请发生时，基金管理人在当日接受赎回比例不低于基金总份额的10%的前提下，可以对其余赎回申请延期办理。也就是说，基金管理人根据情况可以给予赎回，也可以拒绝这部分的赎回，被拒绝赎回的部分可延迟至下一个开放日办理，并以该开放日当日的基金资产净值为依据计算赎回金额。当然，发生巨额赎回并延期支付时，基金管理人应当通过邮寄、传真或者招募说明书规定的其他方式，在招募说明书规定

的时间内通知基金投资者，说明有关处理方法，同时在指定媒体及其他相关媒体上公告。通知和公告的时间，最长不得超过 3 个证券交易日。

3. 开放式基金的申购、赎回价格

开放式基金的交易价格即为申购、赎回价格。开放式基金申购和赎回的价格是建立在每份基金净值基础上的，以基金净值再加上或减去必要的费用，就构成了开放式基金的申购和赎回价格。

基金的申购价格是指基金申购申请日当天每份基金单位净资产值再加上一定比例的申购费所形成的价格，它是投资者申购每份基金时所要付出的实际金额。基金的赎回价格是指基金赎回申请日当天每份基金单位净资产值再减去一定比例的赎回费所形成的价格，它是投资者赎回每份基金时可实际得到的金额。

4. 开放式基金的净值计算

基金净值又称基金单位净值，是某一时点上每份基金单位实际代表的价值，即每份基金单位的净资产价值，等于基金的总资产减去总负债后的余额再除以基金全部发行的单位份额总数。开放式基金的申购和赎回都以这个价格进行。

(1) 基金单位净值的计算。计算公式如下：

基金单位净值＝基金资产净值总额/基金单位总数

基金资产净值总额＝基金资产总额－基金负债总额

基金资产总额是基金拥有的所有资产，包括股票、债券、银行存款等；基金负债总额是基金融资所形成的负债、应付的各项费用、应付的利息等；基金单位总数是当时发行在外的基金单位的总数额。

(2) 基金累计单位净值的计算。计算公式如下：

基金累计单位净值＝基金单位净值＋基金成立后累计单位派息金额

基金成立后累计单位派息金额＝基金历史上所有派息总额/基金总份数

基金累计单位净值是反映该基金自成立以来的总体收益情况的数据，是投资者选择基金时的重要参考数据。

第四节　基金投资实务

基金本身并不是一种资产，而是一种特殊的投资组合工具，其长期回报和风险首先取决于资产配置，然后才受基金经理选择具体证券和进出市场时机的能力的影响。正是因为基金是一种长期投资产品，所以投资者必须相应制定一项长期有效的战略来进行基金投资理财。具体而言，基金投资的成功与否，取决于投资者在理财规划、投资组合建立和密切监视三个阶段能否长期坚持并遵循科学的投资程序。

一、证券投资基金理财投资规划

投资者最容易犯的错误就是未经规划就仓促地购买基金。所谓针对证券投资基金的理财规划，就是在购买基金以前对自身的实际情况和拟购买基金的充分认识过程，其目的在于确保所购买的基金符合自己的投资目标和风险承受能力。

（一）证券投资基金理财投资规划阶段的重要环节

1. 确定投资的收益与风险目标

投资者在理财规划时，首先要考虑自己的资产、负债和收入等当前财务状况，其次要合理假设子女教育经费、退休生活费等未来的财务需求，最后再计算出在目前财务实力的基础上满足未来需求所要求的回报率，以及为实现该投资回报率所能够承受的最大风险。所以，投资的收益目标是满足未来财务需求的最低回报要求，不是投资者主观愿望上的最大回报率；投资的风险目标是指投资者所能接受的子女教育水平和退休生活水准的最大下降限度。

2. 建立对资本资产收益和风险的长期预期

不同类型资产的长期收益和风险并不完全相同；即使是相同的资产，在不同的经济制度下它们所能够取得的长期收益和风险通常也不尽相同。投资者在投资前必须对股票、债券和现金等资产的长期历史回报和风险有一个清醒的认识，从而对其未来的回报和风险有较为现实和理性的预期。

3. 确定资产配置比例

所谓资产配置，是指投资者如何确定股票、债券和现金等不同资产占总投资资金的比例。资产配置既取决于投资者的收益和风险目标，又取决于投资者对资本资产长期收益和风险的预期，还取决于投资者对资本资产市场的中、短期走势的预测。

（二）证券投资基金理财投资规划的步骤

完整的基金投资理财规划，应包含以下步骤。

1. 确定自己承受风险的能力

在投资市场里，没有所谓的免费午餐。“富贵险中求”，回报率越高，风险就越大，风险与回报率永远成正比。投资者在确定自己承受风险能力的时候，需要考虑如下因素：一是年龄和赚钱能力。年轻人来日方长，拥有持续的赚钱能力，较能承受风险，可选择风险性较大的基金。二是个人财产状况及家庭的负担。通常，持有较多现金的投资者可承受较大的风险；有固定收入者，风险承受能力亦较无固定职业的人为高。三是投资收益的目标及年限。婚龄青年较多考虑在短期内买房结婚，或要供养子女上学和赡养父母，承担风险的能力有限。年长者期望靠投资的收益作养老金之用，应考虑把低风险的基金作为投资对象。

2. 设定投资基金的目标和策略

通过基金进行投资，应视为一种长线储蓄，期望获得比银行利息高的收益来抵消通货膨胀或物价指数上涨的影响，并使资金提供一定程度上的生活安全感。因而，在选择基金之前，必须明确自己的投资目标，以及为实现这一目标而应该采取的策略。在理财日益成为一种专门投资艺术的商品市场经济中，由于投资者社会地位不同，年龄大小不同，收入水平差别，理财观念各异，性格层次分明，从而产生的投资目标也因人而异，视乎投资者的投资取向和可承受多大的风险而定。一般来说，投资目标可分为三种：着重取得经常性效益；既想保本又求增值；主要追求资本增值。投资策略是为投资目标服务的，有什么样的投资目标，便有什么样的投资策略。因此，投资策略也相应地可划分为三种类型：保守型、稳健型和进取型。

明确了自己的投资策略以后，就应选择与自己投资策略相一致的基金。金融商品市场上的基金如果按基金的投资目标分类，可相应地分为三类：收益型基金（或叫入息基金）、平衡型基金和增值型基金。收益型基金适合保守型投资策略的需要，既可为投资者带来比较稳定的经常性收入，又能保证资金安全且便于套现，如货币市场基金、债券基金、优先股基金、蓝筹股基金等。平衡型基金一般适应稳健型投资者的需要，以平均投资组合的形式出现，基金既投资于股票，又投资于债券，尽量将基金资产分散投放在不同的投资市场和投资工具上。其所选择的股票亦以低息的大公司为主，投资风险较增值型基金为低。增值型基金是为进取型的投资者设计的，这类基金一般投资在小型公司股票、认股权证、期指等风险较高的金融商品上。增值型基金因承担的风险大，收益较高，可使投资者的资金获得大幅度增值。

3. 考虑基金规模及市场关系，综合考核基金的表现

（1）考虑基金规模及市场关系。

选好基金类别只是选择基金的第一步，因为各类基金都有很多品种，它们属于不同的投资基金公司管理，由不同的经理人操作，投资于不同的市场，投资组合亦不尽相同，所以，在确定投资基金类别后，考虑基金的总体规模及投资市场的关系，亦是非常重要的环节。通常，投资者需注意以下几个方面：

1）若投资者的资金投资额大，选择的基金规模就不应太小。

因为投资者的投资额在整个基金所占的比重比较大，投资者的买卖行为会影响基金的表现，假如该投资者要如数赎回全部投资额，而该时股票型基金的流动性不大，不易脱手，经理人只好出售一些质优股以备现金予该投资者赎现，令其他投资者只持有二、三线股，这样给其他投资者和基金本身都会带来不利。如果那是一个小市场而成交额又小，他的赎回行为则会严重地影响自身及基金价格的表现。

2）基金规模大，原则上应将基金资产投资在市场规模较大的金融商品上。

如果基金的规模较大而基金所投市场可买的股票数目不多，选择品种缺乏，投资者应慎重考虑是否买入该基金。因为基金管理人手中掌握着大量的现金，难于买到质优股票或基金，买不到股票，又没有其他可直接投资的项目，那么，该基金的表现肯定有限，投资者还不如把钱存入银行获取利息收益。

（2）综合考核基金的表现。

一般投资者在购买基金时，首先会留意该基金过去的业绩表现，虽然基金过去的业绩并不能代表它的未来，但一般说来，表现较为稳定的基金可以表明它的设计是正确的，基金管理人的投资策略是成功的。如果它的表现一向都比较可观，则有理由相信它将来的表现仍会如此。所以，投资者应该选择过去几年或创立以来都较为均衡的基金。但需注意的是，基金的参考期通常自每年的1月1日起，以3个月、6个月、1年、2年作为标准。有时，基金经理在宣传广告中会片面地宣传该基金的最佳表现时期，而隐藏了业绩较差的时期。投资者若比较基金的表现，除了与它的过去相比较，还应将它与同类基金相比较，拿它的投资业绩同有关的指数相比。在比较两只基金的表现时，要注意比较的是哪一段时期，不是同一时期的基金，其业绩没有比较的共性。比较基金表现时还要留意那些比较数字所代表的含义。公布的基金行情趋势，有的数据指的是在指定时间内升降的百分比，有些则是假设一定的投资额

在那段时间内连本带利所能获得的结果（这时需减去本金，这样才能计算出真实的回报）。当然，在比较的时候，还要注意各基金是否以同一货币相比较。由于近年来外汇市场的波动较大，汇率的升降会影响基金本身的表现，可能同样的增长幅度，一只基金的收益是从市场的差价中获得的，另一只基金的收益是从汇价波动中获得的，比较时不能同等看待。

4. 挑出优于同类型基金，打造自己的投资组合

投资者在决定了资产配置的比例和调整方法以后，下一阶段的工作重点就是要找出能够复制或者战胜这些资产的回报的基金，即选择不同的证券投资基金来建立投资组合。在这一阶段需要特别注意的环节如下：

（1）选择跟踪资产市场的基准指标。

投资者选择基金实际上就是选择了一种间接投资资本资产市场的方式，其成败关键取决于基金经理是否能够取得不低于资产的长期预期收益和不高于资产的长期风险的经营业绩。考核基金经理绩效最为有效的办法之一，就是将他们取得的投资业绩和风险同反映资本资产整体市场表现的市场指数，或者反映同类基金经理表现的基金指数进行对比。这里的市场指数或者基金指数就是所谓的基金业绩基准。基准指标必须适用和可比，否则投资者无法正确评价基金经理的业绩，从而无法筛选出适合自己投资目标的基金。例如，目前国内不少的混合型甚至股票型基金的招募说明书里将银行存款利息收益率定义为业绩比较基准，这显然是不合适的。

（2）选择基金的组织形式。

由于市场的某些制度性缺陷，投资相同类型资产的不同组织形式的基金，可能给投资者带来截然不同的收益和风险。例如，封闭式基金在我国就曾经历了近似疯狂的溢价和不可理喻的折价阶段。历史数据证明，在高溢价阶段购买封闭式基金的投资者的收益率远远逊色于在深度折价阶段购买基金的投资者的收益率。因此，目前市场上封闭式基金所存在的折价对于投资者而言，既是在市场可能掉头向下时的保护毯，又是在市场向上时的额外奖励，其投资价值不可低估。

（3）比较基金的费用比率。

在投资资产和组织形式都相同的前提下，费用比率将是决定基金的长期回报率是否能够战胜同行最为重要的因素。尤其是那些选择定期定额投资策略的投资者更应该将注意力放在低成本的指数基金上。

（4）比较基金成立的时间和历史绩效的连贯性。

在海外，由于无历史业绩记录，新成立的基金通常无人问津。为了培育新基金的历史业绩，基金管理公司和基金经理不得不将自己的资金用来购买基金的“种子”单位。这同我国目前新基金发行申购“中签”现象形成鲜明的对比。投资者应该将精力集中在对至少有两年以上存续期的基金的筛选上，切忌随波逐流追捧新基金。

（5）比较基金经理的教育背景、从业经历和历史绩效。

我国的资本市场目前还不是十分成熟，因此基金的中短期业绩严重依赖于基金经理选择证券和时机的个人能力。投资者尤其应该注重基金经理的投资管理风格的稳定性和过往业绩的连续性。

（6）比较基金管理公司和基金的在管资产规模。

由于不存在生存压力，在管资产达到一定规模的基金管理公司或者基金经理的违规动

机较小，其战略目光通常也较长远，相对而言更加有利于保护基金份额持有人的权益。当然，如果单只基金的资产规模过大（被动型指数基金除外），其投资经理调整投资组合的灵活性就较差，其投资管理特长的发挥就会受到限制。

5. 定期检视基金及投资组合和做好资产配置

建立好基金投资组合并不意味着万事大吉，投资者就可以高枕无忧了。实际上，投资者还必须密切监视自身、市场以及基金的各种情况变化，并在必要的时候对基金组合进行调整。投资者可到基金公司网站查看基金的月报，以及基金公司对市场趋势的分析与看法。此外，多看财经新闻也是了解投资信息的好方法。最后需要注意的是，投资者理财投资是长时间的竞赛，并不适合短进短出，因为这样既伤神，报酬率又不见得高。此外，投资者也可设立停利或停损点，帮助自己管理基金。当基金报酬达到停利点时，就可先行获利了结；反之，当看错市场，而基金亏损达到停损点时，就得考虑是否转移到更具潜力的市场投资。

可能会导致投资者调整基金投资组合的情形包括：

(1) 投资者自身情况的变化。

1) 投资者目前财务状况的实质性变化。

2) 投资者风险偏好和风险承受能力的变化。

3) 投资者投资目标的变化。

4) 投资者对投资期限假定的变化。

(2) 市场情况的变化。

1) 市场的制度性变革。

2) 资本资产的长期回报、风险的市场预期和相互间相关程度变化。

3) 投资者对市场中短期走势的预测。

(3) 基金管理公司或者基金情况的变化。

1) 基金管理公司的股东结构、治理、行政或者司法处罚等方面的重大变化。

2) 基金的投资目标、策略、范围等政策性变化。

3) 基金运作方式的变动。

4) 基金经理的更换或者职务、职权的变动。

5) 基金在管资产规模的变动。

二、证券投资基金理财投资策略

(一) 证券投资基金理财投资策略的形式

1. 定期定额购入策略

定期定额购入策略就是不论行情如何，每月（或定期）投资固定的金额于固定的基金上，当市场上涨，基金的净值高，买到的单位数较少；当市场下跌，基金的净值低，买到的单位数较多。如此长期下来，所购买基金单位的平均成本将较平均市价为低，即所谓的平均成本法。平均成本法的功能之所以能够发挥，主要是因为当股市下跌时，投资者亦被动地去投资购买较多的单位数，只要投资者相信股市长期的表现应该是上升趋势，在股市低档时买进的低成本股票，一定会带来丰厚的获利。

以这种方式投资证券投资基金，还有其他的好处：一是不必担心进场时机。二是小钱就可以投资。在国外，通过“定期定额”投资于基金，最低投资金额相对很低。三是长期投资报酬远比定期存款高。尽管“定期定额投资”有些类似于“零存整取”的定期存款，但因为它投资的是报酬率较高的股票，只要股市长期来看是向上的，其投资报酬率远比定期存款高，变现性也很好，随时可以办理赎回，安全性较高。四是种类多，可以自由选择。目前，一般成熟的金融市场上可供投资的基金种类相当多，可以让投资者自由选择。

2. 固定比例投资策略

将一笔资金按固定的比例分散投资于不同种类的基金上，当某类基金因净值变动而使投资比例发生变化时，就卖出或买进这种基金，从而保证投资比例能够维持原有的固定比例。这样可以分散投资成本，抵御投资风险，不至于因某只基金表现欠佳或过度奢望价格会进一步上升而使到手的收益成为泡影或使投资额大幅度上升。例如，你决定用50%、35%和15%的资金分别买进股票基金、债券基金和货币市场基金，当股市大涨时，设定股票增值后投资比例上升了20%，你便可以卖掉20%的股票基金，使股票基金的投资仍维持50%不变，或者追加投资买进债券基金和货币市场基金，使它们的投资比例也各自上升20%，从而保持你原有的投资比例。如果股票基金下跌，你就可以购进一定比例的股票基金或卖掉等比例的债券基金和货币市场基金，恢复原有的投资比例。当然，这种投资策略并不是经常性地一有变化就调整，有经验的投资者大致遵循这样一个准则：每隔3个月或半年才调整一次投资组合的比例，股票基金上涨20%就卖掉一部分，跌25%就增加投资。

3. 顺势操作投资策略

顺势操作投资策略又称更换操作策略，这种策略基于以下假定：每种基金的价格都有升有降，并随市场状况而变化。投资者在市场上应顺势追逐强势基金，抛掉业绩表现不佳的弱势基金。这种策略在多头市场上比较管用，在空头市场上不一定行得通。

4. 适时进出投资策略

适时进出投资策略，即投资者完全依据市场行情的变化来买卖基金。通常，采用这种策略的投资者，大多具有一定的投资经验，对市场行情变化较有把握，且投资的风险承担能力也较高。毕竟，要准确地预测股市每一波的高低点并不容易，就算已经掌握了市场趋势，也要耐得住短期市场可能会有的起伏。

（二）开放式基金及封闭式基金应采取的投资策略

对于开放式基金，应注意分散风险，可分散投资于两三只基金，并要选择好买入时机和买入良好的基金品种。因为购买基金相对于购买股票来说，已经分散了风险。根据不同的基金的特点，可选择不同类型的基金，但也要适度，购买太多既不便于管理也无必要。在股市低迷、大多数投资者悲观绝望时，正是买入之时；在市场人气高涨，股指大幅攀升、屡创新高之际，要保持清醒头脑，果断地抛售。

对于封闭式基金，应选择小盘封闭式基金且折价率较高的基金。因为如果基金的流通市值很小，且持有人较分散，则有可能出现主力为了争夺提议表决权的收购行为，从而基金价格出现急速上升，给投资者带来短期利益。另外，封闭式基金转为开放式之后，基金的价格趋向其价值，折价率越高，价值回归的空间就越大。

（三）不同类型基金的投资策略选择

因基金的风险程度不同，故对于不同类型的基金要有不同的投资策略。

1. 股票型基金和偏股型基金的投资策略

股票型基金和偏股型基金是当前基金市场上最大的一类，无论从市场投资上看，还是从收益情况上看，此类基金都是投资的重点。但在具体实施操作的时候，投资者一定要对股票市场的行情趋势有个大致的研判。也就是说，只有认为股票市场的盈利空间大于下跌空间时，才可以进行股票型基金和偏股型基金的投资，否则，在下跌趋势中，股票型基金很难独善其身。

但是，就股票市场情况来看，如果市场下跌时间已经持续很长一段时间，那么股票型基金、偏股型基金就出现了一定的投资机会，股票投资能力较强的基金产品就会脱颖而出。投资者应选择具有较好历史业绩表现的基金。

2. 债券型基金和偏债型基金的投资策略

债券型基金和偏债型基金具有流动性强、专家经营、风险相对较低的优点。据资料显示，在债券型基金中，机构投资者的持有比例是42%，个人投资者的持有比例为58%；而在偏债型基金中，机构投资者的持有比例是26%，个人投资者的持有比例为74%。从中可以看出，债券型基金和偏债型基金的投资主体为个人投资者。投资者可以采取在控制风险的前提下，适当参与的策略，具体可从以下三个方面着手：

（1）了解债券型基金和偏债型基金。

对于普通债券而言，两个基本要素是利率敏感程度与信用素质。债券价格的涨跌与利率的升降成反向关系。利率上升的时候，债券价格便下滑。债券价格变化对债券型基金和偏债型基金的资产净值影响较大。债券型基金和偏债型基金的信用取决于其所投资债券的信用等级。投资者可以通过基金招募说明书了解所投资债券信用等级有哪些限制；通过基金投资组合报告了解其持有债券的信用等级。基金持有比较多的可转债，其价格受正股联动影响，波动要大于普通债券，而且其回报率受股市和可转债市场的影响可能远大于债市。

（2）明确基金投资的目的。

投资者买债券型基金和偏债型基金的目的是增加组合的稳定性，或者获得比现金更高的收益。但是债券型基金和偏债型基金也有风险，尤其是在升息的环境中。当利率上升的时候，债券的价格会下跌，这时债券型基金和偏债型基金可能会出现亏损。

（3）震荡市中的避险工具。

投资者在选择股票型基金的时候，将承受较大的波动风险。在这种市场格局下，流动性好、风险低且回报率高于储蓄利率的债券型基金和偏债型基金可降低投资者的风险。

3. 指数型基金的投资策略

股市中存在大量的上市公司，信息量极为庞杂，普通投资者很难从中甄别。由于指数型基金的绩效表现与标的指数代表的大势一致，所以，投资者只要看准大势的趋势，就可以投资指数型基金（指数上扬就可以获取收益）。

三、基金投资的规则和技巧

在掌握以上投资策略的基础上，还要把握在投资基金过程中怎样获利了结，把握好基金卖出或赎回的最佳时机及设定心理预期等规则和技巧。

（一）基金转换

1. 基金转换的含义

基金转换是指投资者在持有某基金公司发行的任一开放式基金后，可直接自由转换到该基金公司管理的其他开放式基金，而不需要先赎回已持有的基金单位，再申购目标基金。

做过基金转换的投资者都知道，基金转换的结果与赎回某基金再申购其他基金的效果相似。而两者间最大的不同就是，尽管基金转换也需要按照公司的规定缴纳一定的转换费用，但总的交易成本比“赎回再申购”低得多。

2. 基金转换包含的费用

基金转换的手续费要比先赎回再申购更优惠，但不同类型间的基金转换能拿到的“赚头”不同，作用也各异。整体来看，各家基金公司对转换费用的规定不同，但基本都包括“转出基金的赎回费”和“申购费补差”两部分。其中，“申购费补差”就是两只转换的基金的申购费率的差额部分。如果投资者从高申购费率的基金转为低申购费率的基金，则不需要缴纳此差价；而如果从低申购费率的基金转为高申购费率的基金，则需要“补差”，所补申购费的费率等于两者申购费率的差的绝对值。

一般情况下，不论是股票型基金互相转换，股票型基金转到债券/货币型基金，还是把债券/货币型基金转到股票型基金，转换手续费都比先赎回再申购更优惠。那么，不同类型基金间的转换到底能省多少成本呢?

例如：张先生在 2005 年 3 月 1 日申购了 10 万份上投摩根中国优势。2006 年 9 月 1 日，他决定将其转换为上投摩根阿尔法，当日，中国优势的净值为 1.861 3 元。如果先赎回中国优势，再申购阿尔法，张先生需支付的费用为：

赎回费＝100 000×1.861 3×0.35％＝651.455（元）

申购费＝（100 000× 1.861 3－651.455)×1.5％＝2 782.18（元）

总费用＝651.455＋2 782.18＝3 433.635（元）

如果直接转换，由于两只基金的申购费相同，张先生只需支付中国优势的赎回费，即 651.455（100 000×1.861 3×0.35％）元。

不难看出，股票型基金互相转换可省一部分申购费用。通常，适用于原有股票型基金获利已达满足点，希望通过调整投资组合进一步获利；或原有股票型基金跌至所设定的止损点，不愿认赔赎回，可转换成其他具有潜力的股票型基金或表现更稳健的平衡型基金，让投资组合布局更均衡。

3. 基金转换普遍规则

（1）基金转换只能在同一基金管理公司的同一基金账户下的基金份额之间进行。

（2）在发生基金转换业务时，转出基金和转入基金必须在“交易”状态下，即转出基金必须为允许赎回状态，转入基金必须为允许申购状态。

（3）基金转换通常只允许在同为前端收费或者同为后端收费的基金之间进行，不允许将前端收费基金转换为后端收费基金，或者将后端收费基金转换为前端收费基金。

（4）各基金管理公司可设置最低基金转出份额，多为 1 000 份。

(5) 基金转换采用“未知价”原则，即以交易申请当日基金单位资产净值为基准进行计算。基金转换采用“份额转换”原则提交申请，即投资者以其持有的基金份额为单位提交转换申请。

(二) 基金定投

例如：一对夫妇计划为其儿子建立一个教育基金，儿子刚上小学，投资年限为 16 年，已经决定投资华夏基金旗下的华夏成长证券投资基金，期望年收益率为 10%，每期扣款 500 元，申购费率为 1.8%，收费方式为前端收费。将这些信息输入华夏基金公司提供的定期定额投资计算器，可以得出到期收益为 134 984.26 元，期间申购总费用 1 728.00 元，到期本利和 230 984.26 元，这样一笔钱，应该可抵孩子读大学和研究生的费用。从这个例子可以看出定期定额投资将小钱变大钱和复利效应的威力。

基金定投是一种适合中长期的投资方式，要想取得效果，必须遵守投资纪律，持之以恒，这样才能达到预定的理财目标。

1. 含义

基金定投申购业务是在一定的投资期间内投资者定额申购某只基金产品的业务。基金管理公司接受投资者的基金定投申购业务申请后，基金代销机构将根据投资者的要求在某一固定期间（以月为最小单位），从投资者指定的资金账户内扣划固定的申购款项。

基金定投并不影响正常的申购赎回，投资者在办理定投业务的同时，如果还有闲钱需要投资，完全可以继续申购。扣款日一般应设在每月的 1 日到 28 日之间。

2. 基金定投的一般流程

(1) 确定理财需求计划，以及计划的时间期限，这一点很重要。

(2) 评估自己的风险承受能力及投资偏好，并确定投资组合。

(3) 根据个人的收入支出情况，确定每期投资的金额。

3. 基金定投申购需遵循的原则

基金定投申购需遵循“未知价”和“金额申购”的原则。“未知价”是指投资者办理基金定投申购业务后，以实际扣款当日的基金份额净值为基准进行计算。

4. 两种退出方式

投资者退出基金定投业务有两种方式：一种是投资者通过银行向基金管理公司主动提出退出基金定投业务申请，并经基金管理公司确认后，投资者基金定投业务计划停止。另一种是投资者办理基金定投业务申请后，投资者指定的扣款账户内资金不足，且投资者未能按照约定及时补足申购资金，造成基金定投业务计划无法继续实施时，系统将记录投资者违约次数，如违约次数达到三次，系统自动终止投资者的基金定投业务。

5. 申请方法

(1) 必须先开立代理销售商业银行人民币结算账户（基金定投申购业务扣款账户）、基金交易卡、代理销售商业银行基金交易账户、基金管理公司的 TA 基金账户（账户状态正常）。

(2) 客户提交基金交易卡，填写一式两联的基金定投业务申请书，并详细阅读申请书第二联背面的填表须知。

(3) 投资者同意按照基金管理公司和代销机构的规定，由代销机构按照相同的时间间隔和相同的金额申购某只开放式基金。

(4) 投资者可以多次申请参加同一基金的定投，也可参加多只基金的定投。

(5) 申请当天，投资者不能办理基金定投申购业务退出申请。

(6) 交易确认（T+2）成功后，投资者可到代理销售商业银行基金业务受理网点打印基金业务确认通知单。

(7) 当日基金账户开户，可即时开通定时定额交易。

(8) 客户申请定投计划后，不能申请 TA 基金账户销户处理。

四、个人投资者投资基金的主要误区

证券投资基金这种大众理财方式在中国的发展时间尚短，投资者对基金缺乏必要的了解，基金公司和各大代销机构的投资人教育工作处于起步阶段，所有这些造成了信息的不对称。正因如此，现阶段个人投资者在投资基金的过程中难免存在着种种误区。

（一）只注重基金收益

投资者不看自身财务情况，不问基金的具体情况，盲目地进入基金投资行列。实际上，不同的投资品种有其固有的平均收益率，基金这种大众式的投资品种长期看绝不可能有年均 100%的收益。一般来说，我国股票型基金的年均收益可到 15%左右，其他类型的基金难以达到这个收益率。比如货币型基金的收益一般只能与半年期定期存款收益类比。

（二）将新基金当成新股认购

由于股票型基金与股票有天然的联系，许多个人投资者便将新基金类同于新股，认为认购新基金也基本是包赚不赔，因此盲目地热烈追捧。通常，新基金发行后需要去购买市场上新的、老的不同的股票，短期内既可能跌破面值，也确实有可能给投资者带来较好的收益。

（三）对基金净值“恐高”心理严重

投资者认为高净值跟高股价一样，难免出现大幅回调。一般来讲，同时成立的基金，净值高的那只基金证明收益率较高，基金经理投资能力较强。实际上，基金之间真正具有比较意义的是同样时间段内基金的回报率或收益率，这才是能实现基金之间公平比较的指标。

（四）盲目追求高比例分红、频繁分红

根据规定，基金合同一般是限制基金分红次数和分红比例在一定范围的。因为基金分红次数过多，基金分红比例过大，基金经理难免要卖出部分股票；如果被迫卖出的这些股票又正好是基金经理希望长期持有的品种，那么这样的分红在一定程度上会影响基金的净值和未来的成长。

（五）过度分散投资

由于“鸡蛋不能放在一个篮子里”这样一个通俗化的分散投资风险的观念已经深入人心，目前，一个基金投资者持有七八个品种很常见，持有十几只甚至更多数量的基金的投资者也大有人在。这样过度分散投资基金不仅使投资者难以“照顾”所持有的全部基金，而且还会降低持有基金的整体收益。

（六）频繁申购和赎回，未树立长期投资观念

从炒房、炒股票到炒基金，“炒”字运用到投资上可能更多的只能成为投机，或者短

期操作，基金这种长期投资的品种也难以逃过被“炒”的命运。频繁申购、赎回基金的波段操作，成功概率极低，而且一旦操作失误，后果很严重。基金是一种中长期理财的品种，应树立长期投资的观念。

（七）盲目追求高收益的基金产品

收益与风险永远是孪生兄弟，高风险对应高收益，低风险对应低收益，这是投资中的基本常识。所以，不同风险承受能力的个人投资者应选择适合自己的基金品种：没有最好的基金，只有最适合自己的基金组合。收益最高的股票型基金也是具有最大波动性、最大风险的品种；而收益最低的货币型基金则相对风险较小，收益也比较稳定。在基金不同品种具有不同收益率、不同风险方面，基金投资者存在一个普遍的误区：不区分基金类型而简单攀比基金的收益率。

（八）对基金风险存在错误认识

目前，很多基金投资者都知道基金投资有风险，却简单地认为亏钱就是风险。那么什么是风险呢？风险其实指的是投资结果的不确定性，包括三个方面：好结果的不确定性（盈利多少是不确定的）、坏结果的不确定性（亏损多少是不确定的）、好坏的不确定性（究竟未来是亏损还是盈利也是不确定的）。由定义可以看出，风险等于不确定性，不等于亏损。

本章小结

本章主要介绍了证券投资基金理财的基本内容。介绍了证券投资基金的含义、特征、类型等基础知识；介绍了证券投资基金的运作、参与主体、开户和交易流程；详细分析了证券投资基金理财的风险、费用与收益；揭示了基金是一种长期投资产品，基金投资的成功与否，取决于投资者在理财规划、投资组合建立和组合监视三个阶段能否长期坚持并遵循科学的投资程序。

复习思考题

一、主要概念

证券投资基金　封闭式基金　开放式基金　债券基金　股票基金　货币市场基金　基金份额持有人　基金管理人　基金托管人　基金单位净值　固定比例投资策略　顺势操作投资策略　基金转换　基金定投

二、思考讨论题

1. 简述证券投资基金的作用与特点。
2. 简述证券投资基金的风险。
3. 如何计算开放式基金的净值？
4. 简述证券投资基金理财投资规划的步骤。
5. 简述开放式基金及封闭式基金应采取的投资策略。

6. 什么是基金转换？如何进行基金转换？

7. 什么是基金定投？基金定投相比其他基金投资具有什么特点？

三、案例讨论

2009 年 7 月，上证指数重上阔别近一年的 3 000 点，在 2008 年相近点位成立的次新基金表现如何？根据资料统计，由于股指单边下行，在 2008 年下半年偏股型基金损失尤为惨重，令人稍感欣慰的是，到 2009 年 7 月，上述次新基金已全部实现正收益，其中不乏广发核心精选、新世纪优选成长、友邦华泰价值增长等业绩可圈可点的偏股型基金。

分析人士称，相对于老基金，次新基金的最大优势在于仓位，"进可攻，退可守"。以 2008 年 7 月成立的广发核心精选为例，当日大盘收于 2 705 点，与 2009 年 7 月的市场点位相当接近。该基金 2008 年仅下降了 2.9%，2009 年市场回暖后体现出"赚钱效应"，到 2009 年 7 月，大盘再次回到 3 000 点以上时，该基金当年的涨幅已达 82.90%。

思考：

1. 基金投资的风险表现在哪些方面？如何控制基金投资风险？

2. 如何根据个人的实际情况对基金投资做出合理规划？

第九章

其他理财活动

2012年以来，第三、四套人民币各种面值和版式的纸币在我国的各大古玩市场、收藏品市场均有大幅上涨。在上涨行情的影响下，三版纸币中最普通的“蓝色两罗马号”壹角券和“蓝色三罗马号”壹角券的价格也涨了3倍多，2011年年底时市场上仅售3.5元和3.7元，目前已分别卖到了12元和12.5元。

就是如此高的价格，市场经营者的惜售心理还是很重。在北京城隍庙市场的一间包房里，一位黄姓老板透露：他的“五星水印”贰元全新品相最低2 600元，就是八成新品相的最低也要800元，再低不卖。

相对于第三套人民币的稳扎稳打，第四套人民币显得不太“稳当”，价格忽高忽低，炒作之势非常明显。据市场人士分析，目前第四套人民币已经炒到一个相对较高的价位，其中发行量较小的1980版50元纸币，百张连号的已经高达4 200元一张，1980版100元纸币也达到了1 400元一张。1980版2元纸币也翻了几十倍，达到52元。

从这个案例我们可以看出，收藏品投资等其他一般投资者较少涉足的理财活动，如果投资得当，也可以在保持较低风险的同时，获得较高的收益。但这要求投资者必须具有相关的专业知识和投资技巧。

本章将介绍包括收藏品投资在内的个人理财的其他理财活动。由于进行这些投资活动需具备专业投资知识，一般的投资者较少涉足，因此，本教材对这些内容只作简单介绍。通过本章的学习，应了解房地产、外汇、黄金和收藏品的定义和基本特征；掌握四种投资产品各自价格的影响因素；重点掌握四种投资产品不同的理财方式和理财策略。

本章重点知识

1. 房地产价格的构成、影响因素及投资策略。
2. 外汇市场的特点和功能，个人外汇理财方式。
3. 黄金市场的交易方式和黄金理财方式。
4. 常见的收藏品类别及理财策略。

第一节　房地产投资

一、房地产的内涵及特征

（一）房地产的内涵

房地产是指房屋及其附属物（与房屋相关的建筑物如小区设施、建筑物附着物、相关林木等）和承载房屋及其附属物的土地，以及与它们相应的各种财产权利。

（二）房地产的特征

1. 不可移动性

房地产最重要的一个特性是其位置的固定性或不可移动性。每一宗土地都有其固定的位置，不可移动。这一特性使土地利用形态受到位置的严格限制。建筑物由于固着于土地上，所以也是不可移动的。因此，位置对房地产投资具有重要意义。所谓“房地产的价值就在于其位置”就说明了这一点。投资者在进行一项房地产投资时，必须重视对房地产的宏观区位和具体位置的调查研究，房地产所处的区位必须对开发商、物业投资者和使用者都具有吸引力。

房地产的位置有自然地理位置与社会经济地理位置之别。虽然房地产的自然地理位置固定不变，但其社会经济地理位置却经常在变动。这种变动可以由以下原因引起：

（1）城市规划的制定或修改。

（2）交通建设的发展或改变。

（3）其他建设的发展等。

当房地产的位置由劣变优时，其价格会上升；反之，价格会下跌。房地产投资者应重视对房地产所处位置的研究，尤其应重视对社会经济地理位置现状和发展变化的研究。

2. 长期使用性

土地的利用价值永不会消失，这种特性称为不可毁灭性或恒久性。土地的这种特性，可为其占有者带来连续不断的收益。建筑物一经建成，其耐用年限通常可达数十年甚至上百年。因此，作为一种商品，房地产具有长期使用性或具有较高的耐用性。房地产可为人类提供较长一段时间的服务，满足消费者对房屋的消费需求。但值得注意的是，我国房地产的长期使用性受到了有限期的土地使用权的制约。根据我国现行的土地使用制度，公司、企业、其他组织和个人通过政府出让方式取得的土地使用权，是有一定使用期限的土地使用权，其土地使用权在使用年限内可以转让、出租、抵押或者用于其他经济活动，但土地使用期满，土地及其地上的建筑物、其他附着物所有权应由国家无偿收回。国家规定的土地使用权一次出让最高年限因土地用途不同而不同：居住用地 70 年；工业用地 50 年；教育、科技、文化、卫生、体育用地 50 年；商业、旅游、娱乐用地 40 年；综合用地或者其他用地 50 年。

3. 附加收益性（适应性）

房地产本身并不能产生收入，房地产的收益是在使用过程中产生的。房地产投资者可以在合法前提下调整房地产的使用功能，使之既适合房地产特征，又能增加房地产投资的收益。例如，为了满足写字楼的租客对工作中短时休息场所的需要，可以增加一个小酒吧；公寓的住户希望能有洗衣服务，投资者可以通过增加自动洗衣房，提供出租洗衣设备来满足住户的这一要求。房地产的这个特性被称为适应性。

按照房地产使用者的意愿及时调整房地产的使用功能是十分重要的，可以极大地增加对租客的吸引力。对房地产投资者来说，如果其投资的房地产适应性很差，则意味着他面临着较大的投资风险，例如，功能单一、设计独特的餐馆物业，其适应性就很差，如果不想花太多的费用就达到改变其用途或调整其使用功能几乎是不可能的。在这种情况下，万一租客破产，投资者必须花费很大的投资才能使其适应新租客的要求。所以，房地产投资一般很重视其适应性的特点。

4. 异质性

市场上不可能有两宗完全相同的房地产。一宗土地由于受区位和周围环境的影响不可能与另一宗土地相同；纵使两处的建筑物一模一样，但由于其坐落的位置不同，周围环境不同，这两宗房地产实质上也是不相同的。因此，出现同一房地产的大量供给是不可能的。同时应注意到，业主和使用者也不希望他所拥有或承租的房地产与附近的某一房地产雷同。因为具有特色的房地产，特别是某一城市的标志性建筑，对扩大业主和租客的知名度，增强其在公众中的信誉有着重要作用。总之，每一宗房地产在房地产市场中的地位和价值不可能完全一样。从这个意义上讲，固定位置上的房地产不可能像一般商品那样通过重复生产来满足消费者对同一产品的需求。房地产商品一旦交易成功，就意味着别的需求者只能另寻它途。异质性说明房地产市场交易的空间和时间都受到限制。

5. 资本和消费品的二重性

房地产不仅是人类最基本的生产要素，也是最基本的生活资料。在市场经济中，房地产是一种商品，又是人们最重视、最珍惜、最具体的财产。房地产既是一种消费品，也是一项有价资产。作为一项重要资产，房地产在一国总财富中一般占有很大比重。根据有关资料统计，美国的不动产价值约占其总财富的 73.2%，其中，土地占 23.2%，建筑物占 50%，属于其他财富的仅占 26.8%。因此，人们购买一宗房地产消费品的时候，同时也是在进行一项投资。

6. 易受政策影响性

在任何国家和地区，对房地产的使用、支配都会受到某些限制。房地产受政府法令和政策的限制与影响较重要的有两项：一是政府基于公共利益，可限制某些房地产的使用，如城市规划对土地用途、建筑容积率、建筑覆盖率、建筑高度和绿地率等的规定；二是政府为满足社会公共利益的需要，可以对任何房地产实行强制征用或收买。房地产易受政策限制的特性还表现在：由子房地产不可移动，也不可隐藏，所以逃避不了未来政策制度变化的影响。这一点既说明了投资房地产的风险性，也说明了政府制定长远的房地产政策的重要性。

7. 相互影响性和深受周围社区环境影响性

一宗房地产与其周围房地产相互影响。房地产的价格不仅与其本身的用途等有直接的关系，而且往往还取决于其周围其他房地产的状况。例如，在一住宅楼旁边兴建一座工厂，可导致该住宅楼的价值下降；如在其旁边兴建一个绿化公园，可使其价格上升。房地产深受周围社区环境的影响，不能脱离周围的社区环境而单独存在。政府在道路、公园、博物馆等公共设施方面的投资，能显著地提高附近房地产的价值。例如，香港东区隧道的建设，使附近的太古城等地段的房地产价值成倍增长。从过去的经验来看，那些能准确预测政府大型公共设施的投资建设并在其附近预先投资的房地产开发商，都获得了巨大的经济效益；反之，周围社区环境的衰退，必然降低房地产的价值。

二、房地产的投资方式及投资特点

（一）房地产的投资方式

房地产的投资方式包括房地产购买、房地产租赁和房地产信托等。

1. 房地产购买

房地产购买主要指个人利用自己的资金或者银行贷款购买住房，用以居住或者转手获利。个人住房投资在个人资产的投资组合中占有很重要的地位。

2. 房地产租赁

房地产租赁指投资者通过分期付款等方式获得住房，然后将它们租赁出去以获得收益。

3. 房地产信托

房地产信托指房地产拥有者将该房地产委托给信托公司，由信托公司按照委托者的要求进行管理、处分和收益，信托公司再对该信托房地产进行租售或委托专业物业公司进行物业经营，帮助投资者获取溢价或管理收益。

（二）房地产投资的特点

1. 价值升值效应

很多情况下，房地产升值对房地产回报率的影响要大大高于年度净现金流的影响。

2. 财务杠杆效应

房地产投资的吸引力还来自于高财务杠杆率的使用。通常，投资者以所购买的房地产为抵押，借入相当于其购买成本绝大部分的款项。当房产收益高于借款成本时，这种杠杆投资的价值优势十分明显。

3. 变现性相对较差

房地产投资品单位价值高，且无法转移，其流动性较弱，特别是在市场不景气时期变现难度更大。

4. 政策风险

房地产价值受政策环境、市场环境和法律环境等因素的影响较大。

三、房地产价格的构成及影响因素

（一）房地产价格的构成

房地产价格是其价值的货币表现形式，即在土地开发、房屋建造和经营过程中，凝结在房地产商品中的活劳动与物化劳动价值量的货币表现。房地产价格的基本构成要素如下。

1. 土地价格或使用费

土地所有权转让或使用权出让的价格在房地产中占很大的比重。由于房地产具有不可移动性，这一特性导致了房地产价格因土地资源相对稀缺程度的不同而存在很大差异。即使是建筑质量在同一档次的房地产，其价格也会因为房地产所处区位的不同而存在明显差异。

2. 前期开发工程费

前期开发工程费主要包括征用土地的拆迁安置费、勘察设计费、项目论证费，在中国还有“三通一平”基础设施建设费等。“三通一平”指临时施工道路、施工用电、施工用水的配置和平整施工场地。

3. 建筑安装工程费

建筑安装工程费是指房地产建筑的造价，是房地产价格的主要组成部分。它由主体工程费、附属工程费、配套工程费和室外工程费构成。

4. 开发管理费

开发管理费由房地产开发企业的职工工资支出、广告费和办公费构成。

5. 房地产开发企业的利润和税金

由市场定价的商品房，房地产开发企业的利润率是不固定的，它取决于企业的经营管理水平。而我国对于由政府定价的安居房、廉租房等，利润率则限定在某一范围以内（如经济适用房利润率控制在3%以内）。税金包含房地产交易的契税和房地产开发企业的所得税等。

（二）房地产价格的影响因素

影响房地产价格的一般因素有社会因素、经济因素、行政因素、自然因素和其他因素。

1. 社会因素

社会因素主要有社会治安状况、居民法律意识、人口因素、风俗因素、投机状况和社会偏好等方面。

2. 经济因素

经济因素主要有供求状况、物价水平、利率水平、居民收入和消费水平等。由于利率水平是资金使用成本的反映，利率上升不仅带来开发成本的提高，也将提高房地产投资者的机会成本，因此会降低房地产的社会需求，导致房地产价格的下降。但是，房地产价格受多种因素的影响，在市场投机状况严重或利率水平过低的情况下，利率的上升并不必然导致房地产价格的下降。

3. 行政因素

行政因素指影响房地产价格的制度、政策、法规等方面的因素，包括土地制度、住房制度、城市规划、税收政策与市政管理等。

4. 自然因素

自然因素主要指房地产所处的位置、地质、地势、气候条件和环境质量等。

四、房地产投资的个人支付能力评价及投资策略

（一）房地产投资的个人支付能力评价

个人买房的总支付包括两部分：一是房屋总价格；二是各项税费及装修费。即：

总支付=总房价+各项税费及装修费

而总房价又取决于首付款能力和家庭月收入，即：

$$总房价=首付款能力+家庭月收入30\%\times\frac{1-1/(1+r/12)^{12n}}{(r/12n)}$$

其中，r 为贷款年利率，n 为贷款年限（不超过 30 年）。另外，还要考虑收入及贷款利率的预期变动情况。一般来讲，首付款能力不低于房价的 20%，而家庭现有存款和亲朋好友的资助数量，决定了首付款能力和各项税费及装修费。

（二）房地产投资策略

（1）选择自己熟悉的、有一定经验的房地产类型进行投资，初次投资房地产者，应选择一些简单的投资项目。投资者应在有关投资类型、方式、规模、地区、时机等方面，制定一个适合于自己的战略性投资方针。

（2）充分估计自己的财务状况和融资能力，要确保自己的收益足以偿还贷款。

（3）对拟投资项目作充分的投资可行性研究。

（4）选择具有良好信誉及同类型房地产销售经验的代理人或代理机构。

（5）聘请经济师、会计师、律师等专业人员，进行有关投资的税收、财务、合同等方面的咨询分析和把关。

（6）在价格与买卖合同的谈判方面，要喜怒不形于色，不能让对方掌握或牵动自己的心理动向，特别是不要表露出志在必得。出价要留有一定的余地，谈判时要尽可能多挑投资对象的瑕疵，并设法少交或不交订金，但也要注意用意向书或出价控制住项目，以免被出售给其他投资人。

（7）投资的目的是通过租售获取利润，因而在选择投资对象时，要通过调查分析，尽可能从项目的预期承租人和购买人的消费需求角度，考虑投资对象的特征和投资成本之间的关系即投资对象的效用价值比。

投资者在进行房地产投资时，应当对前文提及的宏观和微观因素进行全面了解。特别应当注意的是，房地产投资面临较大的政策风险。当经济过热，政府采取紧缩的宏观经济政策时，房地产业通常会步入下降周期，房地产价格降低，投资者面临资产损失的风险。

投资者要求的回报类型对其投资决策也有很大影响，如要求租金收入的投资者与要求增值收入的投资者会在不同的交易市场选择不同类型的房地产进行投资。

第二节　外汇投资

一、外汇及汇率

（一）外汇

外汇是一种以外国货币表示或计值的国际结算的支付手段，通常包括可自由兑换的外国货币、外币支票、汇票、本票、存单等。广义的外汇还包括外币有价证券，如股票、债券等。

（二）汇率

汇率，又称汇价，指一国货币以另一国货币表示的价格，或者说是两国货币间的比价，通常用两种货币之间的兑换比例来表示。比如 USD/JPY＝120.39，表示 1 美元等于 120.39 日元，在这里美元称为单位货币，日元称为计价货币。以一种货币为基准来标度另一种货币价格的方法，称为汇率的标价方法。目前，国际上有四种标价法。

1. 直接标价法

直接标价法以一定单位（1、10、100、1 000）的外国货币为标准来计算应付出多少单位本国货币。包括中国在内的世界上绝大多数国家目前都采用直接标价法。例如，东京外汇市场上 USD1＝JPY106.20。

2. 间接标价法

间接标价法以一定单位（如 1 个单位）的本国货币为标准，来计算应收若干单位的外国货币。在国际外汇市场上，欧元、英镑、澳元和新元采用间接标价法。例如，伦敦外汇市场上 GBP1＝USD1.877 5。

3. 美元标价法

美元标价法以一定单位美元为基准折合若干其他国家货币单位。由于美元在货币定值、国际贸易计价、国际储备、干预货币、交易货币、存放款和债务发行等方面都起着重要的作用，因此目前世界各大国际金融中心的货币汇率都以兑换美元的比价为准。世界各大银行的外汇牌价，也都公布美元兑其他主要货币的汇率。

4. 交叉标价法

在国际经济往来中，为了方便转口贸易，会用到两个非美元的货币间的汇率，称为交叉汇率。

二、外汇市场

外汇市场是指由银行等金融机构、自营交易商、大型跨国企业参与的，通过中介机构或电讯系统联结的，以各种货币为买卖对象的交易市场。

（一）外汇市场的参与者

外汇市场有不同的参与者，他们出于各自的交易目的进行外汇买卖，从而对外汇市场产生不同的影响。

1. 中央银行

中央银行是外汇市场重要的参与者，其参与外汇买卖活动的目的是稳定外汇市场及本币汇率的稳定，使本币汇率朝着有利于本国经济发展的方向变动，而不是出于盈利的目的。

2. 外汇银行

外汇银行是外汇市场最主要的参与者，是外汇市场上外汇供求的媒介。其他市场参与者的外汇交易都是通过外汇银行进行的。外汇银行主要包括经营外汇业务的本国银行、外国银行在本国的分支机构等。

3. 外汇交易员和自营商

外汇交易员是在外汇银行从事外汇操作的人员。外汇自营商一般指外汇买卖业务的商号，多由银行、信托投资公司等构成，主要为客户提供金融服务以获得汇率的买卖差价。

4. 外汇经纪人

外汇经纪人是指外汇管理当局指定的外汇经纪商，外汇经纪人是撮合外汇买卖的媒介者，从中赚取外汇买卖的佣金。

5. 外汇的最终需求者与供给者

外汇的最终需求者与供给者主要包括进出口商、企事业单位、旅游者、对外投资者以及外汇市场上的投机者和套汇者。

（二）外汇市场的特点

1. 循环作业

由于全球各金融中心的地理位置不同，亚洲市场、欧洲市场、美洲市场因时间差的关系，连成了一个全天 24 小时连续作业的全球外汇市场。这种连续作业，为投资者提供了没有时间和空间障碍的理想投资场所，投资者可以寻找最佳时机进行交易。

2. 有市无场

外汇买卖不像股票交易有集中统一的地点，而是通过没有统一操作市场的网络进行的。但是，外汇交易的网络却是全球性的，并且形成了没有组织的组织，全球外汇市场每天平均上万亿美元的交易，就是在这种既无集中的场所又无中央清算系统的管制，以及没有政府监督的情况下完成的。

3. 交易规模庞大，交易币种集中

目前，外汇日交易量突破 2 万亿元，虽然规模巨大，币种却主要是美元、英镑、欧元、日元等几种国际性货币。

4. 汇率波动频繁且幅度加大

世界各国经济发展不平衡以及外汇市场运作机制存在着差异，为国际投机炒家进行外汇投机创造了条件，加剧了外汇市场动荡。

（三）外汇市场的功能

（1）充当国际金融活动的枢纽。国际金融活动只有通过在外汇市场上买卖外汇才能顺利进行。同时，外汇市场上的外汇交易在很大程度上进一步带动和促进其他金融市场的交易活动。

（2）形成外汇价格体系。外汇市场的一个重要功能是确定一国货币的汇率水平和各国货币的汇价体系。在外汇市场上，外汇的买卖方式是公开报价和竞价，最后形成外汇的市场价格，进而确定一国货币的汇率水平和各国货币间的汇价体系。

（3）调剂外汇余缺，调节外汇供求。

（4）实现不同地区间的支付结算。

（5）运用操作技术规避外汇风险。

（四）外汇市场的交易机制

外汇市场的交易可以分为三个层次，即商业银行与客户之间的外汇交易、商业银行同业之间的外汇交易和商业银行与中央银行之间的外汇交易。

1. 商业银行与客户之间的外汇交易

一方面，商业银行从客户手中买入外汇；另一方面，商业银行又将外汇卖给客户。实际上，银行在外汇的最终供给者和最终使用者之间起着中间作用，赚取外汇的买卖差价。

2. 商业银行同业之间的外汇交易

商业银行为了规避外汇风险，通过商业银行同业之间的交易，轧平外汇头寸。此外，商业银行还出于投机、套利、套期保值等目的，从事同业之间的外汇交易。在外汇市场上，商业银行同业市场交易额占 90%以上，它决定外汇汇率的高低。

3. 商业银行与中央银行之间的外汇交易

中央银行通过与商业银行之间的交易，对外汇市场进行干预。如果某种外汇兑换本币的汇率低于期望值，中央银行就会从商业银行购入该种外币，增加市场对该种外币的需求量，推动其汇率上行；反之，如果中央银行认为该外币的汇率偏高，就向商业银行出售该种外汇的储备，促使其汇率下降。

三、个人外汇理财

（一）外汇储蓄业务

活期储蓄存款起存金额一般不低于人民币 20 元的等值外汇。定期储蓄存款起存金额一般不低于人民币 50 元的等值外汇，存期有一个月、三个月、六个月、一年和两年。

（二）购汇业务

境内居民因私出境旅游（含港澳游）、探亲会亲、自费留学、其他出境学习、商务考察、出境定居、朝觐、境外就医、境外培训、被聘工作、缴纳境外国际组织会费、境外邮购、境外直系亲属救助、国际交流、外派劳务等项下均可到相应机构办理用人民币购买外汇业务。

（三）外汇交易业务

1. 普通外汇交易业务

普通外汇交易业务主要是指银行接受个人客户的委托，参照国际金融市场即期汇率，将一种外币买卖成另一种外币的业务。从商业银行角度而言，个人外汇交易属于中间业务。从外汇市场的层次结构来看，个人外汇交易属于零售市场范畴，是外汇市场的有机组成部分。目前，我国不同的银行开展的外汇交易名称有所不同，如中国银行称为外汇宝业务，而工商银行则称为汇市通业务。

我国银行规定，凡持有有效身份证件，具有一定金额外汇，拥有完全民事行为能力的境内居民个人均可进行个人实盘外汇交易。对于普通居民来讲，持有一定的外币现钞或银行外币存单即可进行外汇买卖。个人外汇买卖业务交易的起始金额为 100 美元或等值外币，个别银行甚至取消了起始金额的限制。

2. 个人外汇理财产品

（1）个人外汇可终止理财产品。

个人外汇可终止理财产品是一种创新的结构性理财产品，客户在约定的期限内，通过向银行出让提前终止该产品的权利，以获得高于同档次普通定期存款利息的投资收益。该产品的特点有：本金安全有保障；收益高于普通定期存款；办理手续像存款一样简单；可以办理质押贷款，更加灵活方便等。

(2) 个人外汇“两得”理财产品。

个人外汇“两得”理财产品是一种创新的结构性理财产品，是指客户通过向银行出让货币选择权，以获得选择权收益的个人外汇理财产品。

3. 个人外汇收益递增型理财产品

个人外汇收益递增型理财产品是一种创新的结构性理财产品，客户在约定的期限内，通过向银行出让一系列提前终止该产品的权利，获得随投资期限递延而分段递增的收益。该产品发行方式包括客户预约、定期发行和限额管理三种形式。

4. 个人外汇累积收益型理财产品

个人外汇累积收益型理财产品是一种创新的结构性理财产品，客户在约定的期限内的实际投资收益与伦敦同业拆借利率挂钩累积计算，即伦敦同业拆借利率符合预设条件时，投资者可获得当日投资收益；反之，投资者当日无收益。此外，银行可根据约定，在规定时间享有提前终止理财产品的权利。

第三节　黄金投资

一、黄金

(一) 黄金的特性

黄金是一种贵重金属，也是一种特殊的商品，曾在很长一段时间内担任着货币的职能。黄金稀有而且珍贵，具有储藏、保值、获利等金融属性，极易变现，这是当代黄金的货币和金融属性的一个突出表现。

黄金长久以来一直是一种投资工具。它价值高，并且是一种独立的资源，不受限于任何国家或贸易市场，它与公司或政府也没有牵连。因此，投资黄金通常可以帮助投资者避免经济环境中可能发生的问题，而且，黄金投资是世界上税务负担最轻的投资项目。黄金投资意味着投资于金条、金币甚至金饰品，投资市场中存在着众多不同种类的黄金账户。

为了便于进行市场交易，黄金被制成各种重量的金条，其中最著名的是国际通用的伦敦交割标准金条，标准重量是350～430盎司（1盎司等于31.103 5克），最常用的是400盎司，也就是12.5千克。金条含金量的多少被称为成色，通常用百分或者千分含量表示。例如，上海黄金交易所规定参加交易的金条成色有4种规格：＞99.99%、＞99.95%、＞99.9%、＞99.5%。

(二) 影响黄金价格变动的因素

1. 供求关系及均衡价格

黄金市场的均衡要求黄金的流量市场和存量市场同时达到均衡。如果在一定的价格上，流量市场供大于求，会导致存量市场的供给过剩，进而导致价格下降；反之，则会上升。

2. 通货膨胀

通货膨胀时，产品的名义价格发生普遍上涨，黄金的名义价格必会相应上升。因此，一般而言，在面对通货膨胀压力的情况下，黄金投资具有保值、增值的作用。

3. 利率

实际利率较高时，持有黄金的机构就会卖出黄金，将所得货币用于购买债券或者其他金融资产来获得更高收益，因此会导致黄金价格的下降。相反，如果实际利率下降，机构急于持有黄金的机会成本（即由此造成的利息损失）就会减少，从而促进黄金需求的增加，导致黄金价格的上升。

4. 汇率

通常情况下，美元是黄金的主要标价货币，如果美元相对于其他货币贬值，则只有黄金的美元价格上升才能使黄金市场重新回到均衡。

黄金的收益和股票市场的收益不相关甚至负相关，这个特性通常使它成为投资组合中的一个重要的分散风险的组合资产。

黄金理财产品和其他实物投资理财产品一样，具有内在价值和实用性，抗系统风险的能力强，但也存在市场不充分风险和自然风险。

二、黄金市场

黄金市场是集中进行黄金买卖的交易场所。黄金交易与证券交易一样，都有一个固定的交易场所，世界各地的黄金市场就是由存在于各地的黄金交易所构成的。黄金交易所一般都在各个国际金融中心，是国际金融市场的重要组成部分。在黄金市场上买卖的黄金形式多种多样，主要有各种成色和重量的金条、金币、金丝和金叶等，其中最重要的是金条。大金条量重价高，是专业金商和中央银行买卖的对象，小金条量轻价低，是私人和企业买卖、收藏的对象。金价按纯金的重量计算，即以金条的重量乘以金条的成色。

（一）黄金市场的主要参与者

黄金市场由供给方和需求方组成。黄金的供给方主要有：产金商、出售或借出黄金的中央银行、打算出售黄金的私人或集团；黄金的需求方主要有：黄金加工商、购入或回收黄金的中央银行、进行保值或投资的购买者。

1. 国际金商

最典型的就是伦敦黄金市场上的五大金行，其自身就是一个黄金交易商，由于其与世界上各大金矿和黄金商有广泛的联系，而且其下属的各个公司又与许多商店和黄金顾客联系，因此，五大金商会根据自身掌握的情况，不断报出黄金的买价和卖价。当然，金商要负责金价波动的风险。

2. 商业银行

参与黄金市场交易的商业银行可以分为两类，一类是仅仅为客户代行买卖和结算，本身并不参加黄金买卖的商业银行，以苏黎世的三大银行为代表，它们充当生产者和投资者之间的经纪人，在市场上起到中介作用；另一类是做自营业务的商业银行，如在新加坡黄金交易所（UOB）里，就有多家自营商会员是银行。

3. 对冲基金

近年来，国际对冲基金尤其是美国的对冲基金活跃在国际金融市场的各个角落。在黄金市场上，几乎每次大的下跌都与基金公司借入短期黄金在即期黄金市场抛售和在纽约商品交易所黄金期货交易所构筑大量的淡仓有关。一些规模庞大的对冲基金利用与各国政治、工商和金融界千丝万缕的联系往往较先捕捉到经济基本面的变化，利用管理的庞大资金进行买空和卖空从而加速黄金市场价格的变化而从中渔利。

4. 各种法人机构和个人投资者

这里既包括专门出售黄金的公司，如各大金矿、黄金生产商、黄金制品商（如各种工业企业）、首饰行以及私人购金收藏者等，也包括专门从事黄金买卖的投资公司、个人投资者等。根据对市场风险的喜好程度，各种法人机构和个人投资者可以分为避险者和冒险者。前者希望黄金保值而回避风险，希望将市场价格波动的风险降低到最低程度，如黄金生产商、黄金消费者等；后者则希望从价格涨跌中获得利益，因此愿意承担市场风险，如各种对冲基金等投资公司。

5. 中央银行

各国的中央银行也是世界黄金市场的重要参与者。尽管世界各国央行的储备黄金总量巨大，但是每年通过减少黄金储备而向世界黄金市场供应黄金的中央银行主要是欧洲的央行售金协定签约国，其他央行每年售金量极少。

6. 黄金经纪公司

黄金经纪公司是专门代理非交易所会员进行黄金交易，并收取佣金的经纪组织。有的交易所把经纪公司称为经纪行（Commission House）。在纽约、芝加哥、香港等黄金市场里，有很多经纪公司，它们本身并不拥有黄金，只是派出场内代表在交易厅里为客户代理黄金买卖，收取客户的佣金。

（二）黄金市场的交易方式

1. 现货黄金交易

最普通的黄金市场交易方式自然是现货交易，不过并非像我们通常所说的一手交钱，一手交货，一般要求在1～2个工作日内完成交割手续。现货黄金交易是黄金市场中最基本的交易，也是其他各种交易的基础。

2. 远期黄金交易

远期交易是从现货交易发展来的，过去在谷物交易中，因为每年收成难以提前确定，收成好了可能卖不上价，收成不好也可能买不到，于是就发展了远期交易，由买主提前向生产者交一定数量的定金，谷物成熟后则由买主按照预先规定好的价格收购。

3. 黄金存贷交易

世界上已经生产出来的黄金中有很大一部分被人长期保存，作为储备或者投资。特别是各国央行持有近3万吨黄金。这些黄金如果仅仅放在仓库里，既要支付保管费又不能产生任何收益。所以他们就把这些黄金借给别人用，这些人则要付一些费用，这种借贷活动通常通过商业银行进行，和普通货币借贷的关系是一样的，我们称其为黄金的寄存和借贷。这种交易被称为存贷交易或者租赁交易。

4. 黄金掉期交易

黄金存贷时存入的一方能每年得到利息，但收益比较低。如果希望在贷出的同时得到一笔货币做他用，到期时再赎回来，类似于到典当行里当出去的做法，是为掉期。掉期也可以理解为一个现货交易和一个远期交易的合成，对贷方来说，即卖出现货合约、买入远期合约，对借方来说，即买入现货合约、卖出远期合约，也可以是在两个远期交易合约之间掉期，但两个交易的到期时间不同。

5. 黄金期权交易

黄金期权交易即购买黄金期权的一方在将来一定时间内有选择是否以事先商定的价格买入或卖出一定数量和规格的某种标的物或其合约的权利，而卖方有义务按照规定的条件满足买方未来买卖的要求。买方为获取此权利须向卖方支付一定的费用，称作权利金。

三、黄金理财方式

（一）现货黄金投资

现货黄金投资是指买卖金条、金币等。金币包括投资性金币和纪念性金币两类。投资性金币，又称为普质金币，是世界黄金非货币化后专门用于黄金投资的法定货币。纪念性金币是限量发行并具有明确纪念主题和精美图案的精致金币，具有较高的艺术品特征。在价值上，投资性金币的收益相对于纪念性金币稳定。金币比较适于少量投资，缺点是国内现在还没有回购，变现不方便。

金条是大家比较熟悉的一种投资方式，与金币类似，也分为投资性金条和纪念性金条两类。由于其价格和原料金价比较接近，买卖中的损失少，比较容易获利。缺点是金条的价值较高，变现不太方便。目前，通过商业银行进行个人实物黄金投资是个人参与实物黄金投资最为重要的渠道。当前，银行系统的实物黄金业务主要包括农行和招行的“高赛尔金条”、建设银行的“龙鼎金”、工商银行的“如意金”等。

（二）纸黄金

纸黄金又称为记账黄金，是一种账面虚拟的黄金，一般由资金实力雄厚、资信程度良好的商业银行、黄金公司或大型黄金零售商发行，投资者只在账务上从事黄金买卖，不作黄金实物的提取交割或存放。纸黄金投资是购买实金的一种很好的替代方法，因为它不涉及实物，也就可以避免针对黄金的相关保管、储存、鉴定的费用支出，从而加快黄金的流通，提高黄金市场交易的速度。但是，由于纸黄金不能提取实物，没有保值功能，因此并不能抵御通胀风险。

（三）黄金期货

黄金期货是以黄金为买卖对象推出的一种统一的标准化合约。根据目前我国上海交易所的有关规定，黄金期货合约最低保证金为7%。随着交割月份的临近，保证金比例也会不断提高。

进行黄金期货交易，首先需要选择一家期货公司开设账户。黄金期货落户于上海期货交易所（简称上期所），因此对于个人投资者而言，通过上期所经纪会员参与交易是个人进行黄金期货交易的唯一合法途径，投资者可以在上海期货交易所网站上从各会员单位的名单中挑选。开户后，投资者将领取到期货公司为个人申请的上期所的黄金期货交易编码，接下来便可进行期货的交易了。

(四）黄金期权

黄金期权是指规定按事先商定的价格、期限买卖数量标准化的黄金的权利，是最近20多年来出现的一种黄金投资品种，具有较强的杠杆性。与其他商品和金融工具的期权一样，黄金期权分为看涨黄金期权和看跌黄金期权。看涨期权的买者缴付一定数量的期权费，获得在有效期内按商定价格买入数量标准化的黄金的权利；卖者收取了期权费，必须承担满足买者要求，随时按商品价格卖出数量标准化的黄金的义务。看跌期权的买者交付一定数量的期权费，获得在有效期内按商定价格卖出数量标准化的黄金的权利；卖者收取期权费，必须承担满足买者要求，随时按约定价格买入数量标准化的黄金的义务。

第四节 收藏品投资

一、收藏品及其分类

收藏品是指具有艺术观赏价值、收藏价值和非再生性，体现个性和民族性的艺术载体。收藏品是个内涵极其广泛的概念，字画、邮品、珠宝、古董等都属于收藏品的范畴。如何对收藏品进行科学分类在业内尚有争议。我们只为大家介绍目前常见的几种投资收藏品类型。

（一）艺术品

字画、陶艺、珠宝、雕塑、当代名人瓷器等，都属于艺术品的范畴。艺术品投资是一种中长期投资，其价值随着时间而提升。艺术品投资的收益率较高，但具有明显的阶段性。当某种艺术品体现出高收益的时候，其他投资者就会纷纷加入到这个市场中，使得收益率下降。

艺术品市场的分割状态严重，地域不同，艺术品价值有很大差异。艺术品投资与个人的偏好有很大关系，不同的艺术品对于不同的投资者来说，价值有较大差异。

艺术品投资具有较大的风险，主要体现在：流通性差，保管难，价格波动较大。

（二）古玩

一般而言，古玩包括玉器、陶瓷、古籍和古典家具、竹刻牙雕、文房四宝、钱币，有时也可外延至根雕、徽章、电话卡及一些民俗收藏品。

古玩投资的特点是：交易成本高，流动性低；投资古玩要有鉴别能力；价值一般较高，投资人要具有相当的经济实力。

（三）纪念币和邮票

纪念币是各国政府或中央银行为某一纪念题材而限量发行的具有一定面值的货币。

由于纪念币是具有相应纪念意义的货币，因此，其价格构成除了货币的各项要素之外，还包括一定的收藏价值。

邮票的收藏和投资同收藏艺术品、古玩相比较，其特点是较为平民化，每个人都可以根据自己的财力进行投资。

一般而言，邮票发行量固定，一套邮票只会越来越少，随着需求增加，价格便随之上升，而且一般平稳上升，较少出现大起大落的情况。邮票投资的盈利性大于其风险性，且其风险低于股票等证券产品。邮票投资增值多少取决于时间的长短，如果有正确的眼光和足够的耐心，可获得较稳定的收益。

二、收藏品理财策略

人类对收藏品的投资有着漫长的历史。但与其他投资方式相比，收藏品并不算是很好的投资工具。一些收藏品的风险是比较大的，投资者在选择收藏品进行投资时，要保持平和的心态，并进行相应的专业学习，注意控制风险。

（一）要熟悉和掌握市场的行情

投资者一般是先以买家的身份入市的，了解市场行情是必须和必要的。要通过各种媒体和自己的信息渠道熟悉市场行情，掌握行情变化的态势和规律，不打无准备之仗。投资者在了解市场时应重点关注相应的信息，拨云见日，避免被纷纭复杂的现象搞昏头脑，影响决心的下定。

（二）选择好投资范围

收藏品市场的品类繁多，五花八门，既有各类古玩文物，又有新艺术品。

投资交易场所有拍卖会、古玩店、旧货摊、网站等，所面对的艺术品让投资者目不暇接。初进入市场的投资者一般最好结合自己的兴趣爱好，同时兼顾市场行情来选择投资取向，确立具体投资范畴，切忌贪“大”求“多”。有的投资者一开始就把投资范围搞得很大，什么都想吃进，结果反而分散了资金，哪一门都懂一点，哪一门也不精，影响资金回报率。

（三）掌握相关知识

不论投资人最终选定了什么投资方向，都有必要掌握相关的知识和投资规律。字画、陶瓷、玉器、青铜器、铜镜、古钱币、文房四宝、古籍善本等各种品类，都需要学习掌握相应的知识和鉴定方法，即使请人运作，自己也要懂。要进行全面系统的学习，除了书本知识外，更重要的是向专家、古玩商以及在市场摸爬滚打多年的行家里手请教学习。艺术品不论古今，不论中外，非真即伪，不存在第三种情况。如果缺少必要的知识准备，肯定要交“学费”，造成损失。不过，在这里应该向打算进军艺术品市场的准投资人指出，古今中外从未有过没交过“学费”的艺术品交易参与者。失败是成功之母，所有收藏大家、鉴定专家都是从这条路走过来的。有了这样的心理准备，才能不为一时的失败和挫折所动摇，逐步站稳脚跟，逐步走向成熟。

本章小结

本章主要介绍个人理财的其他理财活动。分别介绍了房地产、外汇、黄金和收藏品的含义和特征，说明了各自价格的影响因素，揭示了其中存在的风险，并分析了各种收藏品的投资策略。

复习思考题

一、主要概念

房地产　外汇　汇率　直接标价法　间接标价法　美元标价法　外汇市场　黄金　黄金市场　现货黄金　纸黄金　黄金期货　黄金期权　收藏品

二、思考讨论题

1. 房地产的特征有哪些？
2. 房地产的投资方式有哪些？分别有什么特点？
3. 房地产价格的构成及影响因素是什么？
4. 试述房地产投资策略。
5. 简述外汇市场的特点和功能。
6. 影响黄金价格变动的因素有哪些？
7. 常见的黄金理财方式有哪些？
8. 常见的收藏品投资有几种类型？

三、案例讨论

在前些年的投资市场上，投资者的投资渠道可以说是少得可怜，一般情况下最主要的投资渠道就是股票、国债，否则就只能将钱放在银行里“吃”利息了。但股市对更多的投资者而言，永远是陌生的，股市动荡不安，使得许多消费者吃足了苦头，赔进大量的金钱不说，每日投入的时间、精力已经无法用数字来衡量，许多投资者对于股市投资渐渐丧失了信心。在物价上涨，通货膨胀日益严重的今天，将钱存在银行里已经越来越不合算，投资者亟待寻找一个新的投资热点。

在国外和我国港澳台地区，除相关的金融投资以外，房地产一直是投资市场最受人关注的领域之一。在香港地区，有60%以上的市民在投资房地产，作为一个传统的投资项目，房地产投资为何能如此受到投资者的青睐呢？

思考：

1. 以你所在地区为例，试分析如何投资房地产。
2. 某家庭现有存款20万元，家庭月收入5 000元，银行住房抵押贷款年利率为5.08%。如果该家庭准备用存款中的18万元支付住房消费，其中3万元用于支付各项税费及装修费用，15万元用于首付款，其他购房款利用银行贷款，计划贷款30年，那么该家庭购买住房时的总房价大约为多少？

附表

附表一 复利终值系数表

计算公式：$F=(1+i)^n$

期数	1%	2%	3%	4%	5%	6%	7%	8%	9%	10%
1	1.010 0	1.020 0	1.030 0	1.040 0	1.050 0	1.060 0	1.070 0	1.080 0	1.090 0	1.100 0
2	1.020 1	1.040 4	1.060 9	1.081 6	1.102 5	1.123 6	1.144 9	1.166 4	1.188 1	1.210 0
3	1.030 3	1.061 2	1.092 7	1.124 9	1.157 6	1.191 0	1.225 0	1.259 7	1.295 0	1.331 0
4	1.040 6	1.082 4	1.125 5	1.169 9	1.215 5	1.262 5	1.310 8	1.360 5	1.411 6	1.464 1
5	1.051 0	1.104 1	1.159 3	1.216 7	1.276 3	1.338 2	1.402 6	1.469 3	1.538 6	1.610 5
6	1.061 5	1.126 2	1.194 1	1.265 3	1.340 1	1.418 5	1.500 7	1.586 9	1.677 1	1.771 6
7	1.072 1	1.148 7	1.229 9	1.315 9	1.407 1	1.503 6	1.605 8	1.713 8	1.828 0	1.948 7
8	1.082 9	1.171 7	1.266 8	1.368 6	1.477 5	1.593 8	1.718 2	1.850 9	1.992 6	2.143 6
9	1.093 7	1.195 1	1.304 8	1.423 3	1.551 3	1.689 5	1.838 5	1.999 0	2.171 9	2.357 9
10	1.104 6	1.219 0	1.343 9	1.480 2	1.628 9	1.790 8	1.967 2	2.158 9	2.367 4	2.593 7
11	1.115 7	1.243 4	1.384 2	1.539 5	1.710 3	1.898 3	2.104 9	2.331 6	2.580 4	2.853 1
12	1.126 8	1.268 2	1.425 8	1.601 0	1.795 9	2.012 2	2.252 2	2.518 2	2.812 7	3.138 4
13	1.138 1	1.293 6	1.468 5	1.665 1	1.885 6	2.132 9	2.409 8	2.719 6	3.065 8	3.452 3
14	1.149 5	1.319 5	1.512 6	1.731 7	1.979 9	2.260 9	2.578 5	2.937 2	3.341 7	3.797 5
15	1.161 0	1.345 9	1.558 0	1.800 9	2.078 9	2.396 6	2.759 0	3.172 2	3.642 5	4.177 2
16	1.172 6	1.372 8	1.604 7	1.873 0	2.182 9	2.540 4	2.952 2	3.425 9	3.970 3	4.595 0
17	1.184 3	1.400 2	1.652 8	1.947 9	2.292 0	2.692 8	3.158 8	3.700 0	4.327 6	5.054 5
18	1.196 1	1.428 2	1.702 4	2.025 8	2.406 6	2.854 3	3.379 9	3.996 0	4.717 1	5.559 9
19	1.208 1	1.456 8	1.753 5	2.106 8	2.527 0	3.025 6	3.616 5	4.315 7	5.141 7	6.115 9
20	1.220 2	1.485 9	1.806 1	2.191 1	2.653 3	3.207 1	3.869 7	4.661 0	5.604 4	6.727 5
21	1.232 4	1.515 7	1.860 3	2.278 8	2.786 0	3.399 6	4.140 6	5.033 8	6.108 8	7.400 2
22	1.244 7	1.546 0	1.916 1	2.369 9	2.925 3	3.603 5	4.430 4	5.436 5	6.658 6	8.140 3
23	1.257 2	1.576 9	1.973 6	2.464 7	3.071 5	3.819 7	4.740 5	5.871 5	7.257 9	8.954 3
24	1.269 7	1.608 4	2.032 8	2.563 3	3.225 1	4.048 9	5.072 4	6.341 2	7.911 1	9.849 7
25	1.282 4	1.640 6	2.093 8	2.665 8	3.386 4	4.291 9	5.427 4	6.848 5	8.623 1	10.835 0
26	1.295 3	1.673 4	2.156 6	2.772 5	3.555 7	4.549 4	5.807 4	7.396 4	9.399 2	11.918 0
27	1.308 2	1.706 9	2.221 3	2.883 4	3.733 5	4.822 3	6.213 9	7.988 1	10.245 0	13.110 0
28	1.321 3	1.741 0	2.287 9	2.998 7	3.920 1	5.111 7	6.648 8	8.627 1	11.167 0	14.421 0
29	1.334 5	1.775 8	2.356 6	3.118 7	4.116 1	5.418 4	7.114 3	9.317 3	12.172 0	15.863 0
30	1.347 8	1.811 4	2.427 3	3.243 4	4.321 9	5.743 5	7.612 3	10.063 0	13.268 0	17.449 0

续前表

期数	11%	12%	13%	14%	15%	16%	18%	20%	24%	28%	30%
1	1.110 0	1.120 0	1.130 0	1.140 0	1.150 0	1.160 0	1.180 0	1.200 0	1.240 0	1.280 0	1.300 0
2	1.232 1	1.254 4	1.276 9	1.299 6	1.322 5	1.345 6	1.392 4	1.440 0	1.537 6	1.638 4	1.690 0
3	1.367 6	1.404 9	1.442 9	1.481 5	1.520 9	1.560 9	1.643 0	1.728 0	1.906 6	2.097 2	2.197 0
4	1.518 1	1.573 5	1.630 5	1.689 0	1.749 0	1.810 6	1.938 8	2.073 6	2.364 2	2.684 4	2.856 1
5	1.685 1	1.762 3	1.842 4	1.925 4	2.011 4	2.100 3	2.287 8	2.488 3	2.931 6	3.436 0	3.712 9
6	1.870 4	1.973 8	2.082 0	2.195 0	2.313 1	2.436 4	2.699 6	2.986 0	3.635 2	4.398 0	4.826 8
7	2.076 2	2.210 7	2.352 6	2.502 3	2.660 0	2.826 2	3.185 5	3.583 2	4.507 7	5.629 5	6.274 9
8	2.304 5	2.476 0	2.658 4	2.852 6	3.059 0	3.278 4	3.758 9	4.299 8	5.589 5	7.205 8	8.157 3
9	2.558 0	2.773 1	3.004 0	3.251 9	3.517 9	3.803 0	4.435 5	5.159 8	6.931 0	9.223 4	10.605 0
10	2.839 4	3.105 8	3.394 6	3.707 2	4.045 6	4.411 4	5.233 8	6.191 7	8.594 4	11.806 0	13.786 0
11	3.151 8	3.478 6	3.835 9	4.226 2	4.652 4	5.117 3	6.175 9	7.430 1	10.657 0	15.112 0	17.922 0
12	3.498 5	3.896 0	4.334 5	4.817 9	5.350 3	5.936 0	7.287 6	8.916 1	13.215 0	19.343 0	23.298 0
13	3.883 3	4.363 5	4.898 0	5.492 4	6.152 8	6.885 8	8.599 4	10.699 0	16.386 0	24.759 0	30.288 0
14	4.310 4	4.887 1	5.534 8	6.261 3	7.075 7	7.987 5	10.147 0	12.839 0	20.319 0	31.691 0	39.374 0
15	4.784 6	5.473 6	6.254 3	7.137 9	8.137 1	9.265 5	11.974 0	15.407 0	25.196 0	40.565 0	51.186 0
16	5.310 9	6.130 4	7.067 3	8.137 2	9.357 6	10.748 0	14.129 0	18.488 0	31.243 0	51.923 0	66.542 0
17	5.895 1	6.866 0	7.986 1	9.276 5	10.761 0	12.468 0	16.672 0	22.186 0	38.741 0	66.461 0	86.504 0
18	6.543 6	7.690 0	9.024 3	10.575 0	12.376 0	14.463 0	19.673 0	26.623 0	48.039 0	85.071 0	112.460 0
19	7.263 3	8.612 8	10.197 0	12.056 0	14.232 0	16.777 0	23.214 0	31.948 0	59.568 0	108.890 0	146.190 0
20	8.062 3	9.646 3	11.523 0	13.744 0	16.367 0	19.461 0	27.393 0	38.338 0	73.864 0	139.380 0	190.050 0
21	8.949 2	10.804 0	13.021 0	15.668 0	18.822 0	22.575 0	32.324 0	46.005 0	91.592 0	178.410 0	247.060 0
22	9.933 6	12.100 0	14.714 0	17.861 0	21.645 0	26.186 0	38.142 0	55.206 0	113.580 0	228.360 0	321.180 0
23	11.026 0	13.552 0	16.627 0	20.362 0	24.892 0	30.376 0	45.008 0	66.247 0	140.830 0	292.300 0	417.540 0
24	12.239 0	15.179 0	18.789 0	23.212 0	28.625 0	35.236 0	53.109 0	79.497 0	174.630 0	374.140 0	542.800 0
25	13.586 0	17.000 0	21.231 0	26.462 0	32.919 0	40.874 0	62.669 0	95.396 0	216.540 0	478.900 0	705.640 0
26	15.080 0	19.040 0	23.991 0	30.167 0	37.857 0	47.414 0	73.949 0	114.480 0	268.510 0	612.000 0	917.330 0
27	16.739 0	21.325 0	27.109 0	34.390 0	43.535 0	55.000 0	87.260 0	137.370 0	332.960 0	784.640 0	1 192.500 0
28	18.580 0	23.884 0	30.634 0	39.205 0	50.066 0	63.800 0	102.970 0	164.840 0	412.860 0	1 004.300 0	1 550.300 0
29	20.624 0	26.750 0	34.616 0	44.693 0	57.576 0	74.009 0	121.500 0	197.810 0	511.950 0	1 285.600 0	2 015.400 0
30	22.892 0	29.960 0	39.116 0	50.950 0	66.212 0	85.850 0	143.370 0	237.380 0	634.820 0	1 645.500 0	2 620.000 0

附表二　复利现值系数表

计算公式：$F\ (1+i)^{n}$

期数	1%	2%	3%	4%	5%	6%	7%	8%	9%	10%
1	0.990 1	0.980 4	0.970 9	0.961 5	0.952 4	0.943 4	0.934 6	0.925 9	0.917 4	0.909 1
2	0.980 3	0.961 2	0.942 6	0.924 6	0.907 0	0.890 0	0.873 4	0.857 3	0.841 7	0.826 4
3	0.970 6	0.942 3	0.915 1	0.889 0	0.863 8	0.839 6	0.816 3	0.793 8	0.772 2	0.751 3
4	0.961 0	0.923 8	0.888 5	0.854 8	0.822 7	0.792 1	0.762 9	0.735 0	0.708 4	0.683 0
5	0.951 5	0.905 7	0.862 6	0.821 9	0.783 5	0.747 3	0.713 0	0.680 6	0.649 9	0.620 9
6	0.942 0	0.888 0	0.837 5	0.790 3	0.746 2	0.705 0	0.666 3	0.630 2	0.596 3	0.564 5
7	0.932 7	0.870 6	0.813 1	0.759 9	0.710 7	0.665 1	0.622 7	0.583 5	0.547 0	0.513 2
8	0.923 5	0.853 5	0.789 4	0.730 7	0.676 8	0.627 4	0.582 0	0.540 3	0.501 9	0.466 5
9	0.914 3	0.836 8	0.766 4	0.702 6	0.644 6	0.591 9	0.543 9	0.500 2	0.460 4	0.424 1
10	0.905 3	0.820 3	0.744 1	0.675 6	0.613 9	0.558 4	0.508 3	0.463 2	0.422 4	0.385 5
11	0.896 3	0.804 3	0.722 4	0.649 6	0.584 7	0.526 8	0.475 1	0.428 9	0.387 5	0.350 5
12	0.887 4	0.788 5	0.701 4	0.624 6	0.556 8	0.497 0	0.444 0	0.397 1	0.355 5	0.318 6
13	0.878 7	0.773 0	0.681 0	0.600 6	0.530 3	0.468 8	0.415 0	0.367 7	0.326 2	0.289 7
14	0.870 0	0.757 9	0.661 1	0.577 5	0.505 1	0.442 3	0.387 8	0.340 5	0.299 2	0.263 3
15	0.861 3	0.743 0	0.641 9	0.555 3	0.481 0	0.417 3	0.362 4	0.315 2	0.274 5	0.239 4
16	0.852 8	0.728 4	0.623 2	0.533 9	0.458 1	0.393 6	0.338 7	0.291 9	0.251 9	0.217 6
17	0.844 4	0.714 2	0.605 0	0.513 4	0.436 3	0.371 4	0.316 6	0.270 3	0.231 1	0.197 8
18	0.836 0	0.700 2	0.587 4	0.493 6	0.415 5	0.350 3	0.295 9	0.250 2	0.212 0	0.179 9
19	0.827 7	0.686 4	0.570 3	0.474 6	0.395 7	0.330 5	0.276 5	0.231 7	0.194 5	0.163 5
20	0.819 5	0.673 0	0.553 7	0.456 4	0.376 9	0.311 8	0.258 4	0.214 5	0.178 4	0.148 6
21	0.811 4	0.659 8	0.537 5	0.438 8	0.358 9	0.294 2	0.241 5	0.198 7	0.163 7	0.135 1
22	0.803 4	0.646 8	0.521 9	0.422 0	0.341 8	0.277 5	0.225 7	0.183 9	0.150 2	0.122 8
23	0.795 4	0.634 2	0.506 7	0.405 7	0.325 6	0.261 8	0.210 9	0.170 3	0.137 8	0.111 7
24	0.787 6	0.621 7	0.491 9	0.390 1	0.310 1	0.247 0	0.197 1	0.157 7	0.126 4	0.101 5
25	0.779 8	0.609 5	0.477 6	0.375 1	0.295 3	0.233 0	0.184 2	0.146 0	0.116 0	0.092 3
26	0.772 0	0.597 6	0.463 7	0.360 7	0.281 2	0.219 8	0.172 2	0.135 2	0.106 4	0.083 9
27	0.764 4	0.585 9	0.450 2	0.346 8	0.267 8	0.207 4	0.160 9	0.125 2	0.097 6	0.076 3
28	0.756 8	0.574 4	0.437 1	0.333 5	0.255 1	0.195 6	0.150 4	0.115 9	0.089 5	0.069 3
29	0.749 3	0.563 1	0.424 3	0.320 7	0.242 9	0.184 6	0.140 6	0.107 3	0.082 2	0.063 0
30	0.741 9	0.552 1	0.412 0	0.308 3	0.231 4	0.174 1	0.131 4	0.099 4	0.075 4	0.057 3

续前表

期数	11%	12%	13%	14%	15%	16%	18%	20%	24%	28%	30%
1	0.900 9	0.892 9	0.885 0	0.877 2	0.869 6	0.862 1	0.847 5	0.833 3	0.806 5	0.781 3	0.769 2
2	0.811 6	0.797 2	0.783 1	0.769 5	0.756 1	0.743 2	0.718 2	0.694 4	0.650 4	0.610 4	0.591 7
3	0.731 2	0.711 8	0.693 1	0.675 0	0.657 5	0.640 7	0.608 6	0.578 7	0.524 5	0.476 8	0.455 2
4	0.658 7	0.635 5	0.613 3	0.592 1	0.571 8	0.552 3	0.515 8	0.482 3	0.423 0	0.372 5	0.350 1
5	0.593 5	0.567 4	0.542 8	0.519 4	0.497 2	0.476 1	0.437 1	0.401 9	0.341 1	0.291 0	0.269 3
6	0.534 6	0.506 6	0.480 3	0.455 6	0.432 3	0.410 4	0.370 4	0.334 9	0.275 1	0.227 4	0.207 2
7	0.481 7	0.452 3	0.425 1	0.399 6	0.375 9	0.353 8	0.313 9	0.279 1	0.221 8	0.177 6	0.159 4
8	0.433 9	0.403 9	0.376 2	0.350 6	0.326 9	0.305 0	0.266 0	0.232 6	0.178 9	0.138 8	0.122 6
9	0.390 9	0.360 6	0.332 9	0.307 5	0.284 3	0.263 0	0.225 5	0.193 8	0.144 3	0.108 4	0.094 3
10	0.352 2	0.322 0	0.294 6	0.269 7	0.247 2	0.226 7	0.191 1	0.161 5	0.116 4	0.084 7	0.072 5
11	0.317 3	0.287 5	0.260 7	0.236 6	0.214 9	0.195 4	0.161 9	0.134 6	0.093 8	0.066 2	0.055 8
12	0.285 8	0.256 7	0.230 7	0.207 6	0.186 9	0.168 5	0.137 2	0.112 2	0.075 7	0.051 7	0.042 9
13	0.257 5	0.229 2	0.204 2	0.182 1	0.162 5	0.145 2	0.116 3	0.093 5	0.061 0	0.040 4	0.033 0
14	0.232 0	0.204 6	0.180 7	0.159 7	0.141 3	0.125 2	0.098 5	0.077 9	0.049 2	0.031 6	0.025 4
15	0.209 0	0.182 7	0.159 9	0.140 1	0.122 9	0.107 9	0.083 5	0.064 9	0.039 7	0.024 7	0.019 5
16	0.188 3	0.163 1	0.141 5	0.122 9	0.106 9	0.093 0	0.070 8	0.054 1	0.032 0	0.019 3	0.015 0
17	0.169 6	0.145 6	0.125 2	0.107 8	0.092 9	0.080 2	0.060 0	0.045 1	0.025 8	0.015 0	0.011 6
18	0.152 8	0.130 0	0.110 8	0.094 6	0.080 8	0.069 1	0.050 8	0.037 6	0.020 8	0.011 8	0.008 9
19	0.137 7	0.116 1	0.098 1	0.082 9	0.070 3	0.059 6	0.043 1	0.031 3	0.016 8	0.009 2	0.006 8
20	0.124 0	0.103 7	0.086 8	0.072 8	0.061 1	0.051 4	0.036 5	0.026 1	0.013 5	0.007 2	0.005 3
21	0.111 7	0.092 6	0.076 8	0.063 8	0.053 1	0.044 3	0.030 9	0.021 7	0.010 9	0.005 6	0.004 0
22	0.100 7	0.082 6	0.068 0	0.056 0	0.046 2	0.038 2	0.026 2	0.018 1	0.008 8	0.004 4	0.003 1
23	0.090 7	0.073 8	0.060 1	0.049 1	0.040 2	0.032 9	0.022 2	0.015 1	0.007 1	0.003 4	0.002 4
24	0.081 7	0.065 9	0.053 2	0.043 1	0.034 9	0.028 4	0.018 8	0.012 6	0.005 7	0.002 7	0.001 8
25	0.073 6	0.058 8	0.047 1	0.037 8	0.030 4	0.024 5	0.016 0	0.010 5	0.004 6	0.002 1	0.001 4
26	0.066 3	0.052 5	0.041 7	0.033 1	0.026 4	0.021 1	0.013 5	0.008 7	0.003 7	0.001 6	0.001 1
27	0.059 7	0.046 9	0.036 9	0.029 1	0.023 0	0.018 2	0.011 5	0.007 3	0.003 0	0.001 3	0.000 8
28	0.053 8	0.041 9	0.032 6	0.025 5	0.020 0	0.015 7	0.009 7	0.006 1	0.002 4	0.001 0	0.000 6
29	0.048 5	0.037 4	0.028 9	0.022 4	0.017 4	0.013 5	0.008 2	0.005 1	0.002 0	0.000 8	0.000 5
30	0.043 7	0.033 4	0.025 6	0.019 6	0.015 1	0.011 6	0.007 0	0.004 2	0.001 6	0.000 6	0.000 4

附表三　年金终值系数表

计算公式：$F\frac{(1+i)^n-1}{i}$

期数	1%	2%	3%	4%	5%	6%	7%	8%	9%	10%
1	1.000 0	1.000 0	1.000 0	1.000 0	1.000 0	1.000 0	1.000 0	1.000 0	1.000 0	1.000 0
2	2.010 0	2.020 0	2.030 0	2.040 0	2.050 0	2.060 0	2.070 0	2.080 0	2.090 0	2.100 0
3	3.030 1	3.060 4	3.090 9	3.121 6	3.152 5	3.183 6	3.214 9	3.246 4	3.278 1	3.310 0
4	4.060 4	4.121 6	4.183 6	4.246 5	4.310 1	4.374 6	4.439 9	4.506 1	4.573 1	4.641 0
5	5.101 0	5.204 0	5.309 1	5.416 3	5.525 6	5.637 1	5.750 7	5.866 6	5.984 7	6.105 1
6	6.152 0	6.308 1	6.468 4	6.633 0	6.801 9	6.975 3	7.153 3	7.335 9	7.523 3	7.715 6
7	7.213 5	7.434 3	7.662 5	7.898 3	8.142 0	8.393 8	8.654 0	8.922 8	9.200 4	9.487 2
8	8.285 7	8.583 0	8.892 3	9.214 2	9.549 1	9.897 5	10.259 8	10.636 6	11.028 5	11.435 9
9	9.368 5	9.755 0	10.159 0	10.583 0	11.027 0	11.491 0	11.978 0	12.488 0	13.021 0	13.580 0
10	10.462 0	10.950 0	11.464 0	12.006 0	12.578 0	13.181 0	13.816 0	14.487 0	15.193 0	15.937 0
11	11.567 0	12.169 0	12.808 0	13.486 0	14.207 0	14.972 0	15.784 0	16.646 0	17.560 0	18.531 0
12	12.683 0	13.412 0	14.192 0	15.026 0	15.917 0	16.870 0	17.889 0	18.977 0	20.141 0	21.384 0
13	13.809 0	14.680 0	15.618 0	16.627 0	17.713 0	18.882 0	20.141 0	21.495 0	22.953 0	24.523 0
14	14.947 0	15.974 0	17.086 0	18.292 0	19.599 0	21.015 0	22.551 0	24.215 0	26.019 0	27.975 0
15	16.097 0	17.293 0	18.599 0	20.024 0	21.579 0	23.276 0	25.129 0	27.152 0	29.361 0	31.773 0
16	17.258 0	18.639 0	20.157 0	21.825 0	23.658 0	25.673 0	27.888 0	30.324 0	33.003 0	35.950 0
17	18.430 0	20.012 0	21.762 0	23.698 0	25.840 0	28.213 0	30.840 0	33.750 0	36.974 0	40.545 0
18	19.615 0	21.412 0	23.414 0	25.645 0	28.132 0	30.906 0	33.999 0	37.450 0	41.301 0	45.599 0
19	20.811 0	22.841 0	25.117 0	27.671 0	30.539 0	33.760 0	37.379 0	41.446 0	46.019 0	51.159 0
20	22.019 0	24.297 0	26.870 0	29.778 0	33.066 0	36.786 0	40.996 0	45.762 0	51.160 0	57.275 0
21	23.239 0	25.783 0	28.677 0	31.969 0	35.719 0	39.993 0	44.865 0	50.423 0	56.765 0	64.003 0
22	24.472 0	27.299 0	30.537 0	34.248 0	38.505 0	43.392 0	49.006 0	55.457 0	62.873 0	71.403 0
23	25.716 0	28.845 0	32.453 0	36.618 0	41.431 0	46.996 0	53.436 0	60.893 0	69.532 0	79.543 0
24	26.974 0	30.422 0	34.427 0	39.083 0	44.502 0	50.816 0	58.177 0	66.765 0	76.790 0	88.497 0
25	28.243 0	32.030 0	36.459 0	41.646 0	47.727 0	54.865 0	63.249 0	73.106 0	84.701 0	98.347 0
26	29.526 0	33.671 0	38.553 0	44.312 0	51.114 0	59.156 0	68.677 0	79.954 0	93.324 0	109.180 0
27	30.821 0	35.344 0	40.710 0	47.084 0	54.669 0	63.706 0	74.484 0	87.351 0	102.720 0	121.100 0
28	32.129 0	37.051 0	42.931 0	49.968 0	58.403 0	68.528 0	80.698 0	95.339 0	112.970 0	134.210 0
29	33.450 0	38.792 0	45.219 0	52.966 0	62.323 0	73.640 0	87.347 0	103.970 0	124.140 0	148.630 0
30	34.785 0	40.568 0	47.575 0	56.085 0	66.439 0	79.058 0	94.461 0	113.280 0	136.310 0	164.490 0

续前表

期数	11%	12%	13%	14%	15%	16%	18%	20%	24%	28%	30%
1	1.000 0	1.000 0	1.000 0	1.000 0	1.000 0	1.000 0	1.000 0	1.000 0	1.000 0	1.000 0	1.000 0
2	2.110 0	2.120 0	2.130 0	2.140 0	2.150 0	2.160 0	2.180 0	2.200 0	2.240 0	2.280 0	2.300 0
3	3.342 1	3.374 4	3.406 9	3.439 6	3.472 5	3.505 6	3.572 4	3.640 0	3.777 6	3.918 4	3.990 0
4	4.709 7	4.779 3	4.849 8	4.921 1	4.993 4	5.066 5	5.215 4	5.368 0	5.684 2	6.015 6	6.187 0
5	6.227 8	6.352 8	6.480 3	6.610 1	6.742 4	6.877 1	7.154 2	7.441 6	8.048 4	8.699 9	9.043 1
6	7.912 9	8.115 2	8.322 7	8.535 5	8.753 7	8.977 5	9.442 0	9.929 9	10.980 0	12.136 0	12.756 0
7	9.783 3	10.089 0	10.405 0	10.731 0	11.067 0	11.414 0	12.142 0	12.916 0	14.615 0	16.534 0	17.583 0
8	11.859 0	12.300 0	12.757 0	13.233 0	13.727 0	14.240 0	15.327 0	16.499 0	19.123 0	22.163 0	23.858 0
9	14.164 0	14.776 0	15.416 0	16.085 0	16.786 0	17.519 0	19.086 0	20.799 0	24.713 0	29.369 0	32.015 0
10	16.722 0	17.549 0	18.420 0	19.337 0	20.304 0	21.322 0	23.521 0	25.959 0	31.643 0	38.593 0	42.620 0
11	19.561 0	20.655 0	21.814 0	23.045 0	24.349 0	25.733 0	28.755 0	32.150 0	40.238 0	50.399 0	56.405 0
12	22.713 0	24.133 0	25.650 0	27.271 0	29.002 0	30.850 0	34.931 0	39.581 0	50.895 0	65.510 0	74.327 0
13	26.212 0	28.029 0	29.985 0	32.089 0	34.352 0	36.786 0	42.219 0	48.497 0	64.110 0	84.853 0	97.625 0
14	30.095 0	32.393 0	34.883 0	37.581 0	40.505 0	43.672 0	50.818 0	59.196 0	80.496 0	109.610 0	127.910 0
15	34.405 0	37.280 0	40.418 0	43.842 0	47.580 0	51.660 0	60.965 0	72.035 0	100.820 0	141.300 0	167.290 0
16	39.190 0	42.753 0	46.672 0	50.980 0	55.718 0	60.925 0	72.939 0	87.442 0	126.010 0	181.870 0	218.470 0
17	44.501 0	48.884 0	53.739 0	59.118 0	65.075 0	71.673 0	87.068 0	105.930 0	157.250 0	233.790 0	285.010 0
18	50.396 0	55.750 0	61.725 0	68.394 0	75.836 0	84.141 0	103.740 0	128.120 0	195.990 0	300.250 0	371.520 0
19	56.940 0	63.440 0	70.749 0	78.969 0	88.212 0	98.603 0	123.410 0	154.740 0	244.030 0	385.320 0	483.970 0
20	64.203 0	72.052 0	80.947 0	91.025 0	102.440 0	115.380 0	146.630 0	186.690 0	303.600 0	494.210 0	630.170 0
21	72.265 0	81.699 0	92.470 0	104.770 0	118.810 0	134.840 0	174.020 0	225.030 0	377.460 0	633.590 0	820.220 0
22	81.214 0	92.503 0	105.490 0	120.440 0	137.630 0	157.420 0	206.340 0	271.030 0	469.060 0	812.000 0	1 067.300 0
23	91.148 0	104.600 0	120.200 0	138.300 0	159.280 0	183.600 0	244.490 0	326.240 0	582.630 0	1 040.400 0	1 388.500 0
24	102.170 0	118.160 0	136.830 0	158.660 0	184.170 0	213.980 0	289.490 0	392.480 0	723.460 0	1 332.700 0	1 806.000 0
25	114.410 0	133.330 0	155.620 0	181.870 0	212.790 0	249.210 0	342.600 0	471.980 0	898.090 0	1 706.800 0	2 348.800 0
26	128.000 0	150.330 0	176.850 0	208.330 0	245.710 0	290.090 0	405.270 0	567.380 0	1 114.600 0	2 185.700 0	3 054.400 0
27	143.080 0	169.370 0	200.840 0	238.500 0	283.570 0	337.500 0	479.220 0	681.850 0	1 383.100 0	2 798.700 0	3 971.800 0
28	159.820 0	190.700 0	227.950 0	272.890 0	327.100 0	392.500 0	566.480 0	819.220 0	1 716.100 0	3 583.300 0	5 164.300 0
29	178.400 0	214.580 0	258.580 0	312.090 0	377.170 0	456.300 0	669.450 0	984.070 0	2 129.000 0	4 587.700 0	6 714.600 0
30	199.020 0	241.330 0	293.200 0	356.790 0	434.750 0	530.310 0	790.950 0	1 181.900 0	2 640.900 0	5 873.200 0	8 730.000 0

附表四 年金现值系数表

计算公式：$F\frac{(1+i)^n-1}{i}$

期数	1%	2%	3%	4%	5%	6%	7%	8%	9%	10%
1	0.990 1	0.980 4	0.970 9	0.961 5	0.952 4	0.943 4	0.934 6	0.925 9	0.917 4	0.909 1
2	1.970 4	1.941 6	1.913 5	1.886 1	1.859 4	1.833 4	1.808 0	1.783 3	1.759 1	1.735 5
3	2.941 0	2.883 9	2.828 6	2.775 1	2.723 2	2.673 0	2.624 3	2.577 1	2.531 3	2.486 9
4	3.902 0	3.807 7	3.717 1	3.629 9	3.546 0	3.465 1	3.387 2	3.312 1	3.239 7	3.169 9
5	4.853 4	4.713 5	4.579 7	4.451 8	4.329 5	4.212 4	4.100 2	3.992 7	3.889 7	3.790 8
6	5.795 5	5.601 4	5.417 2	5.242 1	5.075 7	4.917 3	4.766 5	4.622 9	4.485 9	4.355 3
7	6.728 2	6.472 0	6.230 3	6.002 1	5.786 4	5.582 4	5.389 3	5.206 4	5.033 0	4.868 4
8	7.651 7	7.325 5	7.019 7	6.732 7	6.463 2	6.209 8	5.971 3	5.746 6	5.534 8	5.334 9
9	8.566 0	8.162 2	7.786 1	7.435 3	7.107 8	6.801 7	6.515 2	6.246 9	5.995 2	5.759 0
10	9.471 3	8.982 6	8.530 2	8.110 9	7.721 7	7.360 1	7.023 6	6.710 1	6.417 7	6.144 6
11	10.368 0	9.786 8	9.252 6	8.760 5	8.306 4	7.886 9	7.498 7	7.139 0	6.805 2	6.495 1
12	11.255 0	10.575 0	9.954 0	9.385 1	8.863 3	8.383 8	7.942 7	7.536 1	7.160 7	6.813 7
13	12.134 0	11.348 0	10.635 0	9.985 6	9.393 6	8.852 7	8.357 7	7.903 8	7.486 9	7.103 4
14	13.004 0	12.106 0	11.296 0	10.563 0	9.898 6	9.295 0	8.745 5	8.244 2	7.786 2	7.366 7
15	13.865 0	12.849 0	11.938 0	11.118 0	10.380 0	9.712 2	9.107 9	8.559 5	8.060 7	7.606 1
16	14.718 0	13.578 0	12.561 0	11.652 0	10.838 0	10.106 0	9.446 6	8.851 4	8.312 6	7.823 7
17	15.562 0	14.292 0	13.166 0	12.166 0	11.274 0	10.477 0	9.763 2	9.121 6	8.543 6	8.021 6
18	16.398 0	14.992 0	13.754 0	12.659 0	11.690 0	10.828 0	10.059 0	9.371 9	8.755 6	8.201 4
19	17.226 0	15.679 0	14.324 0	13.134 0	12.085 0	11.158 0	10.336 0	9.603 6	8.950 1	8.364 9
20	18.046 0	16.351 0	14.878 0	13.590 0	12.462 0	11.470 0	10.594 0	9.818 1	9.128 5	8.513 6
21	18.857 0	17.011 0	15.415 0	14.029 0	12.821 0	11.764 0	10.836 0	10.017 0	9.292 2	8.648 7
22	19.660 0	17.658 0	15.937 0	14.451 0	13.163 0	12.042 0	11.061 0	10.201 0	9.442 4	8.771 5
23	20.456 0	18.292 0	16.444 0	14.857 0	13.489 0	12.303 0	11.272 0	10.371 0	9.580 2	8.883 2
24	21.243 0	18.914 0	16.936 0	15.247 0	13.799 0	12.550 0	11.469 0	10.529 0	9.706 6	8.984 7
25	22.023 0	19.524 0	17.413 0	15.622 0	14.094 0	12.783 0	11.654 0	10.675 0	9.822 6	9.077 0
26	22.795 0	20.121 0	17.877 0	15.983 0	14.375 0	13.003 0	11.826 0	10.810 0	9.929 0	9.160 9
27	23.560 0	20.707 0	18.327 0	16.330 0	14.643 0	13.211 0	11.987 0	10.935 0	10.027 0	9.237 2
28	24.316 0	21.281 0	18.764 0	16.663 0	14.898 0	13.406 0	12.137 0	11.051 0	10.116 0	9.306 6
29	25.066 0	21.844 0	19.189 0	16.984 0	15.141 0	13.591 0	12.278 0	11.158 0	10.198 0	9.369 6
30	25.808 0	22.397 0	19.600 0	17.292 0	15.373 0	13.765 0	12.409 0	11.258 0	10.274 0	9.426 9

续前表

期数	11%	12%	13%	14%	15%	16%	18%	20%	24%	28%	30%
1	0.900 9	0.892 9	0.885 0	0.877 2	0.869 6	0.862 1	0.847 5	0.833 3	0.806 5	0.781 3	0.769 2
2	1.712 5	1.690 1	1.668 1	1.646 7	1.625 7	1.605 2	1.565 6	1.527 8	1.456 8	1.391 6	1.360 9
3	2.443 7	2.401 8	2.361 2	2.321 6	2.283 2	2.245 9	2.174 3	2.106 5	1.981 3	1.868 4	1.816 1
4	3.102 4	3.037 3	2.974 5	2.913 7	2.855 0	2.798 2	2.690 1	2.588 7	2.404 3	2.241 0	2.166 2
5	3.695 9	3.604 8	3.517 2	3.433 1	3.352 2	3.274 3	3.127 2	2.990 6	2.745 4	2.532 0	2.435 6
6	4.230 5	4.111 4	3.997 5	3.888 7	3.784 5	3.684 7	3.497 6	3.325 5	3.020 5	2.759 4	2.642 7
7	4.712 2	4.563 8	4.422 6	4.288 3	4.160 4	4.038 6	3.811 5	3.604 6	3.242 3	2.937 0	2.802 1
8	5.146 1	4.967 6	4.798 8	4.638 9	4.487 3	4.343 6	4.077 6	3.837 2	3.421 2	3.075 8	2.924 7
9	5.537 0	5.328 2	5.131 7	4.946 4	4.771 6	4.606 5	4.303 0	4.031 0	3.565 5	3.184 2	3.019 0
10	5.889 2	5.650 2	5.426 2	5.216 1	5.018 8	4.833 2	4.494 1	4.192 5	3.681 9	3.268 9	3.091 5
11	6.206 5	5.937 7	5.686 9	5.452 7	5.233 7	5.028 6	4.656 0	4.327 1	3.775 7	3.335 1	3.147 3
12	6.492 4	6.194 4	5.917 6	5.660 3	5.420 6	5.197 1	4.793 2	4.439 2	3.851 4	3.386 8	3.190 3
13	6.749 9	6.423 5	6.121 8	5.842 4	5.583 1	5.342 3	4.909 5	4.532 7	3.912 4	3.427 2	3.223 3
14	6.981 9	6.628 2	6.302 5	6.002 1	5.724 5	5.467 5	5.008 1	4.610 6	3.961 6	3.458 7	3.248 7
15	7.190 9	6.810 9	6.462 4	6.142 2	5.847 4	5.575 5	5.091 6	4.675 5	4.001 3	3.483 4	3.268 2
16	7.379 2	6.974 0	6.603 9	6.265 1	5.954 2	5.668 5	5.162 4	4.729 6	4.033 3	3.502 6	3.283 2
17	7.548 8	7.119 6	6.729 1	6.372 9	6.047 2	5.748 7	5.222 3	4.771 6	4.059 1	3.517 7	3.294 8
18	7.701 6	7.249 7	6.839 9	6.467 4	6.128 0	5.817 8	5.273 2	4.812 2	4.079 9	3.529 4	3.303 7
19	7.839 3	7.365 8	6.938 0	6.550 4	6.198 2	5.877 5	5.316 2	4.843 5	4.096 7	3.538 6	3.310 5
20	7.963 3	7.469 4	7.024 8	6.623 1	6.259 3	5.928 8	5.352 7	4.869 6	4.110 3	3.545 8	3.315 8
21	8.075 1	7.562 0	7.101 6	6.687 0	6.312 5	5.973 1	5.383 7	4.891 3	4.121 2	3.551 4	3.319 8
22	8.175 7	7.644 6	7.169 5	6.742 9	6.358 7	6.011 3	5.409 9	4.909 4	4.130 0	3.555 8	3.323 0
23	8.266 4	7.718 4	7.229 7	6.792 1	6.398 8	6.044 2	5.432 1	4.924 5	4.137 1	3.559 2	3.325 4
24	8.348 1	7.784 3	7.282 9	6.835 1	6.433 8	6.072 6	5.450 9	4.937 1	4.142 8	3.561 9	3.327 2
25	8.421 7	7.843 1	7.330 0	6.872 9	6.464 1	6.097 1	5.466 9	4.947 6	4.147 4	3.564 0	3.328 6
26	8.488 1	7.895 7	7.371 7	6.906 1	6.490 6	6.118 2	5.480 4	4.956 3	4.151 1	3.565 6	3.329 7
27	8.547 8	7.942 6	7.408 6	6.935 2	6.513 5	6.136 4	5.491 9	4.963 6	4.154 2	3.566 9	3.330 5
28	8.601 6	7.984 4	7.441 2	6.960 7	6.533 5	6.152 0	5.501 6	4.969 7	4.156 6	3.567 9	3.331 2
29	8.650 1	8.021 8	7.470 1	6.983 0	6.550 9	6.165 6	5.509 8	4.974 7	4.158 5	3.568 7	3.331 7
30	8.693 8	8.055 2	7.495 7	7.002 7	6.566 0	6.177 2	5.516 8	4.978 9	4.160 1	3.569 3	3.332 1

参考文献

[1] 韩海燕，张旭升. 个人理财. 北京：清华大学出版社，2010.

[2] 苑德军，张颖. 个人理财. 北京：中央广播电视大学出版社，2007.

[3] 中国银行业从业人员资格认证办公室. 个人理财. 北京：中国金融出版社，2008.

[4] 黄孝武. 个人理财. 北京：中国财政经济出版社，2010.

[5] 孙艺桉. 理财金典：投资从入门到精通. 北京：中国发展出版社，2010.

[6] 刘彦斌. 理财工具箱：跟刘彦斌学理财. 北京：中信出版社，2009.

[7] 王静. 个人理财. 北京：科学出版社，2008.

[8] 刘伟. 个人理财. 上海：上海财经大学出版社，2009.

[9] 王在全. 一生的理财计划. 北京：北京大学出版社，2007.

[10] 深圳证券交易所投资者教育中心. 基金投资 20 讲. 北京：机械工业出版社，2010.

[11] 钟双德. 炒股入门与技巧. 北京：中国画报出版社，2010.

[12] 刘艳. 债券融资操作. 北京：中国金融出版社，2011.

[13] 程国强. 基金投资入门与技巧. 北京：中华工商联合出版社，2011.

[14] 孙祁祥. 保险学. 北京：北京大学出版社，2009.

[15] 杨文海，何小锋. 中国银行业从业人员资格认证考试指导用书：公共基础科目. 北京：中国发展出版社，2009.

[16] 立金银行培训中心. 银行客户经理基础信贷知识培训. 北京：中国金融出版社，2011.

[17] 殷生. 家庭财务自由. 北京：清华大学出版社，2010.

[18] Richard Eisenberg. The Money Book of Personal Finance. Warner Books，1998.

[19] Vicki Robins，Joe Dominguez，Monique Tilford. Your Money or Your Life. William Morrow，2005.

图书在版编目（CIP）数据

个人理财理论与实务/张红兵，李炜主编. —北京：中国人民大学出版社，2012.7
21世纪高职高专精品教材. 经贸类通用系列
ISBN 978-7-300-15950-8

Ⅰ. ①个… Ⅱ. ①张…②李… Ⅲ. ①私人投资-教材 Ⅳ. ①F830.59

中国版本图书馆CIP数据核字（2012）第119777号

21世纪高职高专精品教材·经贸类通用系列
个人理财理论与实务
主　编　张红兵　李　炜
副主编　任岫林　丁　蕾

出版发行	中国人民大学出版社		
社　　址	北京中关村大街31号	**邮政编码**	100080
电　　话	010－62511242（总编室）		010－62511398（质管部）
	010－82501766（邮购部）		010－62514148（门市部）
	010－62515195（发行公司）		010－62515275（盗版举报）
网　　址	http://www.crup.com.cn		
	http://www.ttrnet.com.com（人大教研网）		
经　　销	新华书店		
印　　刷	北京市媛明印刷厂		
规　　格	185 mm×260 mm　16开本	**版　　次**	2012年8月第1版
印　　张	15	**印　　次**	2015年12月第5次印刷
字　　数	359 000	**定　　价**	29.00元

教师信息反馈表

为了更好地为您服务，提高教学质量，中国人民大学出版社愿意为您提供全面的教学支持，期望与您建立更广泛的合作关系。请您填好下表后以电子邮件或信件的形式反馈给我们。

<table>
<tr><td>您使用过或正在使用的我社教材名称</td><td colspan="2"></td><td>版次</td><td></td></tr>
<tr><td>您希望获得哪些相关教学资料</td><td colspan="4"></td></tr>
<tr><td>您对本书的建议（可附页）</td><td colspan="4"></td></tr>
<tr><td>您的姓名</td><td colspan="4"></td></tr>
<tr><td>您所在的学校、院系</td><td colspan="4"></td></tr>
<tr><td>您所讲授课程的名称</td><td colspan="4"></td></tr>
<tr><td>学生人数</td><td colspan="4"></td></tr>
<tr><td>您的联系地址</td><td colspan="4"></td></tr>
<tr><td>邮政编码</td><td></td><td>联系电话</td><td colspan="2"></td></tr>
<tr><td>电子邮件（必填）</td><td colspan="4"></td></tr>
<tr><td>您是否为人大社教研网会员</td><td colspan="4">□ 是，会员卡号：________________
□ 不是，现在申请</td></tr>
<tr><td>您在相关专业是否有主编或参编教材意向</td><td colspan="4">□ 是　　　　□ 否
□ 不一定</td></tr>
<tr><td>您所希望参编或主编的教材的基本情况（包括内容、框架结构、特色等，可附页）</td><td colspan="4"></td></tr>
</table>

我们的联系方式：北京市海淀区中关村大街 31 号
中国人民大学出版社教育分社
邮政编码：100080
电话：010-62515910
网址：http://www.crup.com.cn/jiaoyu/
E-mail：neokitty@126.com